できたよ★シート

JN092185

べんきょうが おわった ページの ばんごうに
「できたよシール」を はろう!

1 2 3 4 5 6
(5: かくにんテスト)

12 11 10 9 8 7
(11: かくにんテスト)

その ちょうし!

13 14 15 16 17 18 19
(18: かくにんテスト)

ここで はんぶん!

25 24 23 22 21 20
(25: かくにんテスト)

26 27 28 29 30 31 32
(32: かくにんテスト)

38 37 36 35 34 33

あと ちょっと!

39 40 41 42 43 44 45
(39: かくにんテスト)

50 49 48 47 46
(50: まとめテスト, 49: まとめテスト, 48: まとめテスト, 47: かくにんテスト)

やりきれるから自信がつく！

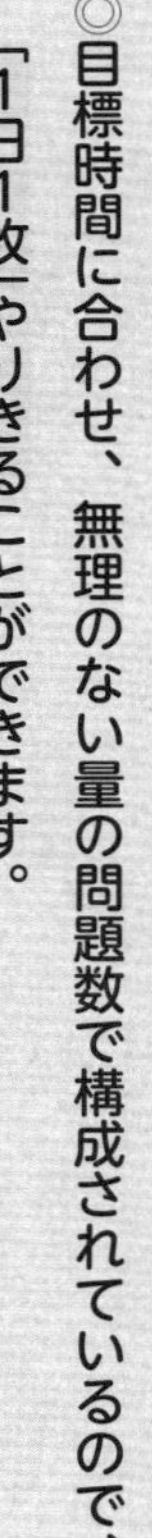

1日1枚の勉強で、学習習慣が定着！

◎目標時間に合わせ、無理のない量の問題数で構成されているので、「1日1枚」やりきることができます。

◎解説が丁寧なので、まだ学校で習っていない内容でも勉強を進めることができます。

すべての学習の土台となる「基礎力」が身につく！

◎スモールステップで構成され、1冊の中でも繰り返し練習していくので、確実に「基礎力」を身につけることができます。「基礎」が身につくことで、発展的な内容に進むことができるのです。

◎教科書の学習ポイントをおさえられ、言葉の力や表現力も身につけられます。

勉強管理アプリの活用で、楽しく勉強できる！

◎設定した勉強時間にアラームが鳴るので、学習習慣がしっかりと身につきます。

◎時間や点数などを登録していくと、成績がグラフ化されたり、賞状をもらえたりするので、達成感を得られます。

◎勉強をがんばると、キャラクターとコミュニケーションを取ることができるので、日々のモチベーションが上がります。

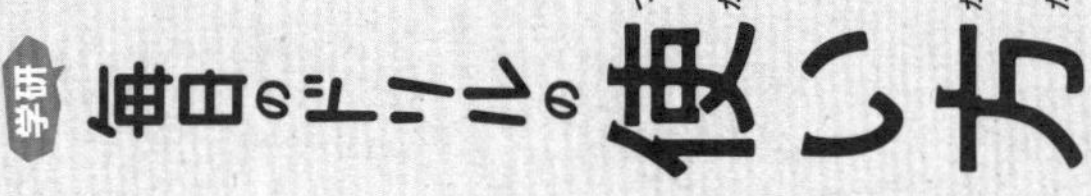

学研 毎日のドリルの使い方

1 1日1枚、集中して解きましょう。

◎1回分は、1枚（表と裏）です。

1枚ずつはがして使うこともできます。

◎目標時間を意識して解きましょう。

アプリのストップウォッチなどで、かかった時間を計るとよいでしょう。

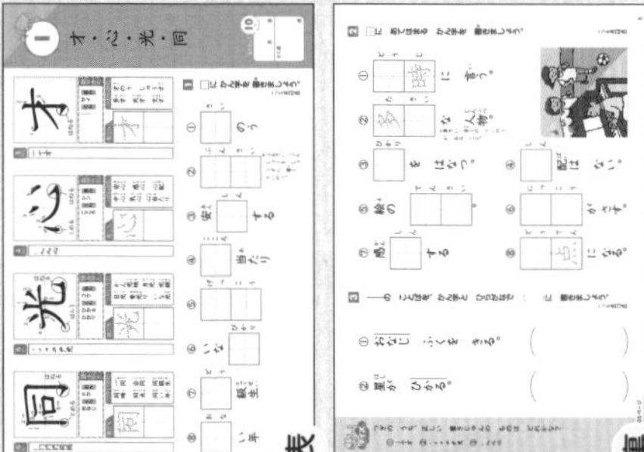

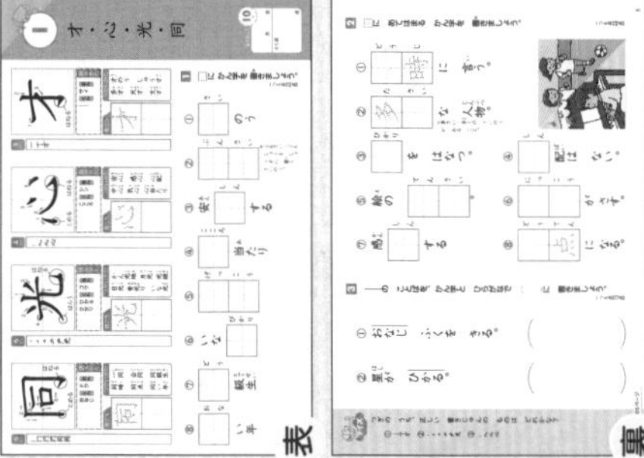

・「かくにんテスト」　ここまでの内容が身についたかを確認しましょう。

・「まとめテスト」　最後に、この本の内容を総復習しましょう。

・音読みはカタカナ、訓読みはひらがなで示しています。

・赤い字は送りがなです。

・（　）は、小学校では学習しない読みです。

2 おうちの方に、答え合わせをしてもらいましょう。

・本の最後に、「答えとアドバイス」があります。

・答え合わせをして、点数をつけてもらいましょう。

3 「できたよシート」に、「できたよシール」をはりましょう。

・勉強した回の番号に、好きなシールをはりましょう。

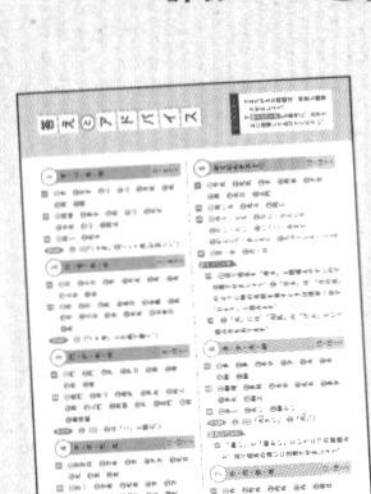

4 アプリに得点を登録しましょう。

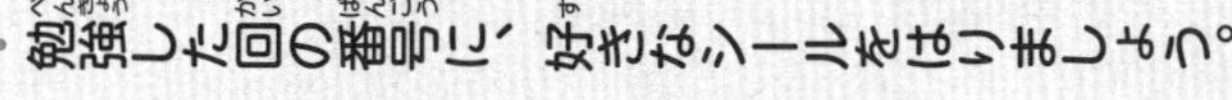

・アプリに得点を登録すると、成績がグラフ化されます。

・勉強すると、キャラクターが育ちます。

※本書では、一般的な教育用の漢字書体を使用しています。字形の細かい点について、お使いの教科書と異なる場合がありますので、ご了承ください。

無料ダウンロード
毎日のドリル
勉強管理アプリ
アプリといっしょだと，ドリルが楽しく進む!?
今日の分の毎ドリ終わった?
コンコン
ぼくのへや
今やってるところー
うそはいけないっきゅ!
わっ!?
だれ!? どこから来たの!?
キミの毎ドリが進むようにすばらしいものを持ってきたっきゅ
なになに?
とりあえずやってみるっきゅ
ストップウォッチスタート!!
おっ!
0分21秒
目標：15分00秒
時間をはかってくれるんだ!
よーしっ!!
できたーーっ!!
いつもよりどんどん解けた気がする!
時間を意識してるから集中できるんだっきゅ!
さらに!
得点をアプリに入力するとグラフになるんだ!
すっげー!!
この「1」ってなんだろ?
タッチしてみるっきゅ
一回終わるごとにぼくがエサを食べられるんだっきゅ
ドリルを進めるとかっこいいわざをおぼえたりすてきな部屋が手に入ったりするよ
よーしっ
あしたもがんばるぞ!
二か月後
よっしゃー!!
ドリルが終わったぞ!
一冊やりきったら賞状とメダルがもらえたよ!
賞状
ぼくどの
あなたは、3年「かけ算」をしゅうりょうしましたので、ここにこれをしょうします。たいへん、すばらしいです!
次はどのドリルに挑戦しようかな!

毎日のドリル 勉強管理アプリ

「毎日のドリル」シリーズ専用，スマートフォン・タブレットで使える無料アプリです。
1つのアプリでシリーズすべてを管理でき，学習習慣が楽しく身につきます。

1 「毎日のドリル」の学習を徹底サポート！

毎日の勉強タイムをお知らせする「タイマー」

かかった時間を計る「ストップウォッチ」

勉強した日を記録する「カレンダー」

入力した得点を「グラフ化」

2 キャラクターと楽しく学べる！

好きなキャラクターを選ぶことができます。勉強をがんばるとキャラクターが育ち，「ひみつ」や「ワザ」が増えます。

3 1冊終わると，ごほうびがもらえる！

ドリルが1冊終わるごとに，賞状やメダル，称号がもらえます。

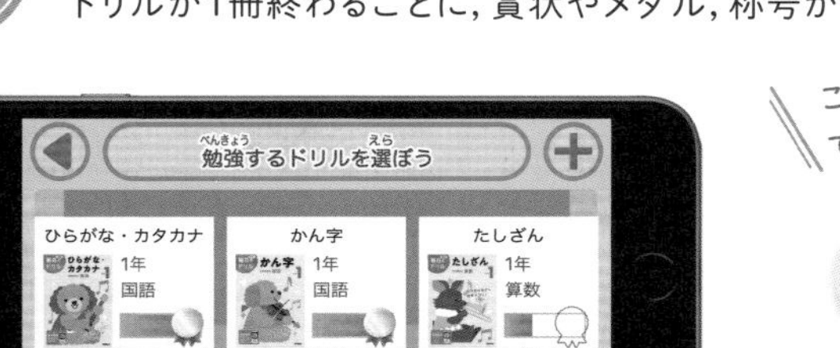

4 漢字と英単語のゲームにチャレンジ！

ゲームで，どこでも手軽に，楽しく勉強できます。漢字は学年別，英単語はレベル別に構成されており，ドリルで勉強した内容の確認にもなります。

アプリの無料ダウンロードはこちらから！
https://gakken-ep.jp/extra/maidori/

【推奨環境】
■ 各種Android端末：対応OS Android6.0以上　※対応OSであっても，Intel CPU（x86 Atom）搭載の端末では正しく動作しない場合があります。
■ 各種iOS（iPadOS）端末：対応OS iOS10以上　※対応OS や対応機種については，各ストアでご確認ください。
※お客様のネット環境および携帯端末によりアプリをご利用できない場合，当社は責任を負いかねます。
また，事前の予告なく，サービスの提供を中止する場合があります。ご理解，ご了承いただきますよう，お願いいたします。

1 才・心・光・同

もくひょう 10分

月　日

とく点　　点

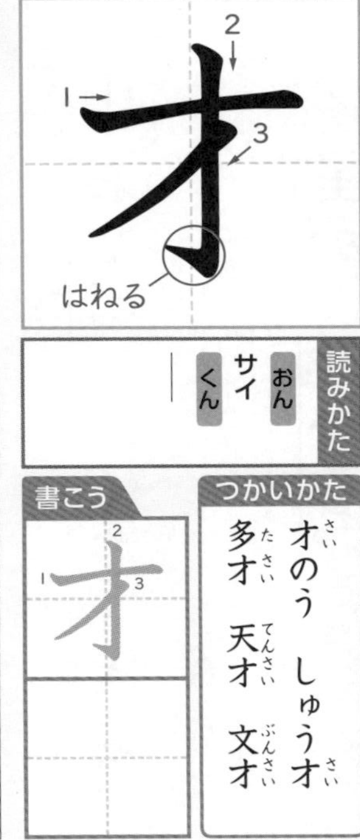

才　3かく

一 十 才

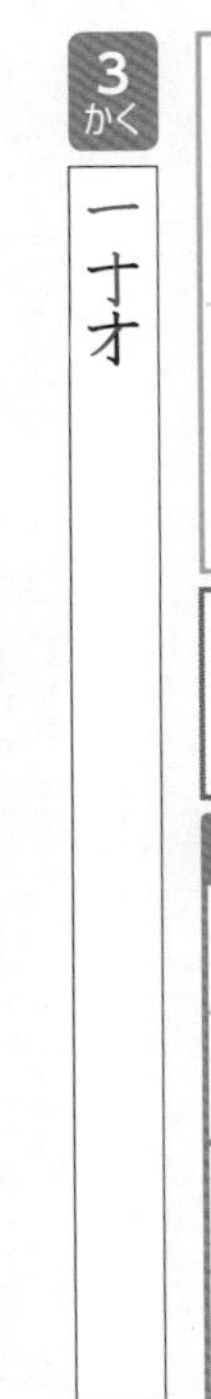

読みかた
おん　サイ
くん　—

つかいかた
才のう（さいのう）　しゅう才（しゅうさい）
多才（たさい）　天才（てんさい）　文才（ぶんさい）

書こう

心　4かく

心 心 心 心

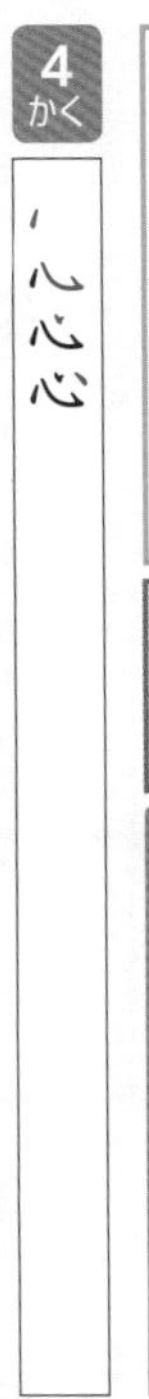

読みかた
おん　シン
くん　こころ

つかいかた
安心（あんしん）　感心（かんしん）　心配（しんぱい）
中心（ちゅうしん）　気心（きごころ）　心当たり（こころあたり）

書こう

光　6かく

丨 ⺌ ⺌ 业 𫩏 光

読みかた
おん　コウ
くん　ひかる　ひかり

つかいかた
かん光地（かんこうち）　月光（げっこう）　光線（こうせん）
日光（にっこう）　青光り（あおびかり）　いな光（いなびかり）

書こう

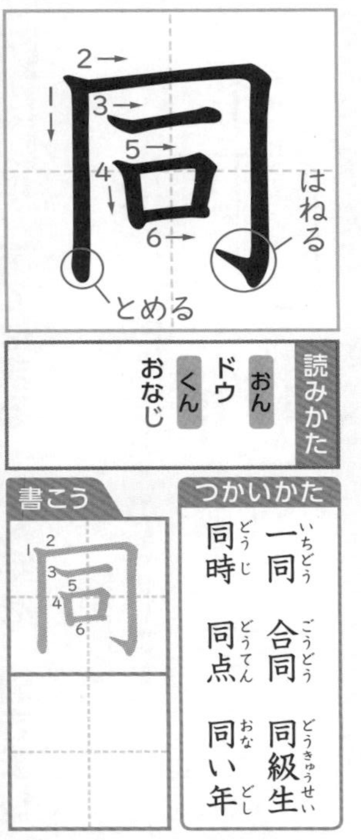

同　6かく

丨 冂 冂 同 同 同

読みかた
おん　ドウ
くん　おなじ

つかいかた
一同（いちどう）　合同（ごうどう）　同級生（どうきゅうせい）
同時（どうじ）　同点（どうてん）　同い年（おないどし）

書こう

1 □にかん字を書きましょう。　一つ5点【40点】

① （さい）のう

② （ぶんさい）

＊ぶんさい…ぶんしょうをじょうずに書くさいのう。

③ 安（あん）（しん）する

④ （こころ）当（あ）たり

⑤ （げっこう）

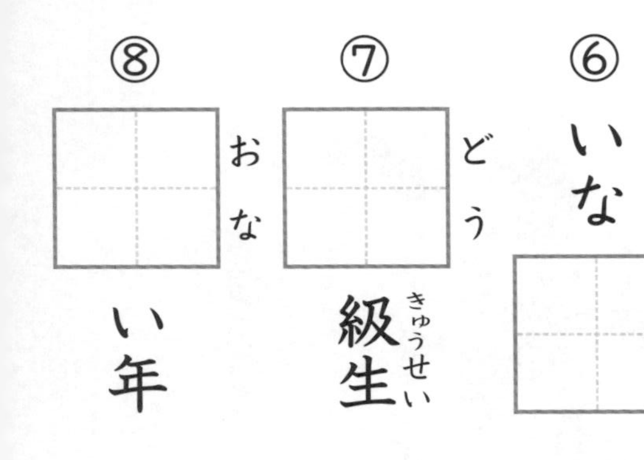

⑥ いな（びかり）

⑦ （どう）級生（きゅうせい）

⑧ （おな）い年

2 □に あてはまる かん字を 書きましょう。

一つ6点【48点】

① どうじ（時）に 言う。

② たさい（多）な 人物。

＊多さい…多くの さいのうが ある こと。

③ ひかり（　）を はなつ。

④ しん（　）配は ない。

⑤ 絵の てんさい（　）。

⑥ にっこう（　）が さす。

⑦ 感しん（　）する

⑧ どうてん（点）に なる。

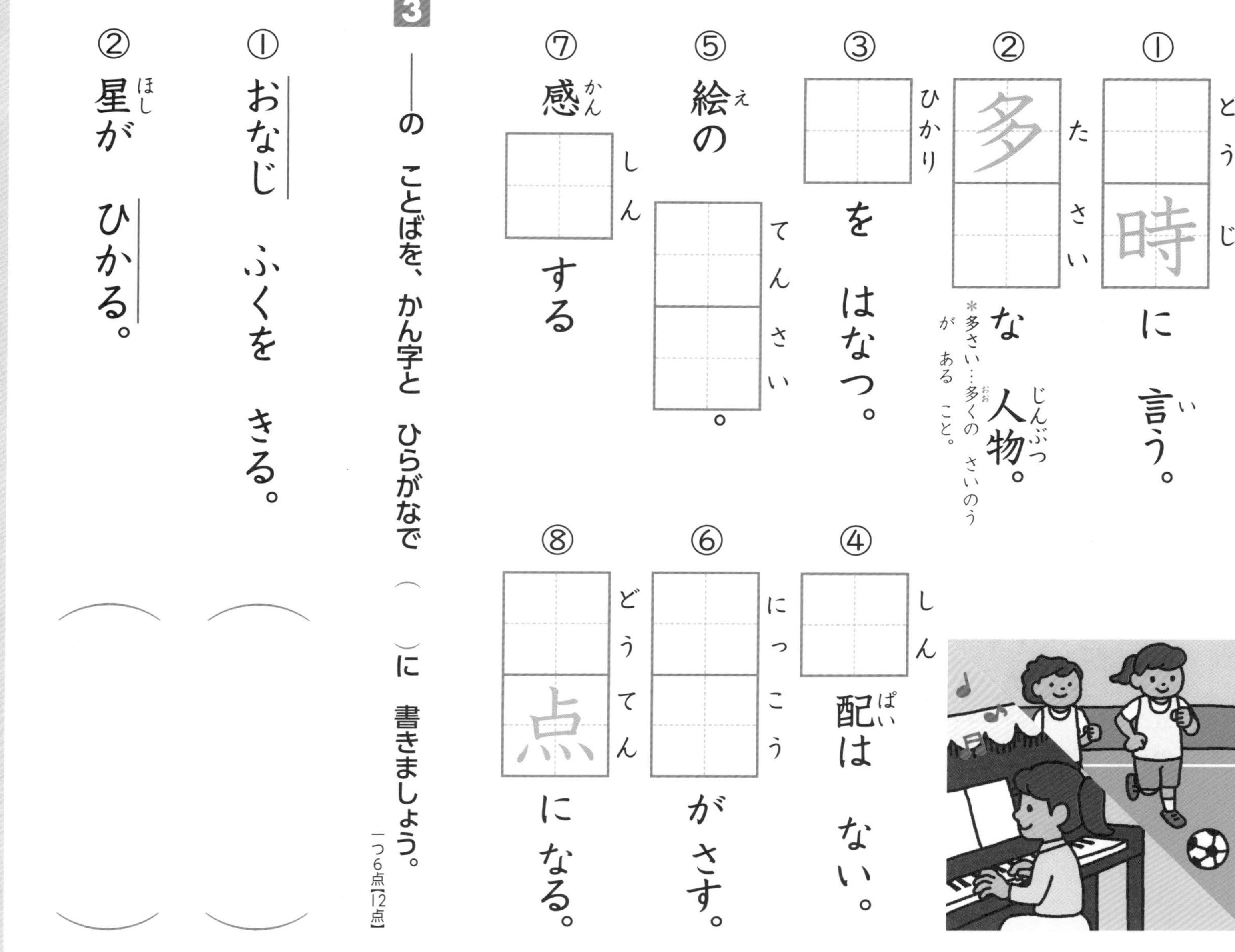

3 ――の ことばを、かん字と ひらがなで（　）に 書きましょう。

一つ6点【12点】

① おなじ ふくを きる。（　　）

② 星が ひかる。（　　）

クイズ

つぎの うち、正しい 書きじゅんの ものは どれかな？

① 一十才　② 丶⺌⺌业光　③ 丶心心

答え ▶ 105ページ

2 刀・弓・矢・台

もくひょう 10分

月　日

とく点　　点

刀

2かく

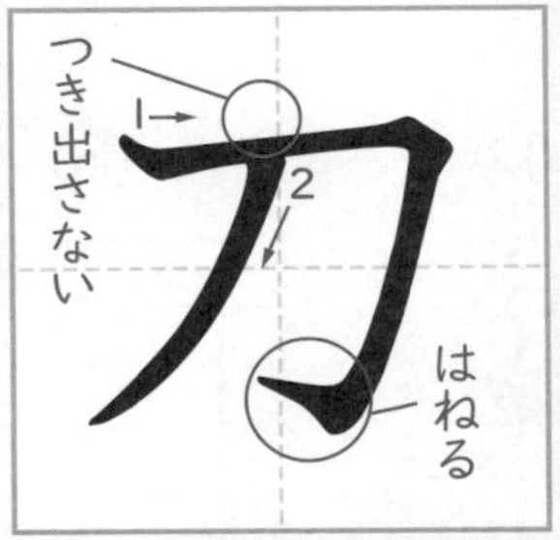

フ刀

つき出さない　はねる

読みかた　おん トウ　くん かたな

つかいかた　短刀（たんとう）　日本刀（にほんとう）　木刀（ぼくとう）　名刀（めいとう）　刀きず（かたなきず）　小刀（こがたな）

書こう

弓

3かく

フコ弓

一かくでかく　はねる

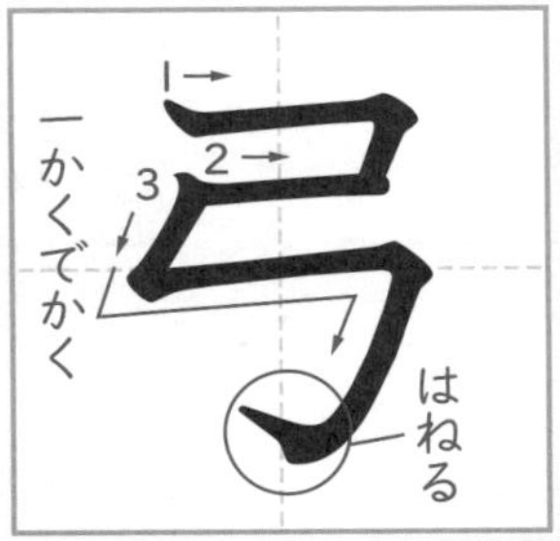

読みかた　おん（キュウ）　くん ゆみ

つかいかた　弓形（ゆみがた）　弓取式（ゆみとりしき）　弓なり（ゆみなり）　弓矢（ゆみや）

書こう

矢

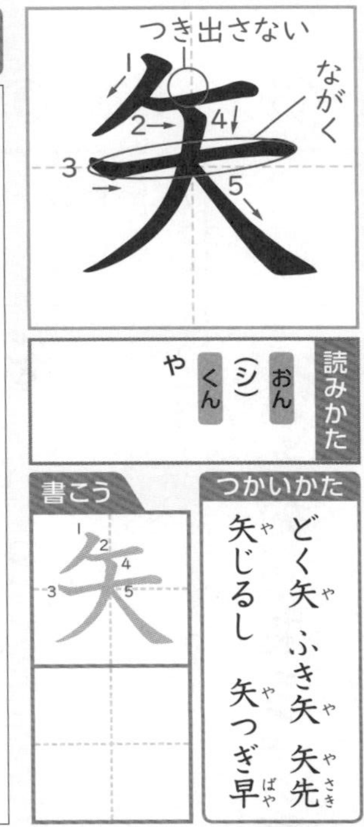

5かく

ノ ㇐ 㐄 午 矢

読みかた　おん（シ）　くん や

つかいかた　どく矢（や）　ふき矢（や）　矢先（やさき）　矢じるし（やじるし）　矢つぎ早（やつぎばや）

書こう

台

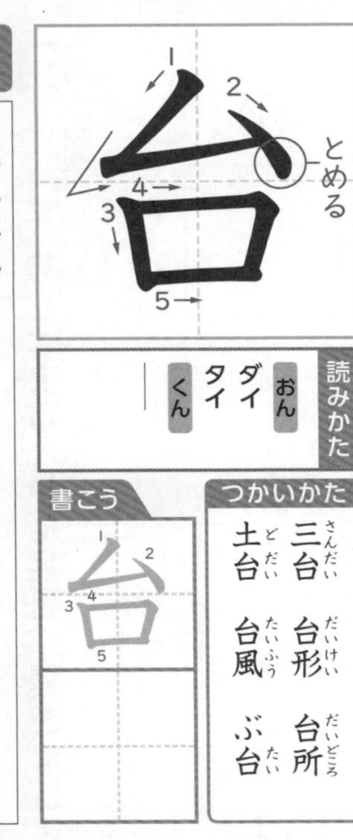

5かく

厶 厶 㐭 台 台

読みかた　おん ダイ タイ　くん ―

つかいかた　三台（さんだい）　台形（だいけい）　台所（だいどころ）　土台（どだい）　台風（たいふう）　ぶ台（ぶたい）

書こう

1 □に かん字を 書きましょう。　一つ5点【40点】

① 短（たん）［とう］を つかう。

② ［こ］［がたな］

③ ［ゆみ］形（がた）の 図形（ずけい）。

④ ［ゆみ］［や］

⑤ どく［や］

⑥ ［や］じるし

⑦ ［ど］［だい］

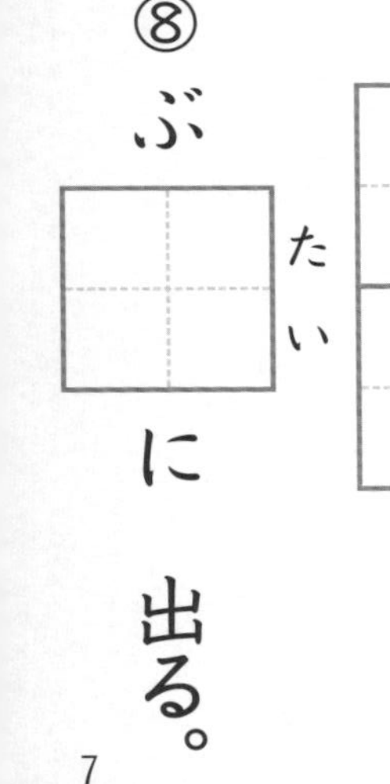

⑧ ぶ［たい］に 出る。

2 □に あてはまる かん字を 書(か)きましょう。

一つ5点【60点】

① □(ゆみ)を 引(ひ)く。

② □(かたな)きずを おう。

③ □(や)を いる。

④ □□(めいとう)を 作(つく)る。

⑤ □風(たいふう)が 来(く)る。

⑥ □(や)つぎ早(ばや)

＊やつぎ早…ことを つづけざまに する こと。

⑦ □(ゆみ)なりに なる。

⑧ □□(さんだい)の 車。

⑨ □(だい)所(どころ)に いる。

⑩ 出た □□(やさき)。

＊やさき…何(なに)かを しはじめる ちょうど その 時(とき)。

⑪ □□□(にほんとう)を 売(う)る。

⑫ ふき□(や)を つかう。

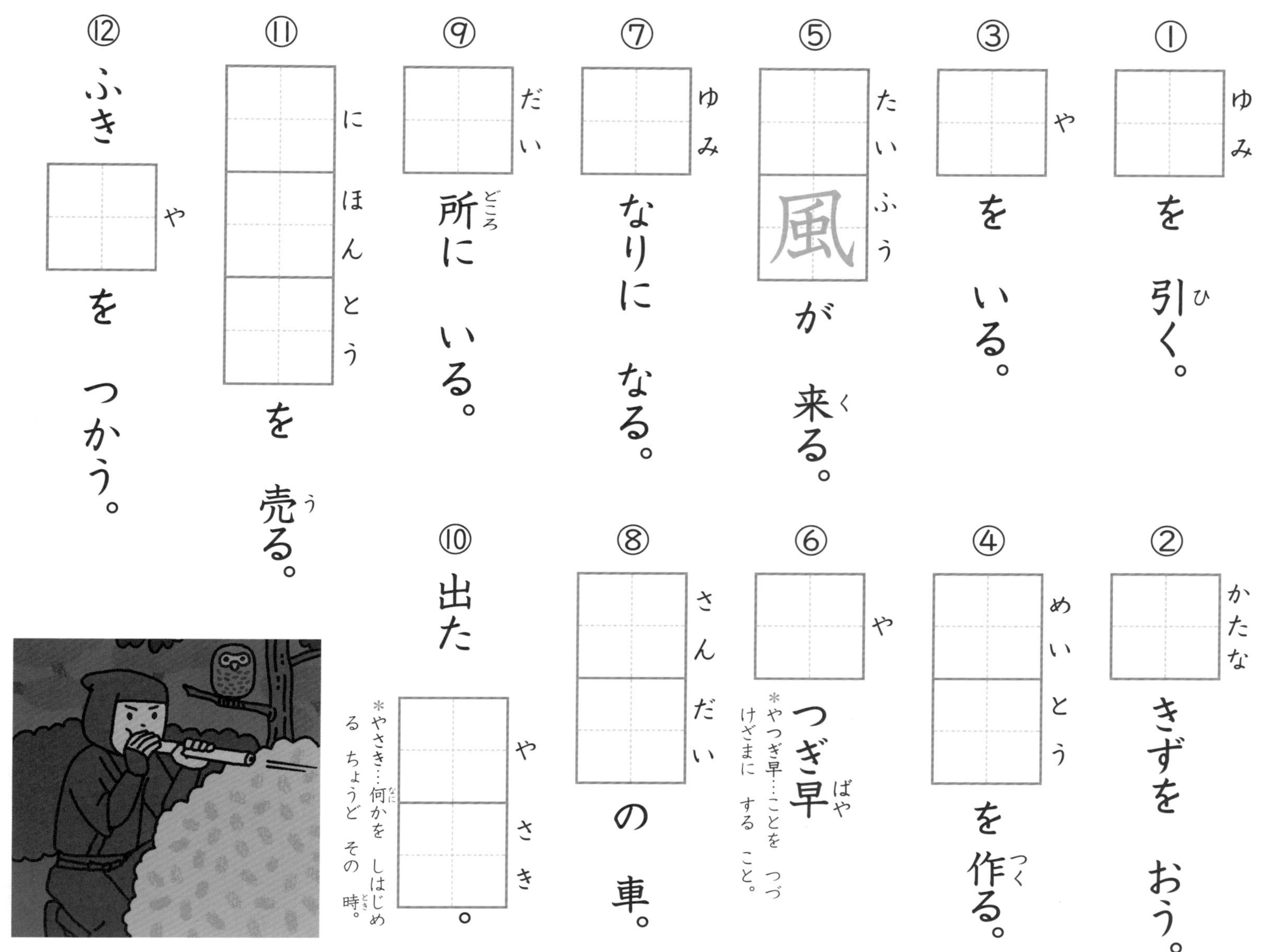

クイズ

「弓」は 何画(なんかく)で 書くかな？

① 3画 ② 4画 ③ 5画

答え ▶ 105ページ

3 門・戸・用・何

門　8かく

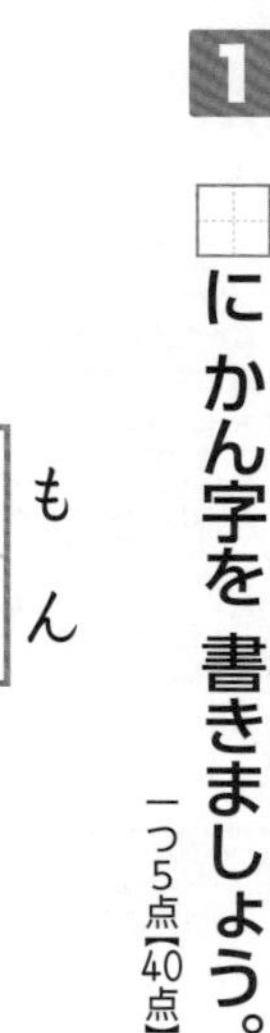
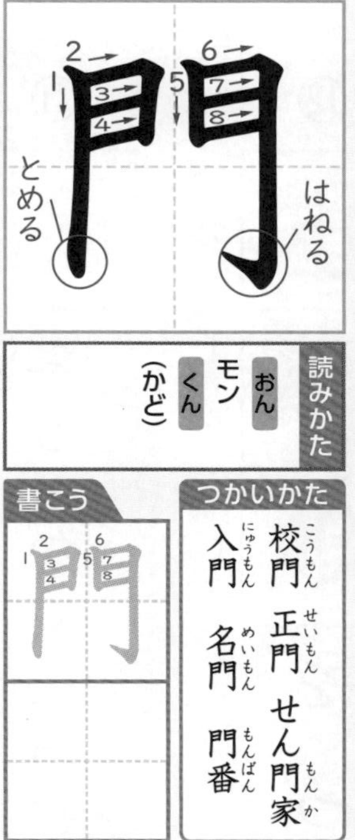

丨 ｢ ｣ 門 … 門（書きじゅん）

読みかた　おん：モン　くん：(かど)

つかいかた　校門（こうもん）　入門（にゅうもん）　正門（せいもん）　名門（めいもん）　せん門家（せんもんか）　門番（もんばん）

書こう

戸　4かく

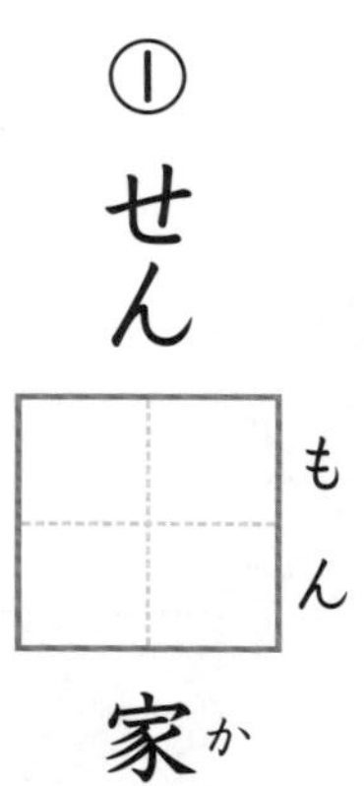
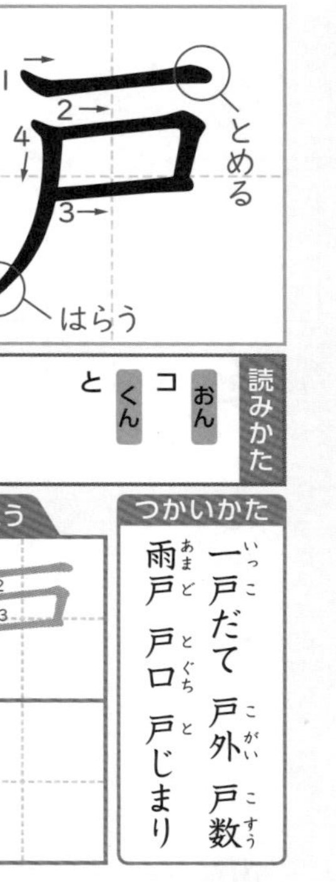

一 ｢ 彐 戸（書きじゅん）

読みかた　おん：コ　くん：と

つかいかた　一戸だて（いっこだて）　雨戸（あまど）　戸外（こがい）　戸口（とぐち）　戸数（こすう）　戸じまり（とじまり）

書こう

用　5かく

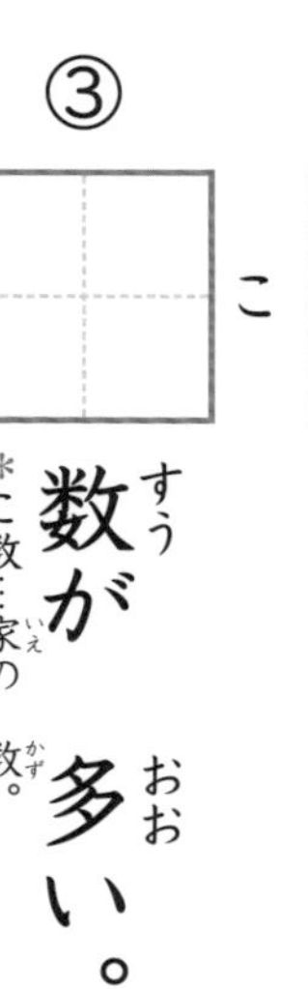
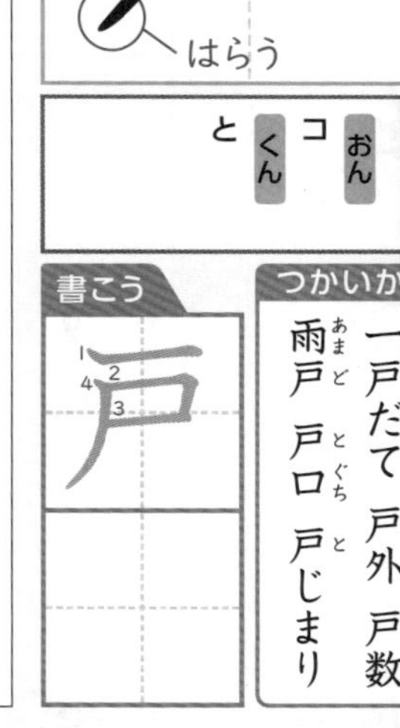

丿 冂 月 月 用（書きじゅん）

読みかた　おん：ヨウ　くん：もちいる

つかいかた　学用品（がくようひん）　用意（ようい）　画用紙（がようし）　用事（ようじ）　急用（きゅうよう）　用心（ようじん）

書こう

何　7かく

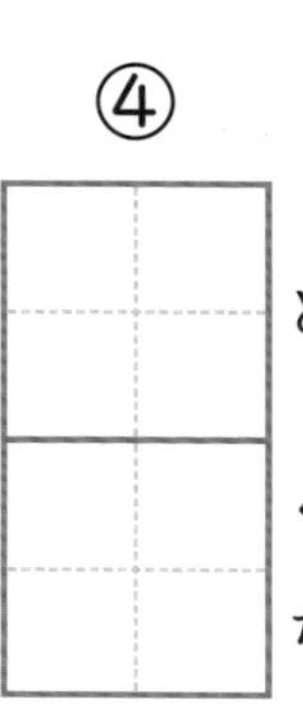
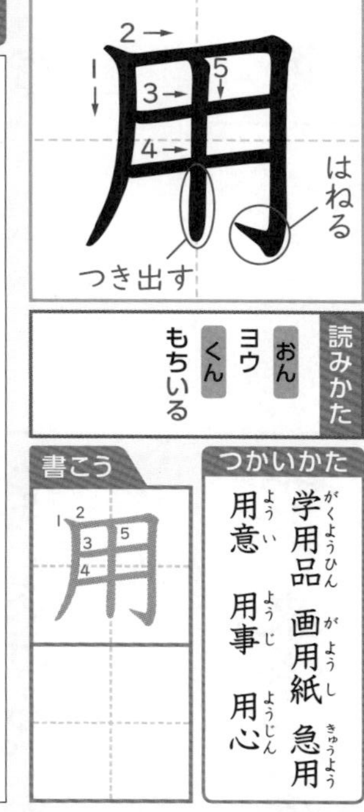

丿 亻 仁 仃 何 何 何（書きじゅん）

読みかた　おん：(カ)　くん：なに　なん

つかいかた　何事（なにごと）　何時（なんじ）　何者（なにもの）　何台（なんだい）　何回（なんかい）　何日（なんにち）

書こう

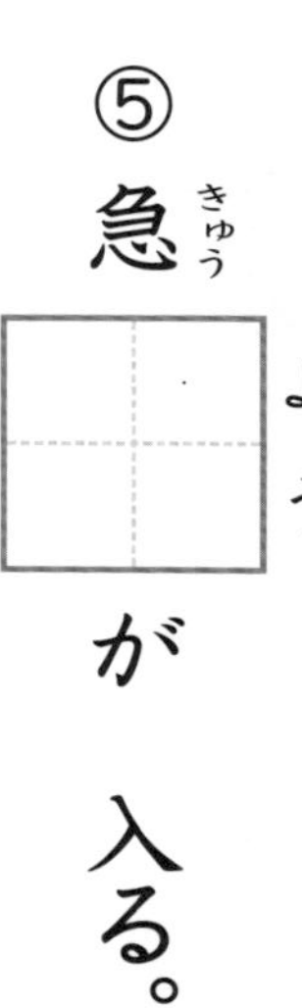

1 □にかん字を書きましょう。　一つ5点【40点】

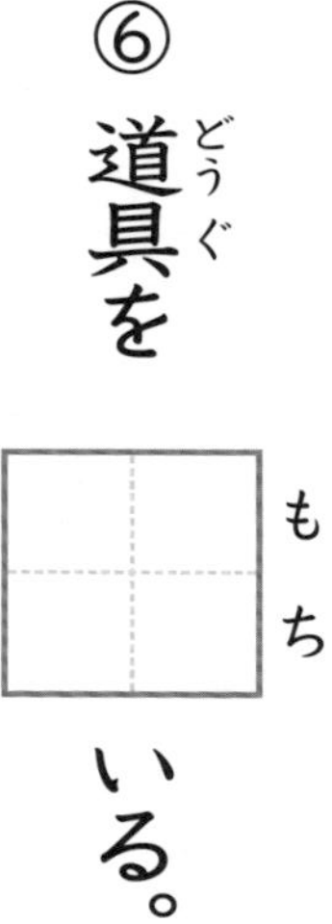

① せん［もん］家（か）

② ［もん］番（ばん）

③ ［こ］数（すう）が多（おお）い。
＊こ数…家（いえ）の数（かず）。

④ ［と］［ぐち］

⑤ 急（きゅう）［よう］が入る。

⑥ 道具（どうぐ）を［もち］いる。

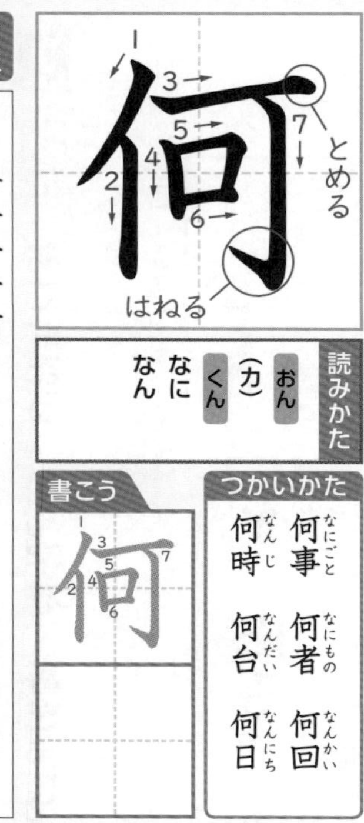

⑦ ［なに］者（もの）
＊なに者…はっきりしない人のこと。

⑧ ［なん］時（じ）

2 □に あてはまる かん字を 書きましょう。

一つ5点【60点】

① □□（こうもん） を 出る。

② 火の □□（ようじん）。

③ □□（あまど） を あける。

④ □外（こがい） に 出る。
※こがい…家や たてものの そと。

⑤ □□（なんにん） か 来る。

⑥ 明日の □（よう）意。

⑦ □□（にゅうもん） する
※にゅうもん…でしいり すること。

⑧ □回（なんかい） も やる。

⑨ □（と） を しめる。

⑩ □□（めいもん） の 一族。
※めいもん…りっぱな 家がら。

⑪ □（なに） 事も なく おわる。

⑫ 画□紙（がようし） を つかう。

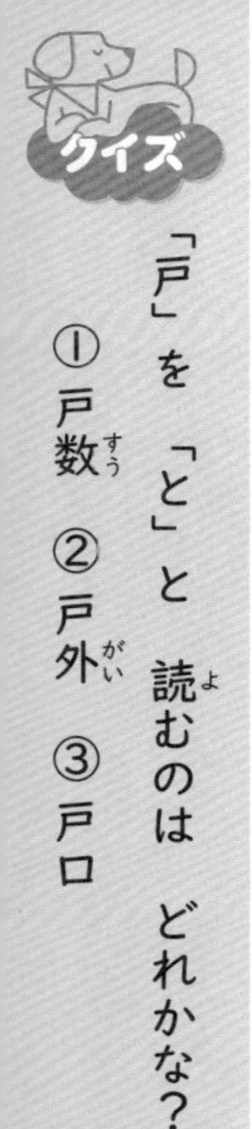

「戸」を「と」と 読むのは どれかな？

① 戸数　② 戸外　③ 戸口

答え ▶ 105ページ

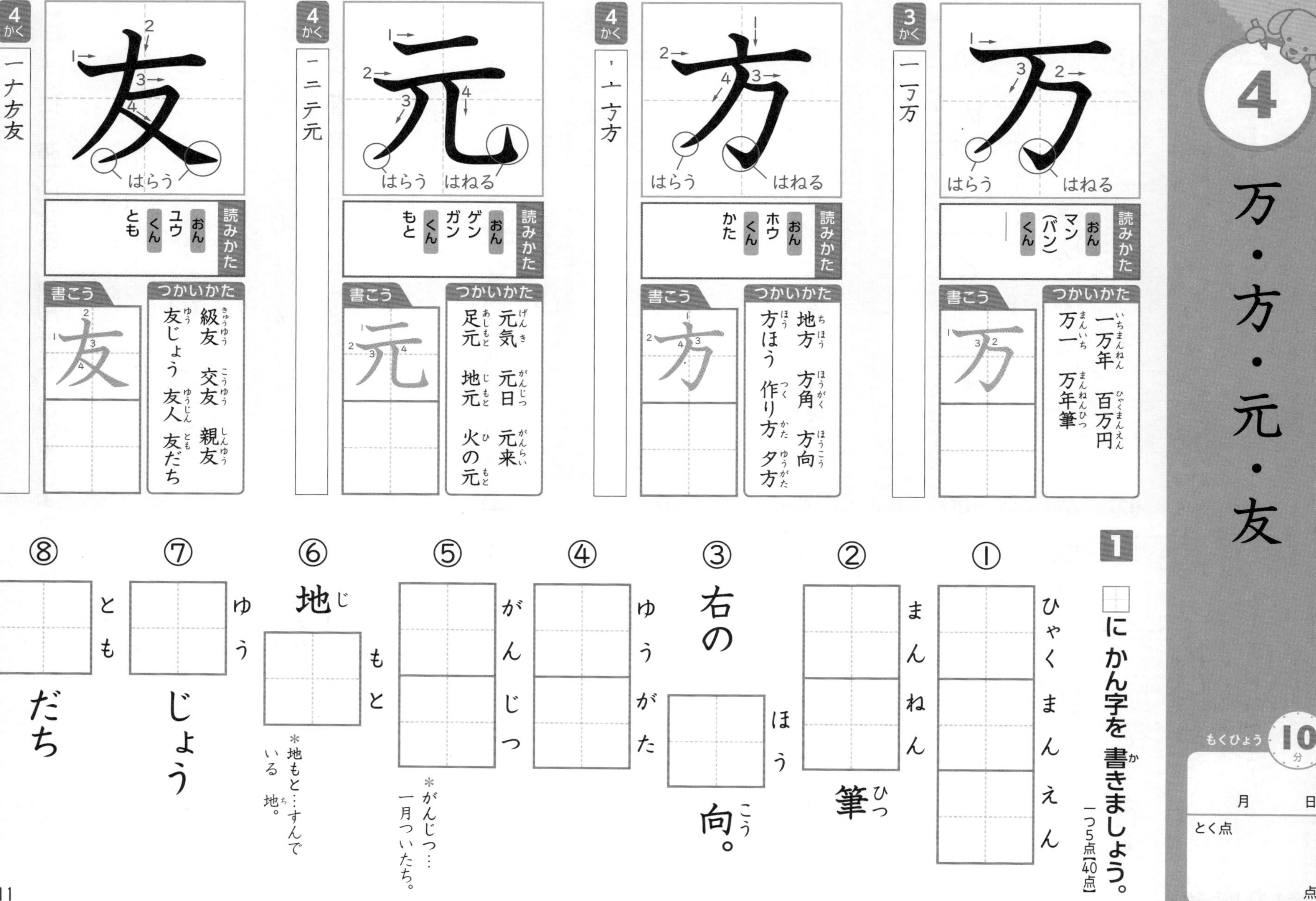

4 万・方・元・友

もくひょう 10分　月　日　とく点　点

万（3かく）
一 丆 万

はらう　はねる

読みかた　おん：マン（バン）　くん：―

つかいかた：一万年（いちまんねん）　百万円（ひゃくまんえん）　万一（まんいち）　万年筆（まんねんひつ）

書こう

方（4かく）
丶 亠 方 方

はらう　はねる

読みかた　おん：ホウ　くん：かた

つかいかた：地方（ちほう）　方角（ほうがく）　方向（ほうこう）　方ほう（ほう）　作り方（つくりかた）　夕方（ゆうがた）

書こう

元（4かく）
一 二 テ 元

はらう　はねる

読みかた　おん：ゲン ガン　くん：もと

つかいかた：元気（げんき）　元日（がんじつ）　元来（がんらい）　足元（あしもと）　地元（じもと）　火の元（ひのもと）

書こう

友（4かく）
一 ナ 方 友

はらう

読みかた　おん：ユウ　くん：とも

つかいかた：級友（きゅうゆう）　交友（こうゆう）　親友（しんゆう）　友じょう（ゆう）　友人（ゆうじん）　友だち（とも）

書こう

1 □にかん字を書（か）きましょう。
一つ5点【40点】

① ひゃくまんえん

② まんねん 筆（ひつ）

③ 右の ほう 向（こう）。

④ ゆうがた

⑤ がんじつ

＊がんじつ…一月ついたち。

⑥ 地（じ） もと

＊地もと…すんでいる地（ち）。

⑦ ゆう じょう

⑧ とも だち

2 □にあてはまるかん字を書きましょう。

一つ5点【60点】

① □□（まんいち）のこと。
※まんいち…まんの中の ひとつ。もしも。

② 南（みなみ）の□角（ほうがく）。

③ □来（がんらい）のねらい。
※がん来…はじめから。もともと。

④ 作（つく）り□（かた）を聞（き）く。

⑤ □（まん）のくらい。

⑥ 親□（しんゆう）になる。

⑦ □□（げんきん）を出す。

⑧ 地□（ちほう）にすむ。

⑨ 級（きゅう）□（ゆう）と話（はな）す。

⑩ 火の□（もと）
※火のもと…火のある場所（ばしょ）。

⑪ □□□（いちまんねん）

⑫ □□（ゆうじん）と行（い）く。

①の「まん」と、②の「ほう」は形（かたち）がにているね。

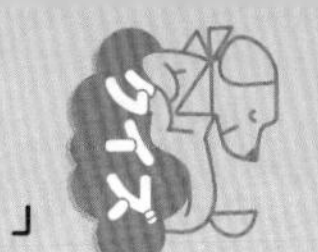

「ひゃくまんえん」を、かん字で正しく書いたものはどれかな？

① 十万円 ② 百千円 ③ 百万円

答え ▶105ページ

5 かくにんテスト①

1 □に あてはまる かん字を 書(か)きましょう。 一つ5点【40点】

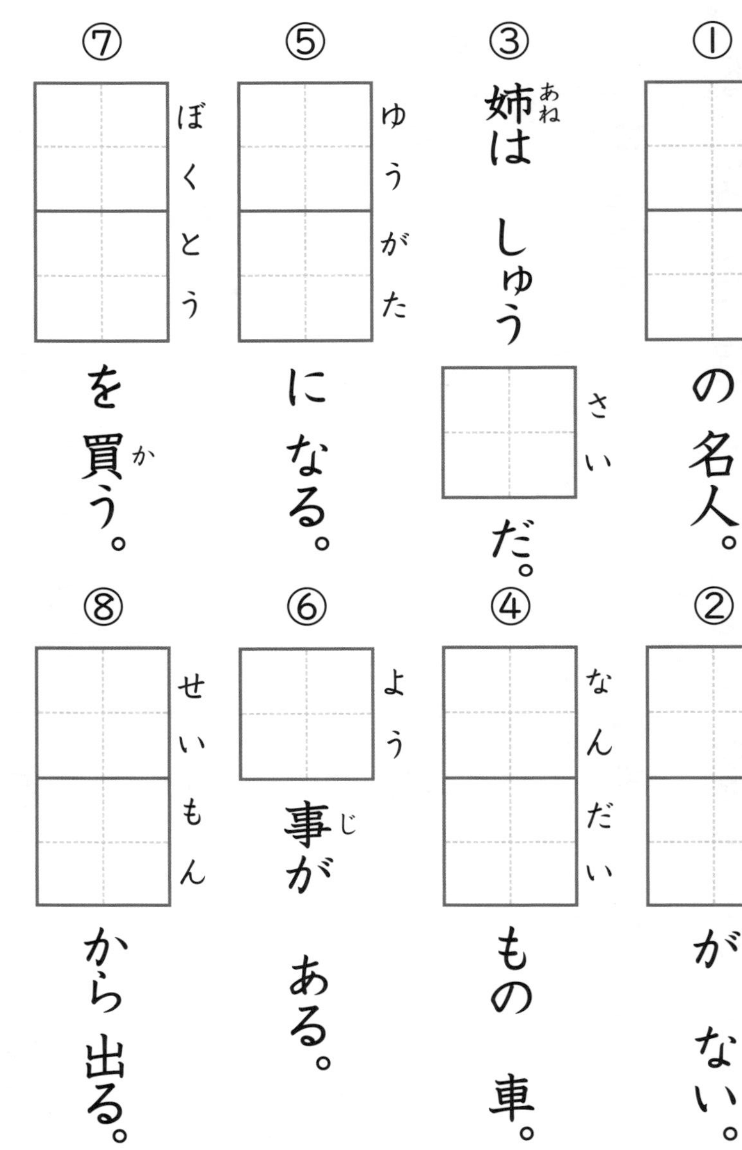

① □□（ゆみや）の 名人。

② □□（げんき）が ない。

③ 姉(あね)は しゅう□（さい）だ。

④ □□（なんだい）もの 車。

⑤ □□（ゆうがた）に なる。

⑥ □（よう）事(じ)が ある。

⑦ □□（ぼくとう）を 買(か)う。

⑧ □□（せいもん）から 出る。

2 ――の ことばを、かん字と ひらがなで （　　）に 書きましょう。 一つ4点【12点】

① 絵(え)の具(ぐ)を もちいる。（　　）

② なみだが ひかる。（　　）

③ おなじ ことを 言(い)う。（　　）

3 ——の かん字の 読みがなを 書きましょう。

一つ3点【36点】

① 親友に 言う。（　　） よき友に なる。（　　）

② 何事かと 思う。（　　） 何日も すぎる。（　　）

③ 台に のる。（　　） ぶ台に 立つ。（　　）

④ 一戸だての 家。（　　） 雨戸を しめる。（　　）

⑤ 元日は 休む。（　　） 足元を 見る。（　　）

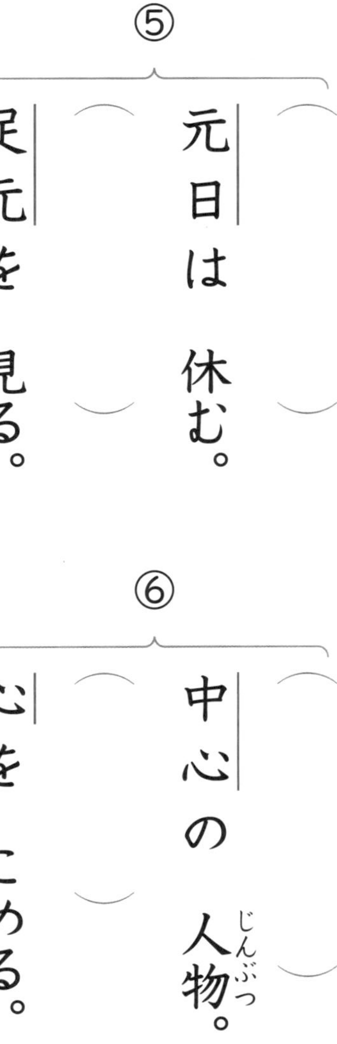

⑥ 中心の 人物。（　　） 心を こめる。（　　）

4 にて いる 形に 気を つけて、□に かん字を 書きましょう。

一つ3点【12点】

① □（まん）に 一つ。 よい □（ほう）ほう。

② □（ちから）こぶ □（かたな）を かざる。

答え ▶ 105ページ

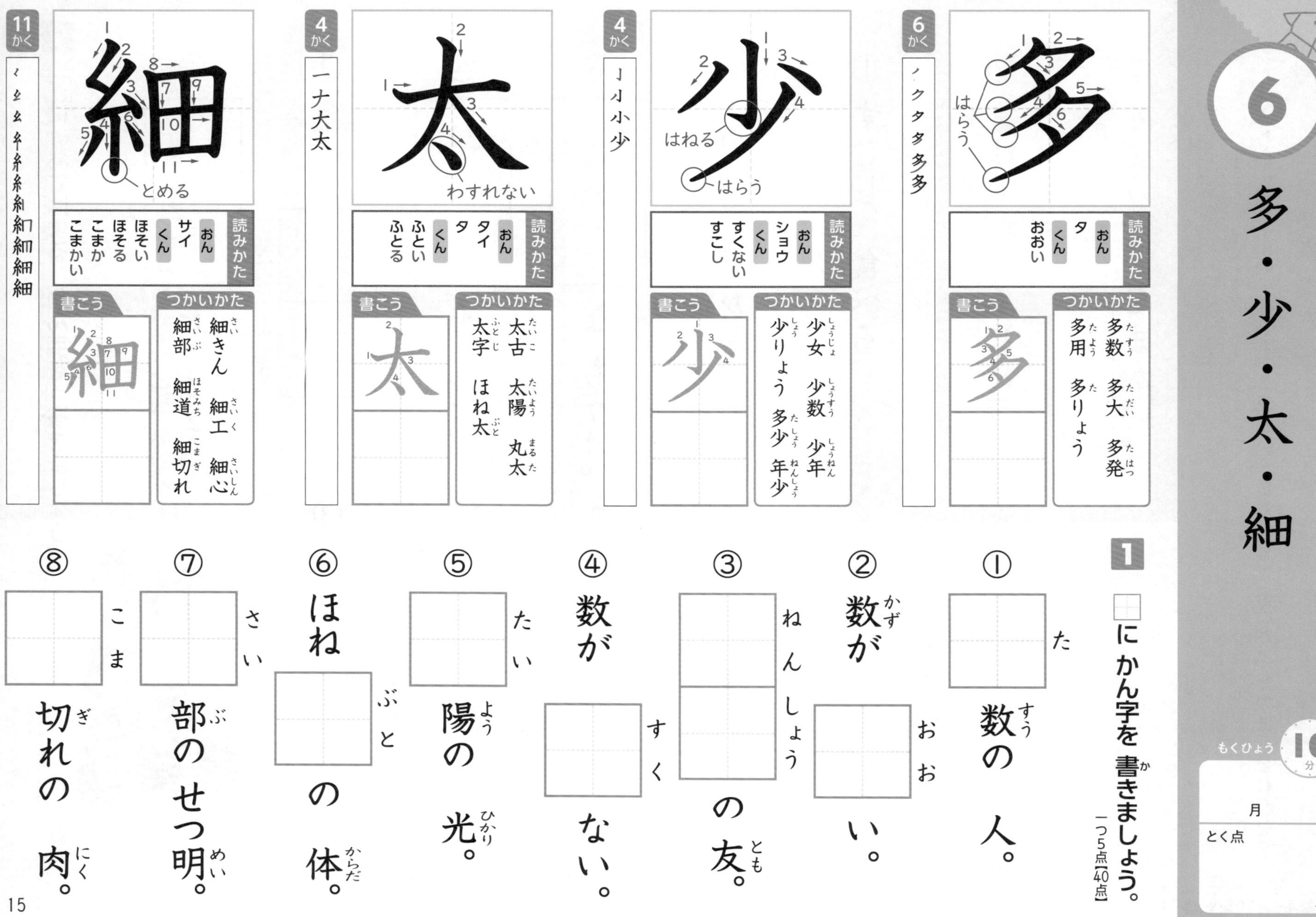

6 多・少・太・細

もくひょう 10分　月　日　とく点　点

多（6かく）
読みかた　おん：タ　くん：おおい
つかいかた：多数（たすう）　多大（ただい）　多発（たはつ）　多用（たよう）　多りょう（たりょう）

少（4かく）
読みかた　おん：ショウ　くん：すくない・すこし
つかいかた：少女（しょうじょ）　少数（しょうすう）　少年（しょうねん）　少りょう（しょうりょう）　多少（たしょう）　年少（ねんしょう）

太（4かく）
読みかた　おん：タイ・タ　くん：ふとい・ふとる
つかいかた：太古（たいこ）　太陽（たいよう）　丸太（まるた）　太字（ふとじ）　ほね太（ほねぶと）

細（11かく）
読みかた　おん：サイ　くん：ほそい・ほそる・こまか・こまかい
つかいかた：細きん（さいきん）　細工（さいく）　細心（さいしん）　細部（さいぶ）　細道（ほそみち）　細切れ（こまぎれ）

1 □にかん字を書きましょう。　一つ5点【40点】

① □（た）数（すう）の人。
② 数（かず）が□（おお）い。
③ □□（ねんしょう）の友（とも）。
④ 数が□（すく）ない。
⑤ □（たい）陽（よう）の光（ひかり）。
⑥ ほね□（ぶと）の体（からだ）。
⑦ □（さい）部（ぶ）のせつ明（めい）。
⑧ □（こま）切（ぎ）れの肉（にく）。

2 □に あてはまる かん字を 書(か)きましょう。

一つ6点【42点】

① 【道】ほそみち を 通(とお)る。

② 色(いろ)の 【　】たよう ＊。

＊たよう…おおく もち いる こと。

③ 【古】たいこ の 話(はなし)。

＊たい古…大昔(おおむかし)。

④ 【丸】まる【　】た を 切(き)る。

⑤ 【　】たしょう の さ。

⑥ 【　】ただい な もうけ。

＊ただい…きわめて おおい こと。

⑦ ガラス 【工】ざいく

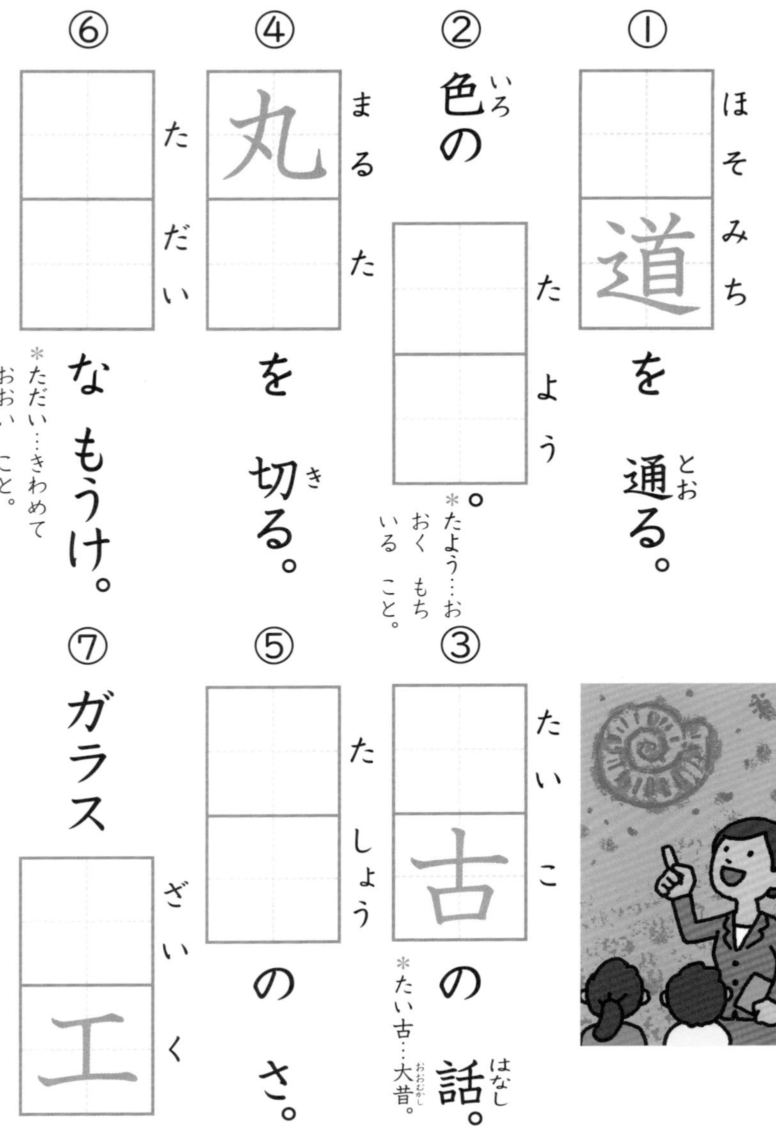

3 ――の ことばを、かん字と ひらがなで （　）に 書きましょう。

一つ6点【18点】

① すこし 食(た)べる。（　　）

② まゆ毛(げ)が ふとい。（　　）

③ もようが こまかい。（　　）

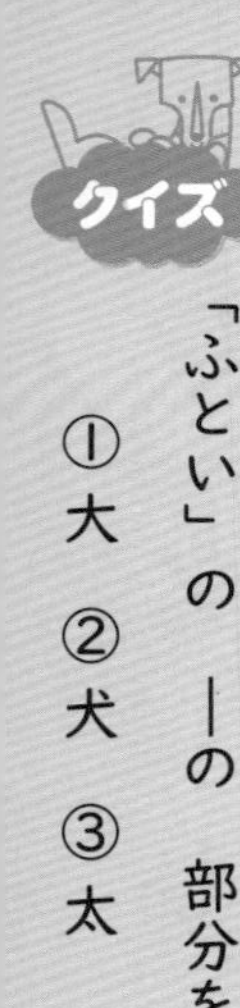

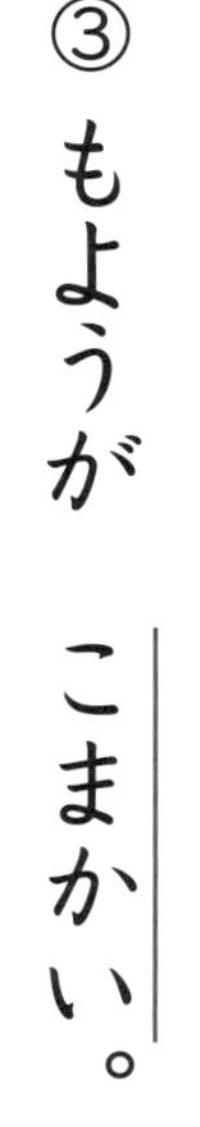

「ふとい」の ―の 部分(ぶぶん)を、正しい かん字で 書いた ものは どれかな？

① 大　② 犬　③ 太

答え ▶ 105ページ

7 外・内・前・後

読みかた
おん ガイ (ゲ)
くん そと ほか はずす はずれる

つかいかた
屋外（おくがい） 海外（かいがい） 外国（がいこく）
外出（がいしゅつ） 外がわ（そと） 町外れ（まちはず）

書こう

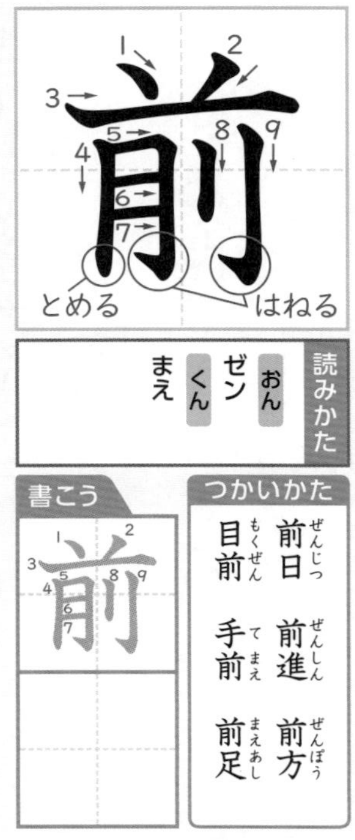

読みかた
おん ナイ (ダイ)
くん うち

つかいかた
あん内（ない） 校内（こうない） 内外（ないがい）
内よう（ない） 内がわ（うち） 内気（うちき）

書こう

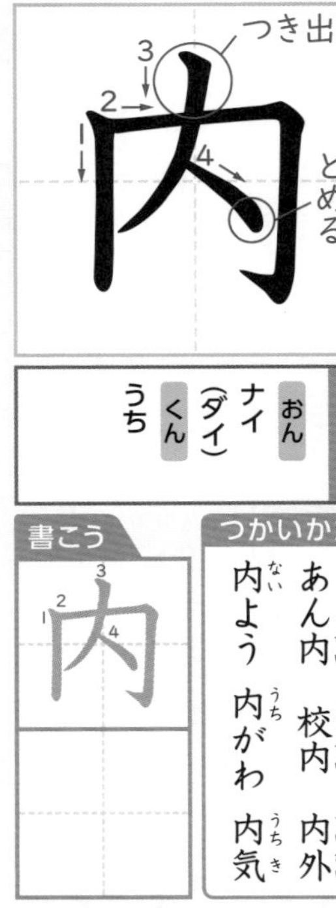

読みかた
おん ゼン
くん まえ

つかいかた
前日（ぜんじつ） 前進（ぜんしん） 前方（ぜんぽう）
目前（もくぜん） 手前（てまえ） 前足（まえあし）

書こう

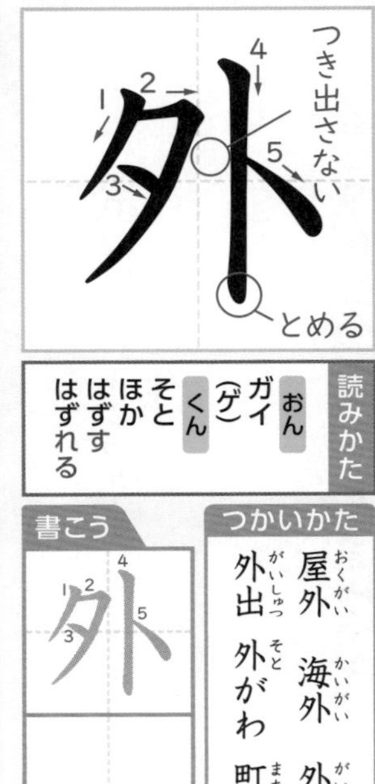
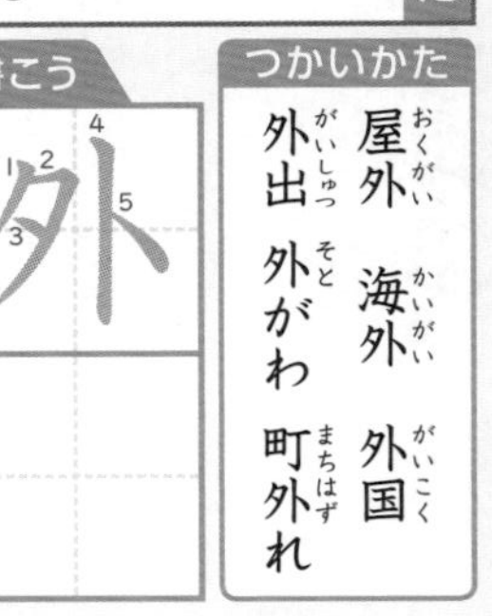

読みかた
おん ゴ コウ
くん のち うしろ あと (おくれる)

つかいかた
食後（しょくご） 前後（ぜんご） 後半（こうはん）
後ろ向き（うし・む） 後回し（あとまわ）

書こう

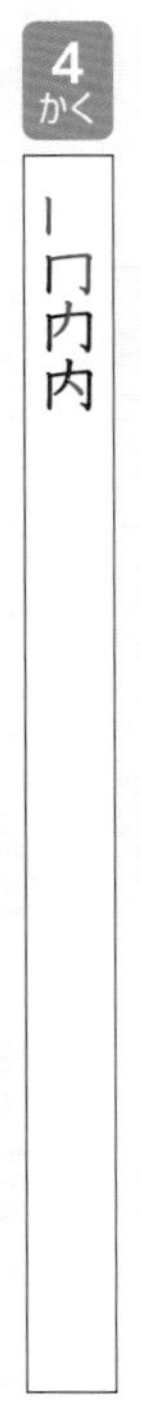

1 □にかん字を書きましょう。

一つ5点【40点】

① （そと）がわ

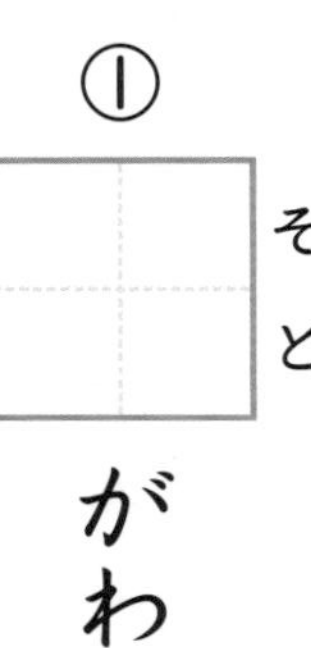

② （まちはず）れ

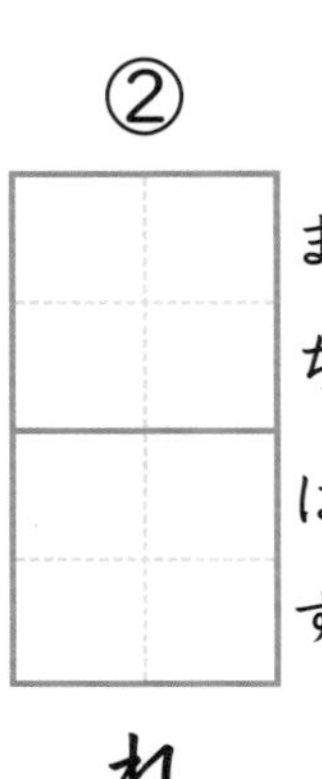

③ （ないがい）

*ないがい…うちとそと。

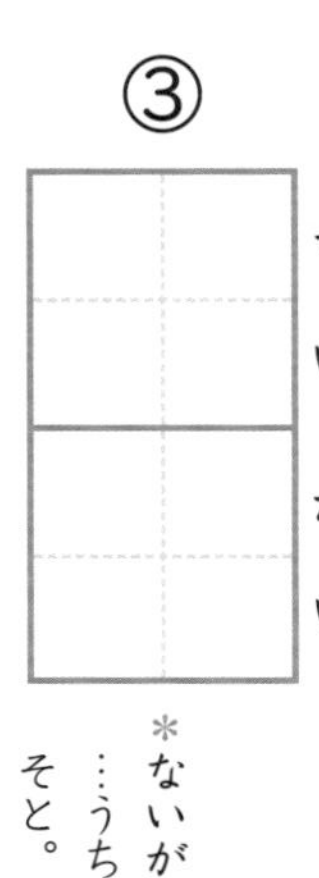

④ （うち）がわ

⑤ （ぜんじつ）の夜（よる）。

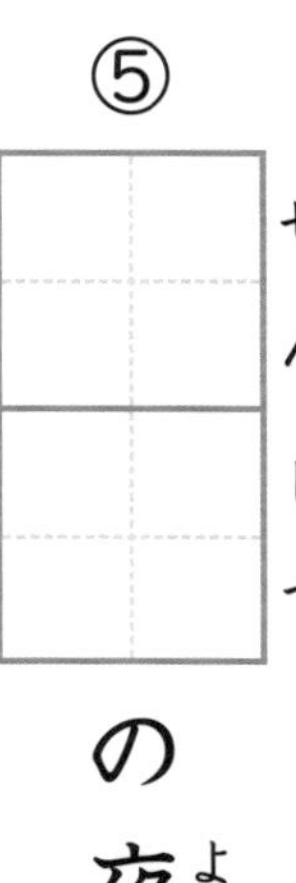

⑥ （てまえ）の本。

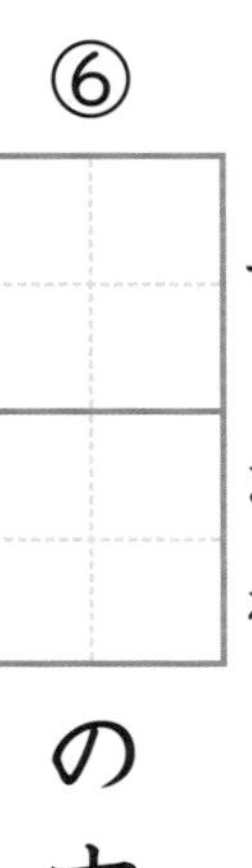

⑦ （ぜんご）の人。

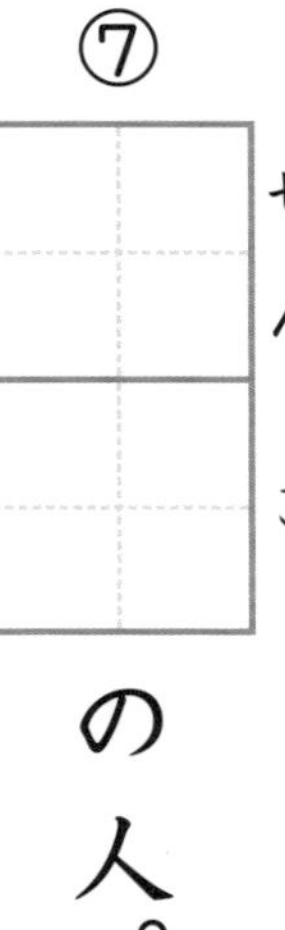

⑧ （こう）半（はん）

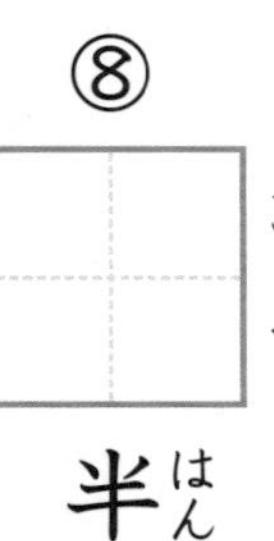

2 □に あてはまる かん字を 書き（か）ましょう。

一つ6点【48点】

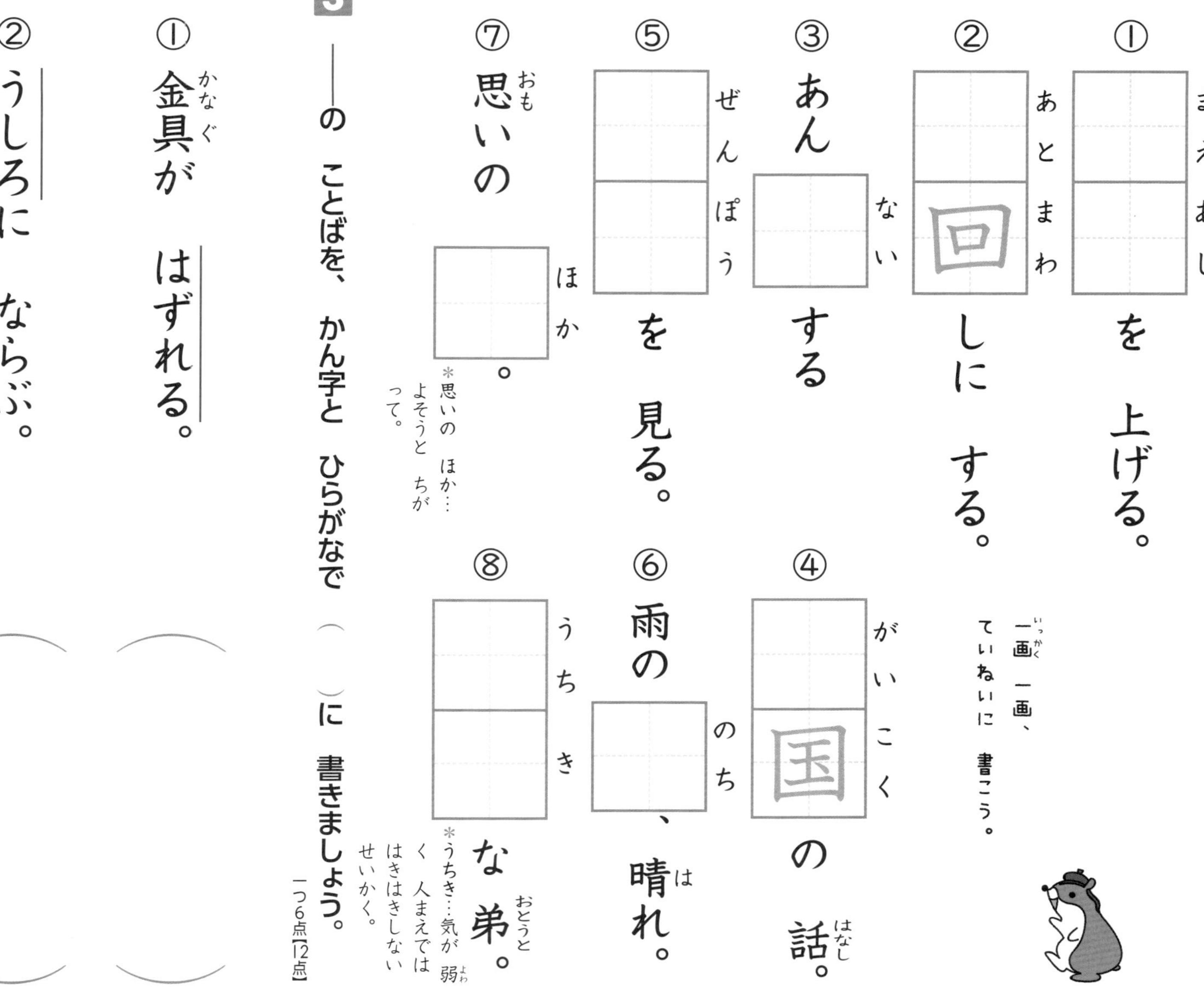

①（まえあし）□□を 上げる。

②（あとまわ）□回しに する。

③ あん（ない）□ する

④（がいこく）□国の 話（はなし）。

⑤（ぜんぽう）□□を 見る。

⑥ 雨の（のち）□、晴（は）れ。

⑦ 思（おも）いの（ほか）□。

＊思いの ほか…よそうと ちがって。

⑧（うちき）□□な 弟（おとうと）。

＊うちき…気が 弱（よわ）く 人まえでは はきはきしない せいかく。

一画（いっかく） 一画、ていねいに 書こう。

3 ——の ことばを、かん字と ひらがなで （　）に 書きましょう。

一つ6点【12点】

① 金具（かなぐ）が はずれる。（　　）

② うしろに ならぶ。（　　）

クイズ

「□□左右を かくにんして うんてんする。」の □□に 入る かん字は どれかな？

① 内外　② 前後　③ 後前

答え ▶ 105ページ

8 東・西・南・北

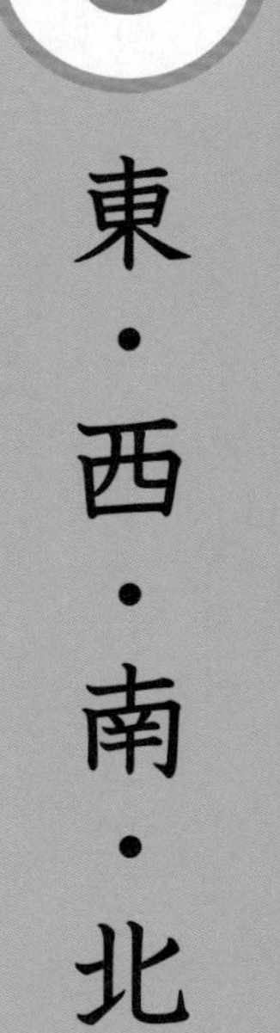

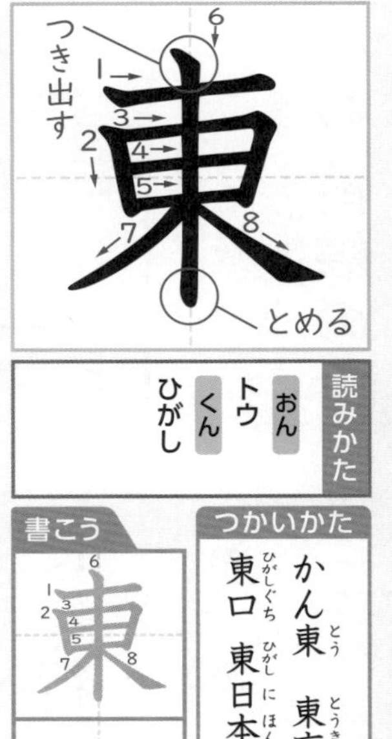

東 8かく

一 ｢ ｢ 冃 旦 車 車 東

読みかた　おん：トウ　くん：ひがし

つかいかた：かん東（とう）　東京（とうきょう）　東洋（とうよう）　東口（ひがしぐち）　東日本（ひがしにほん）　東向き（ひがしむき）

書こう

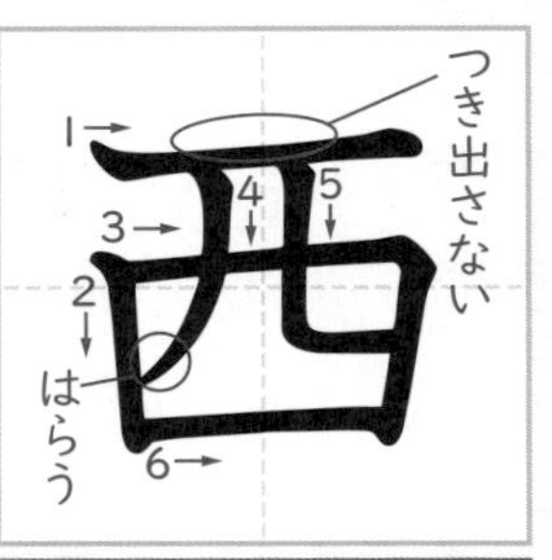

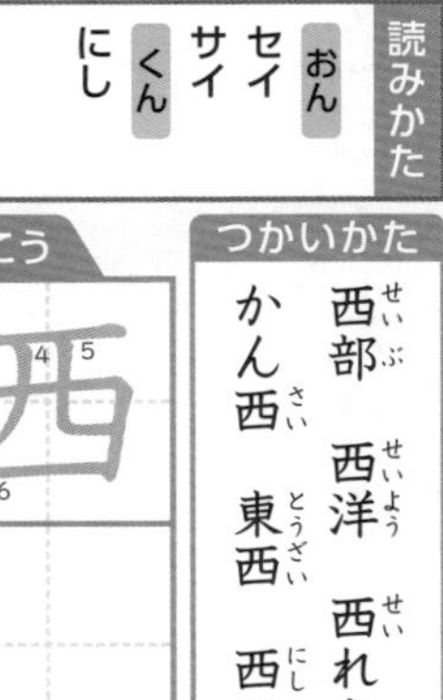

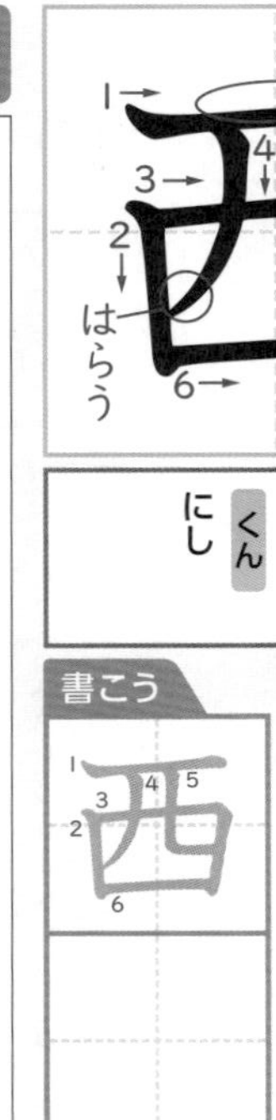

西 6かく

一 ㇐ 冂 万 襾 西

読みかた　おん：セイ　サイ　くん：にし

つかいかた：西部（せいぶ）　西洋（せいよう）　西れき（せいれき）　かん西（さい）　東西（とうざい）　西日（にしび）

書こう

南 9かく

一 十 ⺊ 冂 冂 冇 冇 南 南

読みかた　おん：ナン　（ナ）　くん：みなみ

つかいかた：南下（なんか）　南きょく（なん）　南国（なんごく）　南風（みなみかぜ）　南半球（みなみはんきゅう）　南向き（みなみむき）

書こう

北 5かく

丨 丬 丬 北 北

読みかた　おん：ホク　くん：きた

つかいかた：東西南北（とうざいなんぼく）　東北（とうほく）　北上（ほくじょう）　北きょく（ほっ）　北風（きたかぜ）　北国（きたぐに）

書こう

1 □にかん字を書（か）きましょう。

一つ5点【40点】

① かん□（とう）

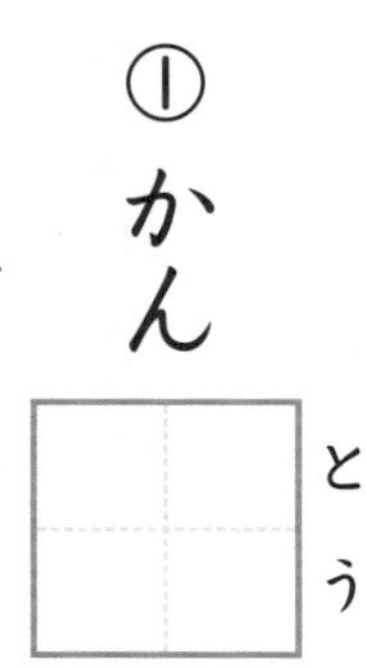

② □□（ひがしぐち）

③ □（せい）れき

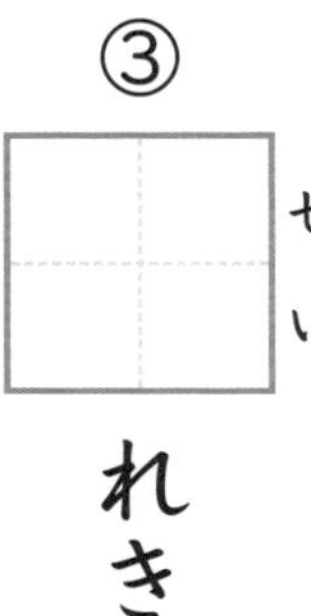

④ かん□（さい）

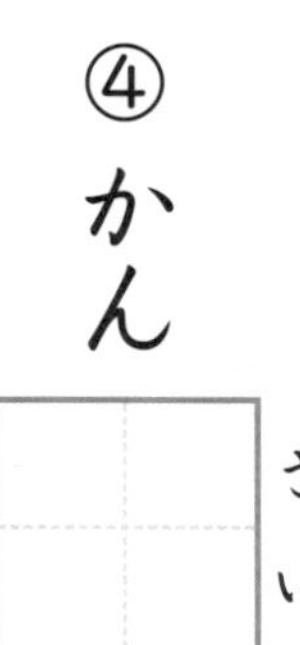

⑤ □（なん）国（ごく）の海（うみ）。

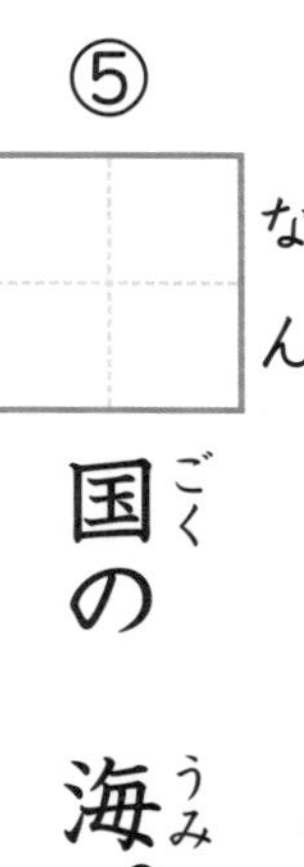

⑥ □（みなみ）向（む）きの家（いえ）。

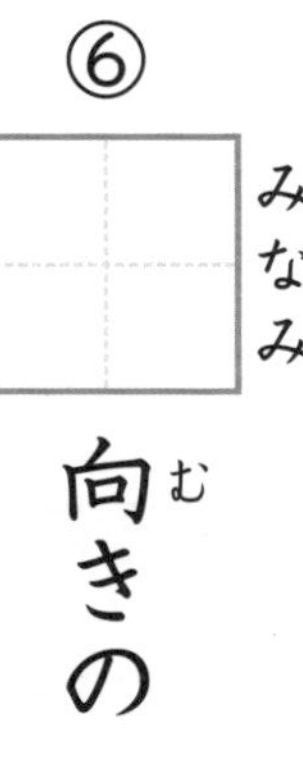

⑦ □□（ほくじょう）

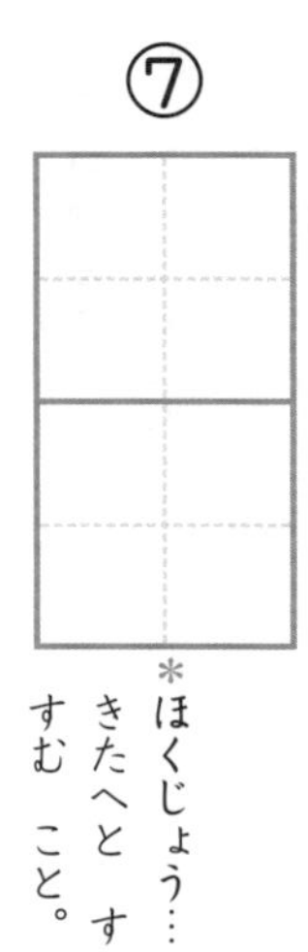

＊ほくじょう…きたへとすすむこと。

⑧ □（きた）風（かぜ）

2 □に　あてはまる　かん字を　書(か)きましょう。

一つ5点【60点】

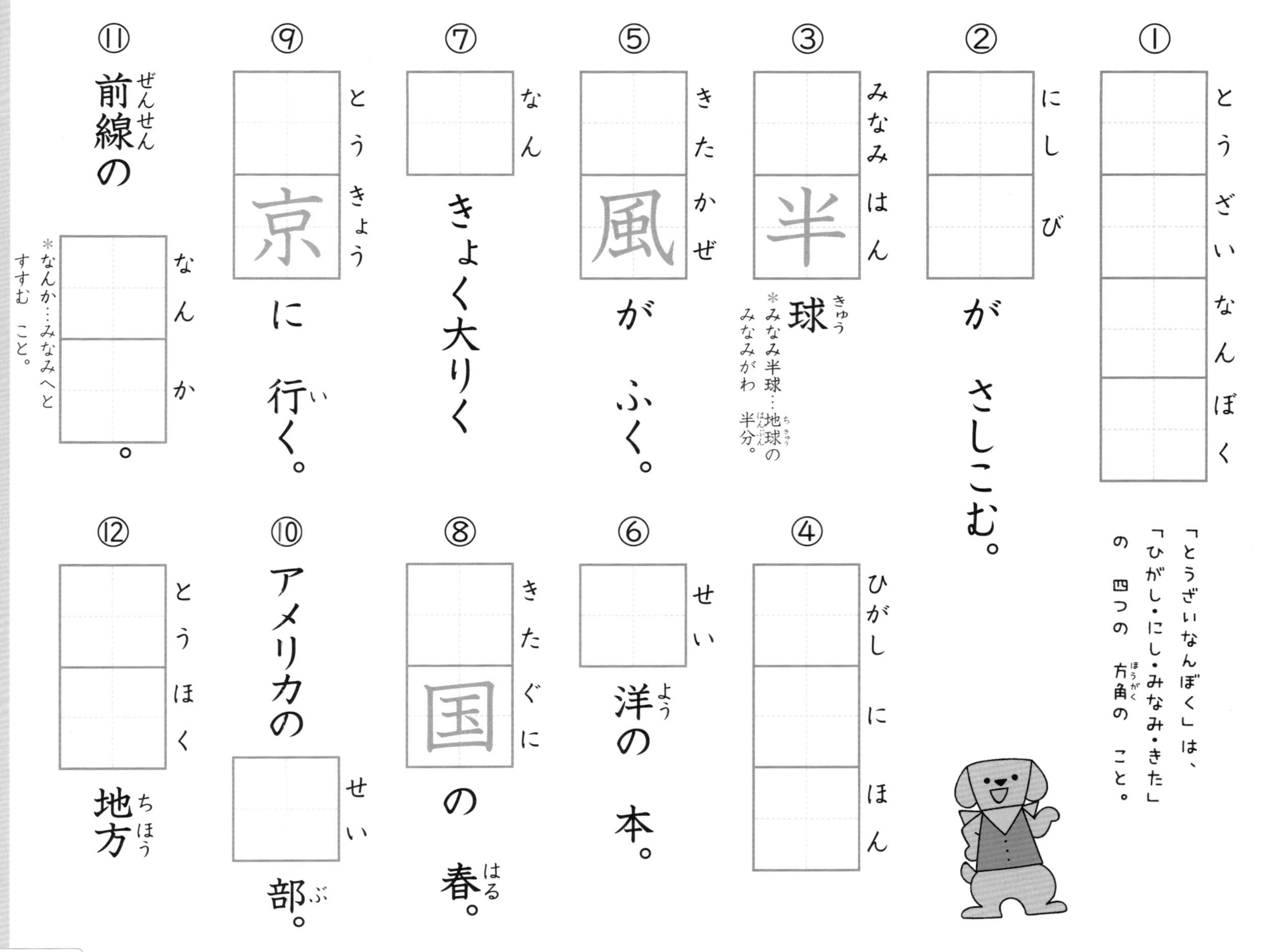

① □□□□（とうざいなんぼく）

「とうざいなんぼく」は、「ひがし・にし・みなみ・きた」の　四つの　方角(ほうがく)の　こと。

② □□（にしび）が　さしこむ。

③ 半□（みなみはん）球(きゅう)

＊みなみ半球…地球(ちきゅう)の　みなみがわ　半分(はんぶん)。

④ □□□（ひがしにほん）

⑤ 風□（きたかぜ）が　ふく。

⑥ □（せい）洋(よう)の　本。

⑦ □（なん）きょく大りく

⑧ □国（きたぐに）の　春(はる)。

⑨ □京（とうきょう）に　行(い)く。

⑩ アメリカの　□（せい）部(ぶ)。

⑪ 前線(ぜんせん)の　□□（なんか）。

＊なんか…みなみへと　すすむ　こと。

⑫ □□（とうほく）地方(ちほう)

クイズ

「西」を　「さい」と　読(よ)むのは　どれかな？

① 西洋　② かん西　③ 西日

答え ▶ 106ページ

9 知・合・思・考

もくひょう 10分　月　日　とく点　点

知（8かく）

ノ ㇉ 㐃 チ 矢 矢 知 知

読みかた　おん：チ　くん：しる

つかいかた　知(ち)しき　知(ち)人(じん)　通(つう)知(ち)　知(し)り合(あ)い　物(もの)知(し)り

書こう

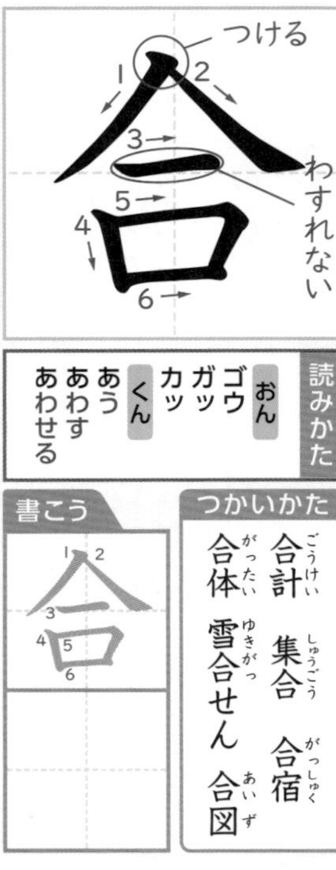

合（6かく）

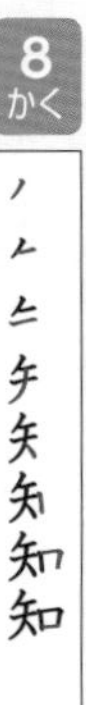

ノ 人 𠆢 今 合 合

読みかた　おん：ゴウ　ガッ　カッ　くん：あう　あわす　あわせる

つかいかた　合(ごう)計(けい)　集(しゅう)合(ごう)　合(がっ)宿(しゅく)　合(がっ)体(たい)　雪(ゆき)合(がっ)せん　合(あい)図(ず)

書こう

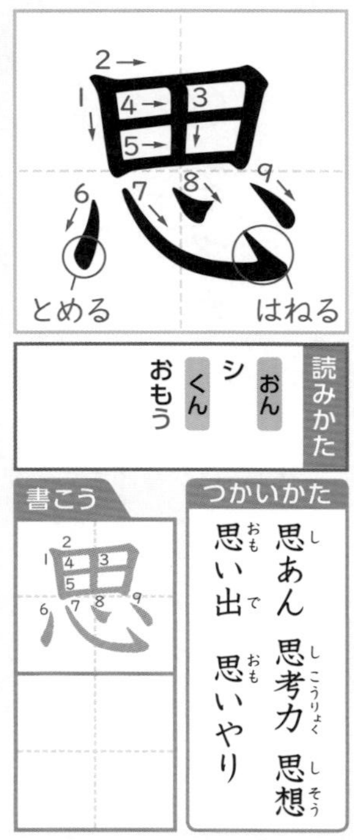

思（9かく）

丨 冂 曰 田 田 田 思 思 思

読みかた　おん：シ　くん：おもう

つかいかた　思(し)あん　思(し)考(こう)力(りょく)　思(し)想(そう)　思(おも)い出(で)　思(おも)いやり

書こう

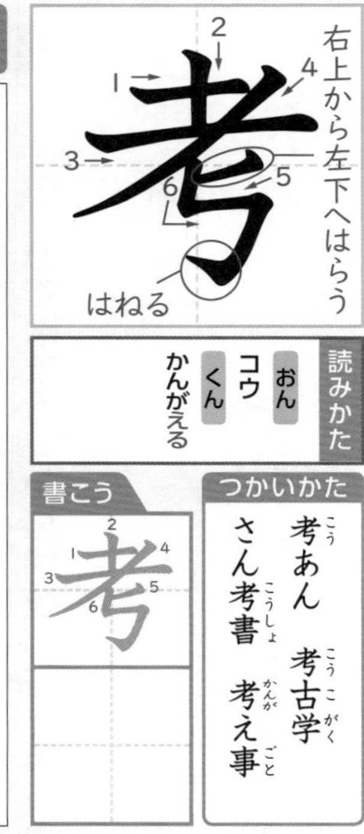

考（6かく）

一 + 土 耂 耂 考

読みかた　おん：コウ　くん：かんがえる

つかいかた　考(こう)あん　考(こう)古(こ)学(がく)　さん考(こう)書(しょ)　考(かん)え事(ごと)

書こう

1　□にかん字を書(か)きましょう。　一つ5点【40点】

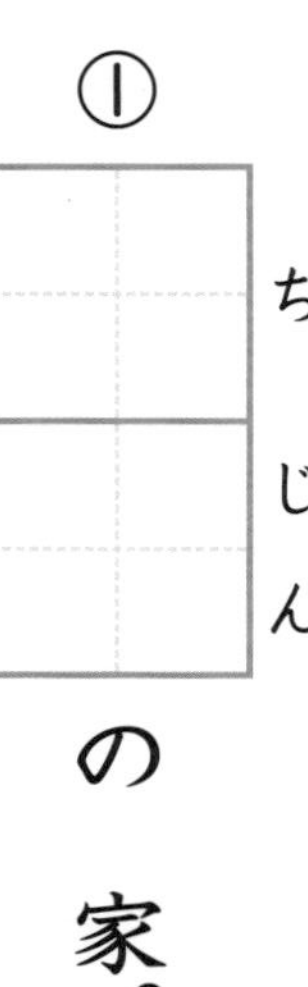

① □□（ちじん）の家。

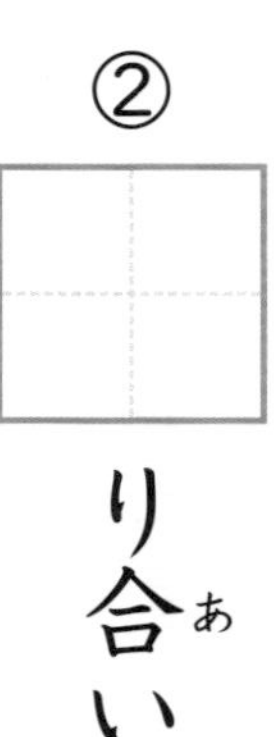

② □（し）り合(あ)い

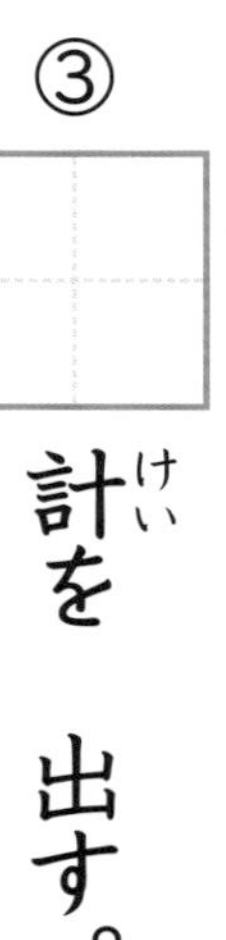

③ □（ごう）計(けい)を出す。

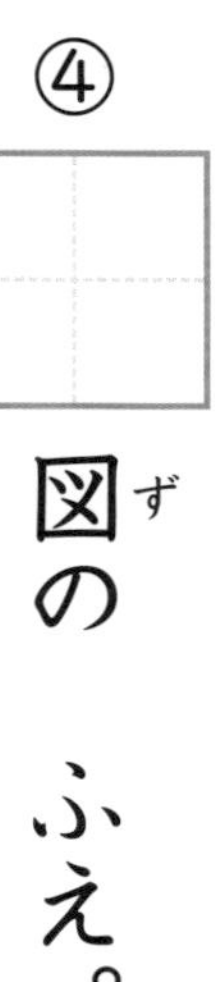

④ □（あい）図(ず)のふえ。

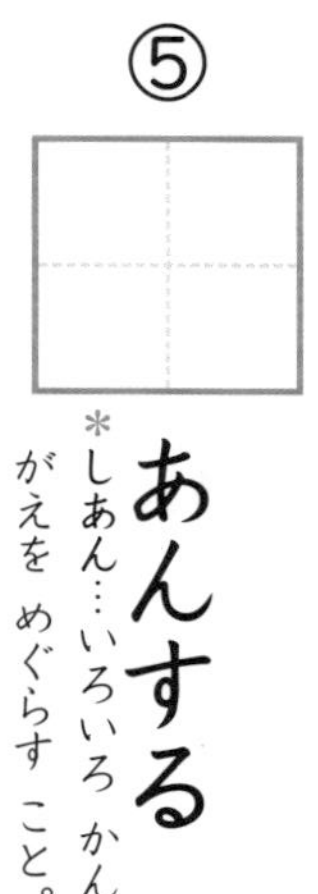

⑤ □（し）あんする
＊しあん…いろいろかんがえをめぐらすこと。

⑥ よい□（おも）い出。

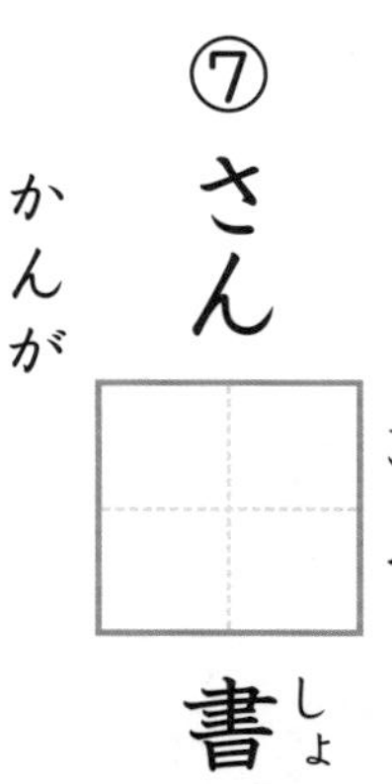

⑦ さん□（こう）書(しょ)

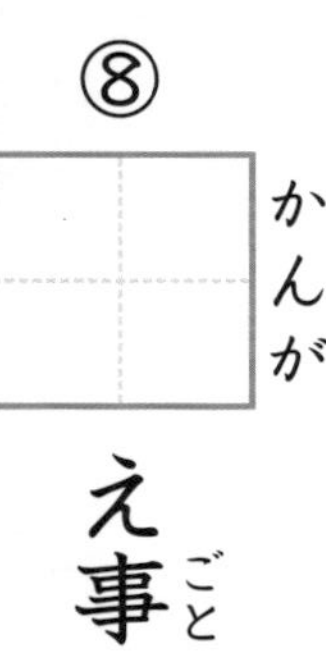

⑧ □（かんが）え事(ごと)

2 □に あてはまる かん字を 書きましょう。

一つ6点【48点】

① □(おも)いやりの 心を もつ。

② 校庭に 集□(ごう)する。

③ 答えが □(あ)う。

④ 物□(し)り

⑤ □□□(しこうりょく)
＊しこうりょく…かんがえる ちから。

⑥ 科学の □(ち)しき。

⑦ 道具の □(こう)あん。
＊こうあん…いろいろ くふうして かんがえ 出す こと。

⑧ 夏の □(がっ)宿。

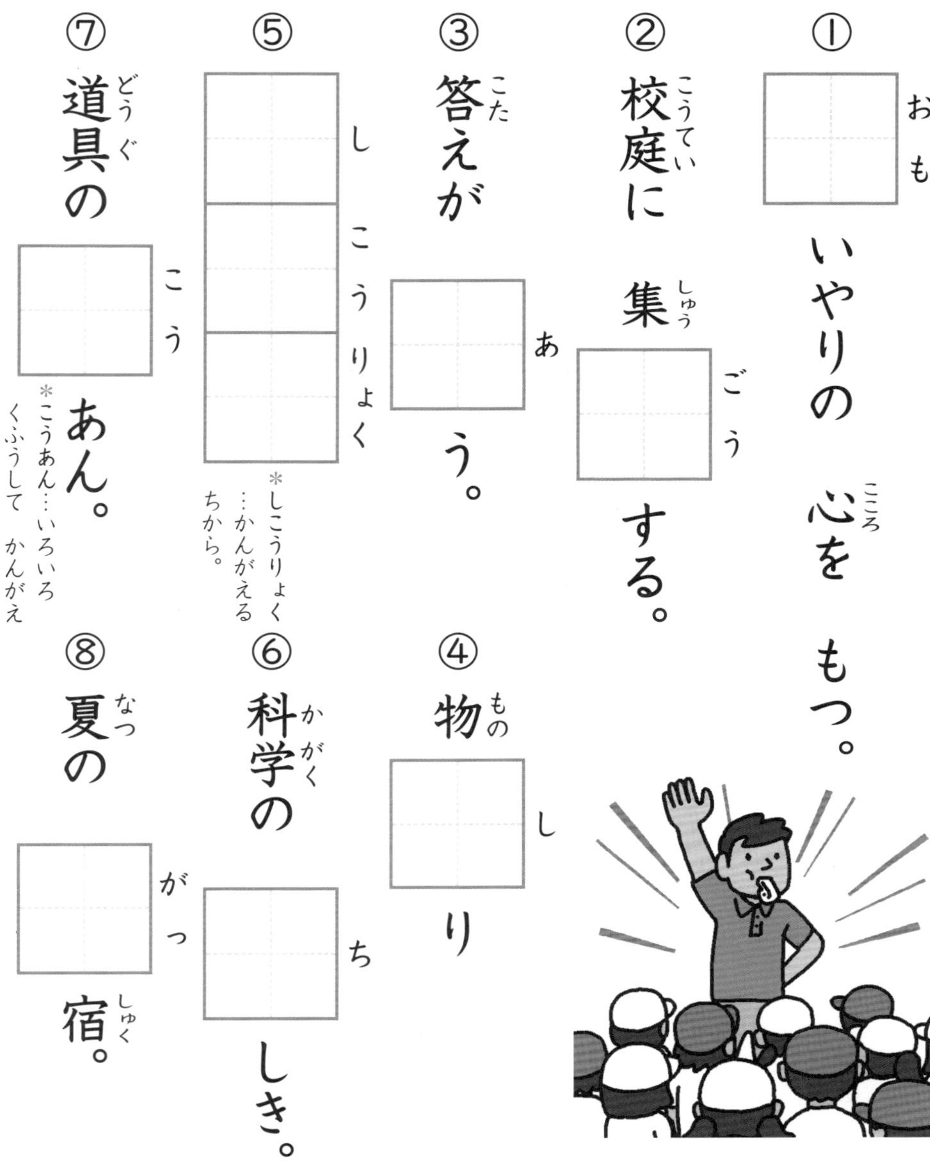

3 ――の ことばを、かん字と ひらがなで （　）に 書きましょう。

一つ6点【12点】

① よていを かんがえる。（　　）

② 家族を おもう。（　　）

クイズ

「合」を 「かっ」と 読むのは どれかな？

① 合せんの 地。 ② 合しょうコンクール ③ 合計を 出す。

答え ▶ 106ページ

10 切・引・止・言

切（4かく）

一 七 切 切

読みかた　おん　セツ　(サイ)　くん　きる　きれる

つかいかた　親切（しんせつ）　切（き）り口（くち）　切（せつ）だん　品切（しなぎ）れ　大切（たいせつ）

書こう　切

引（4かく）

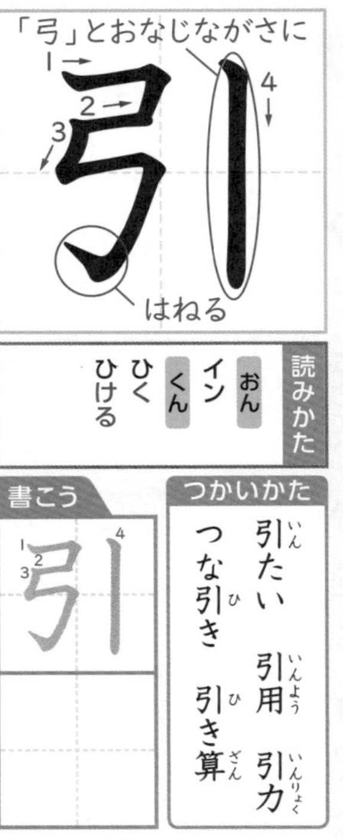

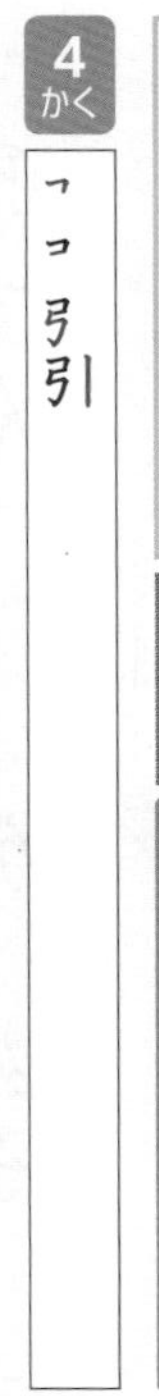

フ コ 弓 引

読みかた　おん　イン　くん　ひく　ひける

つかいかた　引（いん）たい　つな引（ひ）き　引用（いんよう）　引（ひ）き算（ざん）　引力（いんりょく）

書こう　引

止（4かく）

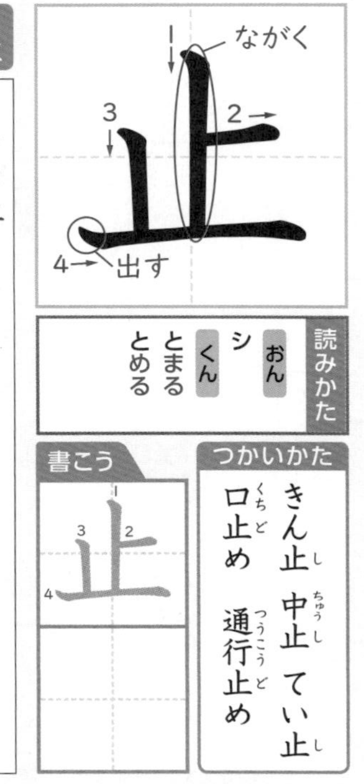

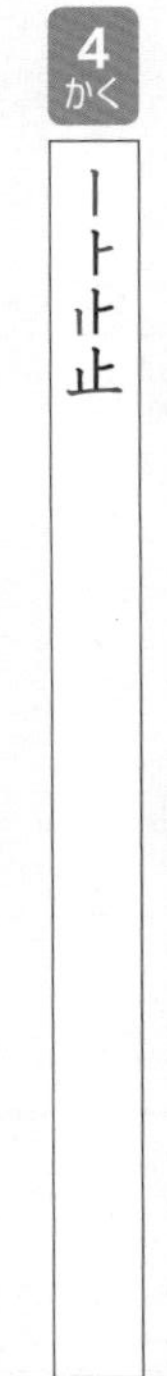

丨 卜 圵 止

読みかた　おん　シ　くん　とまる　とめる

つかいかた　きん止（し）　口止（くちど）め　中止（ちゅうし）　通行止（つうこうど）め　てい止（し）

書こう　止

言（7かく）

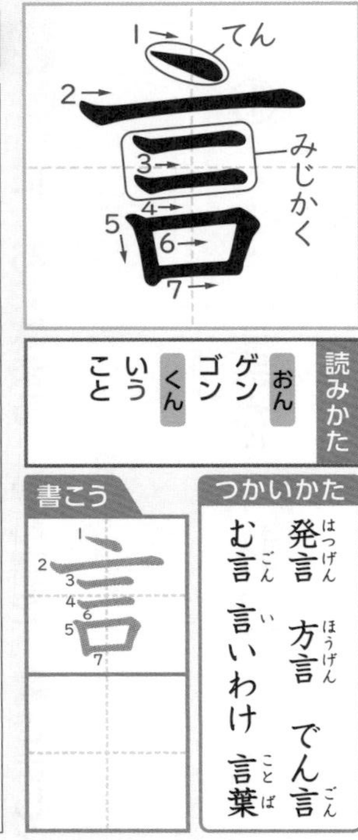

丶 亠 亠 言 言 言 言

読みかた　おん　ゲン　ゴン　くん　いう　こと

つかいかた　発言（はつげん）　む言（ごん）　方言（ほうげん）　言（い）いわけ　でん言（ごん）　言葉（ことば）

書こう　言

1 □にかん字を書（か）きましょう。　一つ5点【40点】

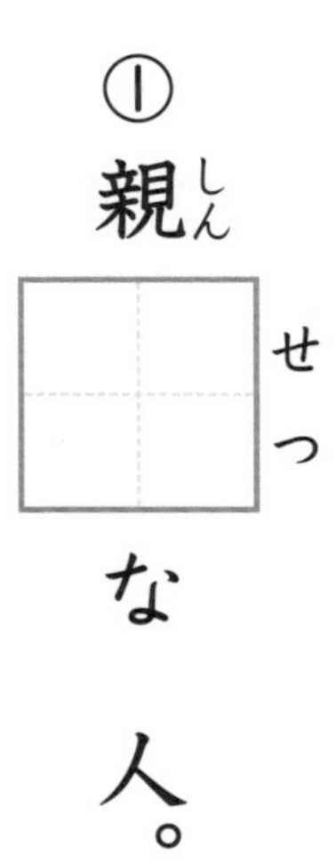
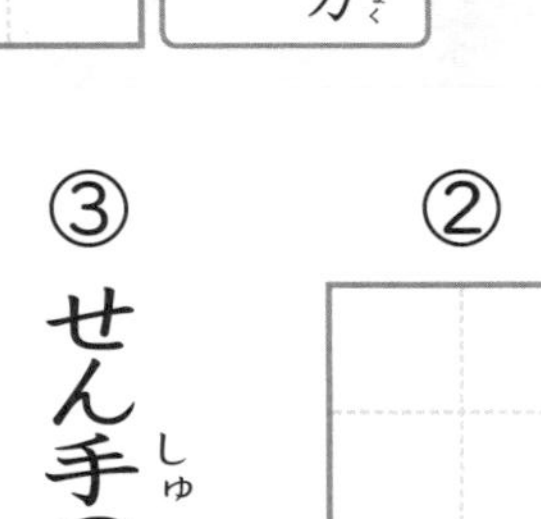
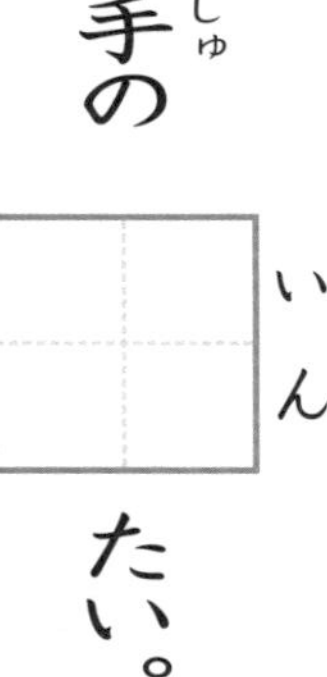
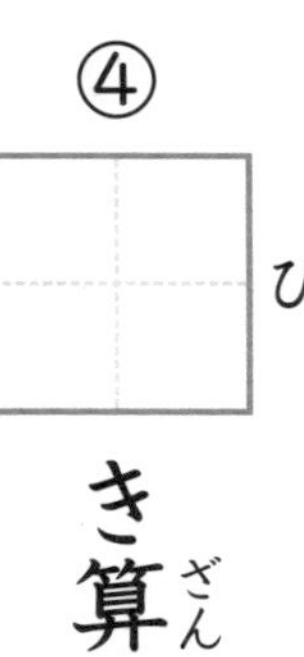
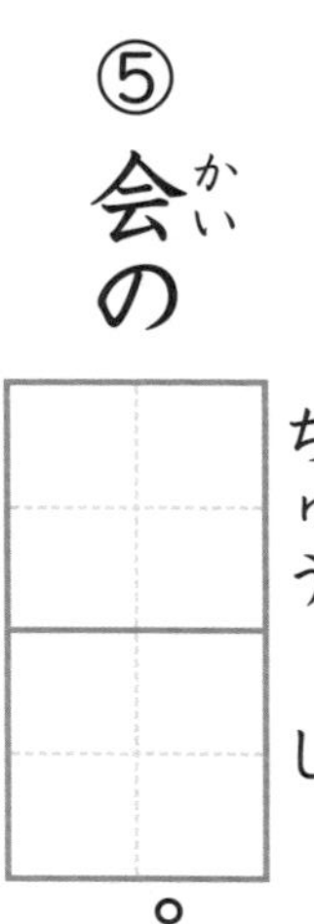
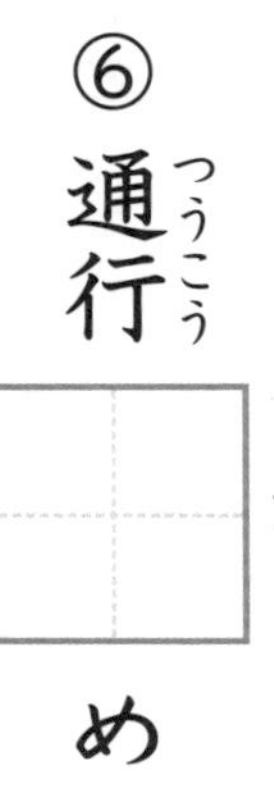
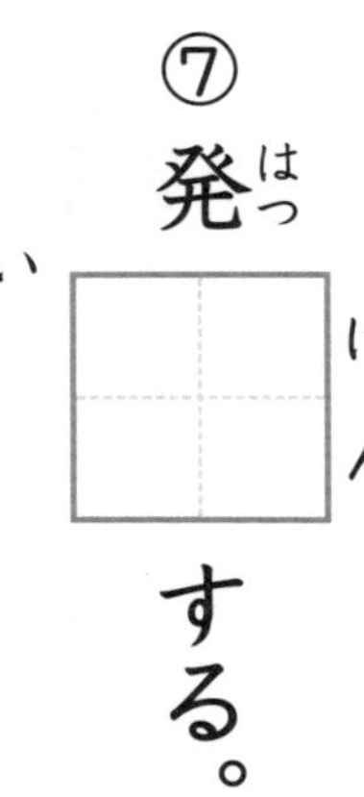
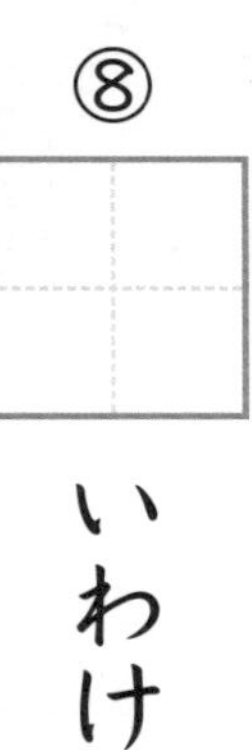

① 親（しん）□（せつ）な人。

② □（き）り口

③ せん手（しゅ）の□（いん）たい。

④ □（ひ）き算（ざん）

⑤ 会（かい）の□□（ちゅうし）。

⑥ 通行（つうこう）□（ど）め

⑦ 発（はつ）□（げん）する。

⑧ □（い）いわけ

2 □に あてはまる かん字を 書き(か)ましょう。 一つ6点【48点】

① □(こと) 葉(ば)を おぼえる。

② 立ち入りを きん□(し) する。

③ □□(たいせつ) な 友(とも)。

④ 車が てい□(し) する。

⑤ でん□(ごん) が ある。

⑥ つな□(ひ) き

⑦ 月の □□(いんりょく)

⑧ □□(ほうげん) で 話(はな)す。

読(よ)み方(かた)が たくさん ある かん字に ちゅうい！

＊いんりょく…ものと ものとが ひき合(あ)う ちから。

＊方げん…ある地方(ちほう)だけで つかわれて いる ことば。

3 ――の ことばを、かん字と ひらがなで （　）に 書きましょう。 一つ6点【12点】

① ロープが きれる。 （　　）

② バスが とまる。 （　　）

クイズ

「切」の 右の 部分(ぶぶん)の 「刀」は なんと 読(よ)むかな？

① ちから ② ゆみ ③ かたな

答え ▶ 106ページ

11 かくにんテスト②

なまえ　　もくひょう 15分　　月　日　とく点　　点

1 □に　あてはまる　かん字を　書きましょう。　一つ4点【32点】

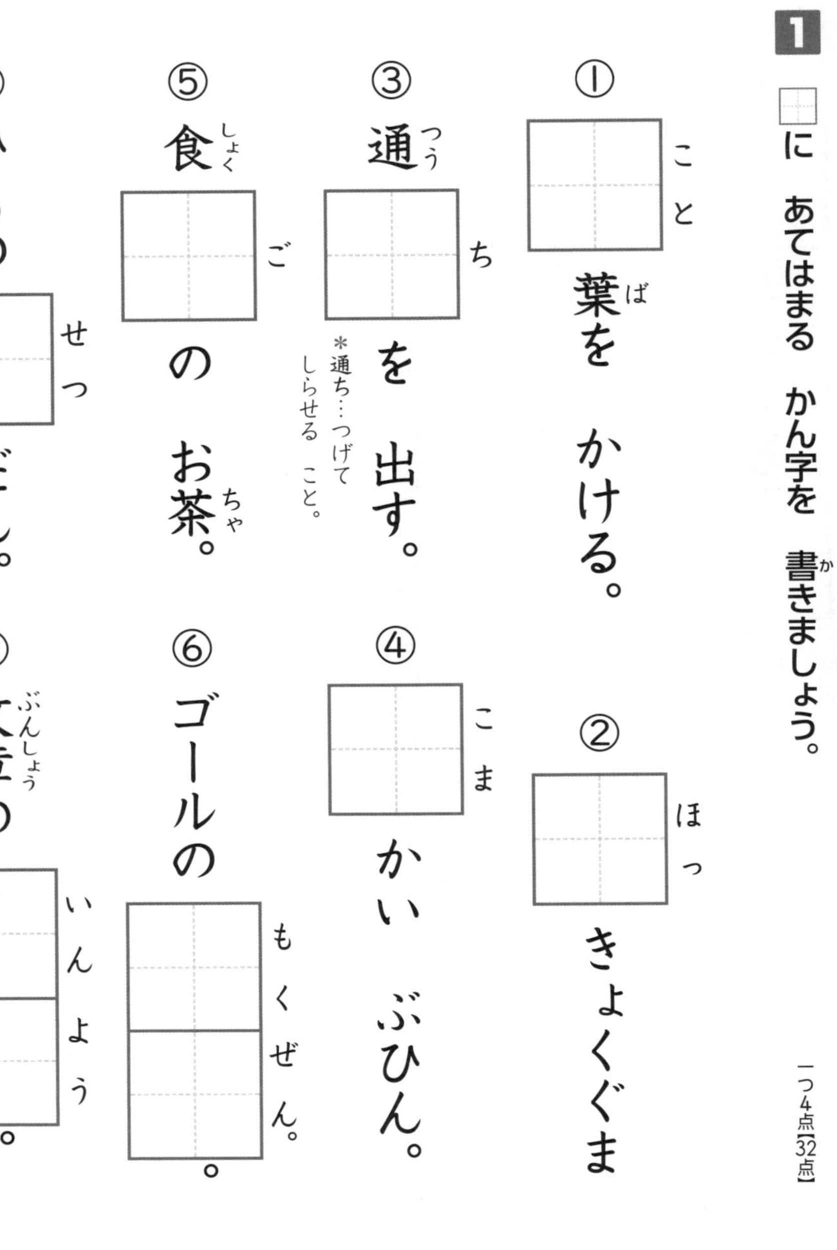

① □（こと）葉を　かける。

② □（ほっ）きょくぐま

③ 通□（ち）を　出す。
＊通ち…つげて　しらせる　こと。

④ □（こま）かい　ぶひん。

⑤ 食□（ご）の　お茶。

⑥ ゴールの　□□（もくぜん）。

⑦ ひもの　□（せっ）だん。
＊せっだん…ものを　たちきる　こと。

⑧ 文章の　□□（いんよう）。
＊いんよう…人の　ことばなどを　ひいて　きて　もちいる　こと。

2 ――の　ことばを、かん字と　ひらがなで（　）に　書きましょう。　一つ4点【12点】

① 足を　とめる。（　　）

② 明日は　雨だと　おもう。（　　）

③ 自分で　かんがえる。（　　）

3 ―の かん字の 読(よ)みがなを 書(か)きましょう。　一つ4点【16点】

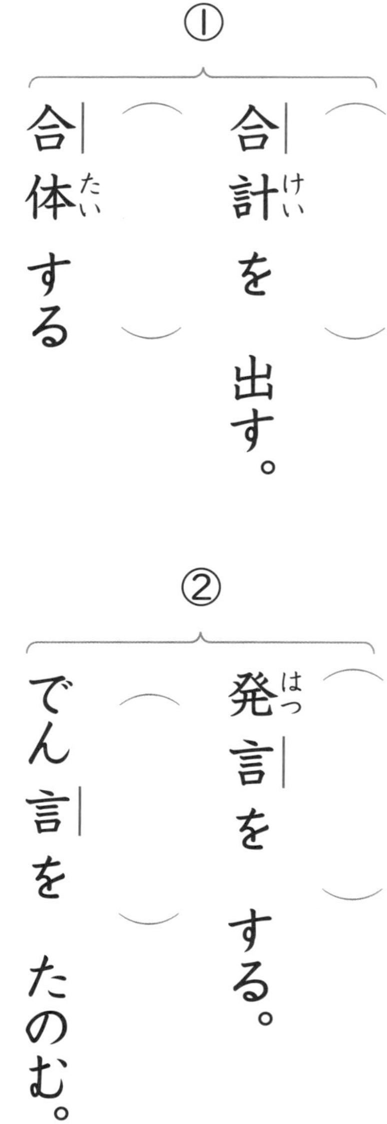

4 □に 方角(ほうがく)を あらわす かん字を 書きましょう。　一つ4点【16点】

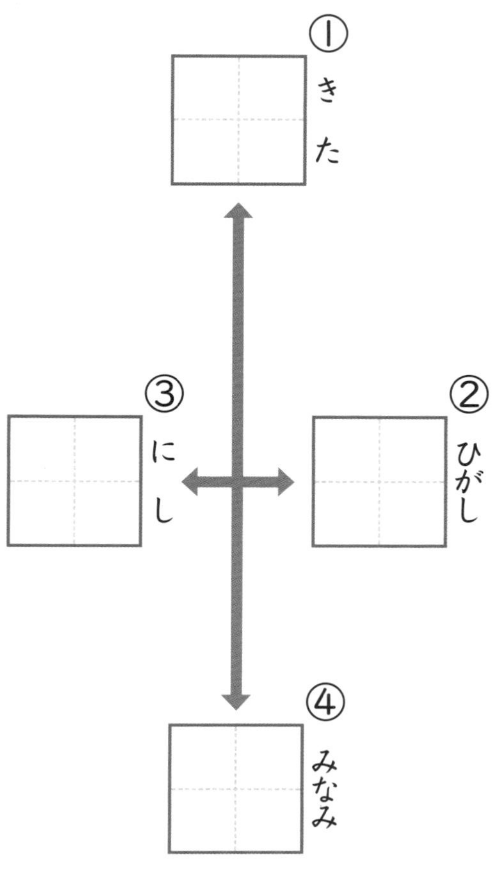

5 上下が はんたいの いみに なるように、かん字を 書きましょう。　一つ3点【24点】

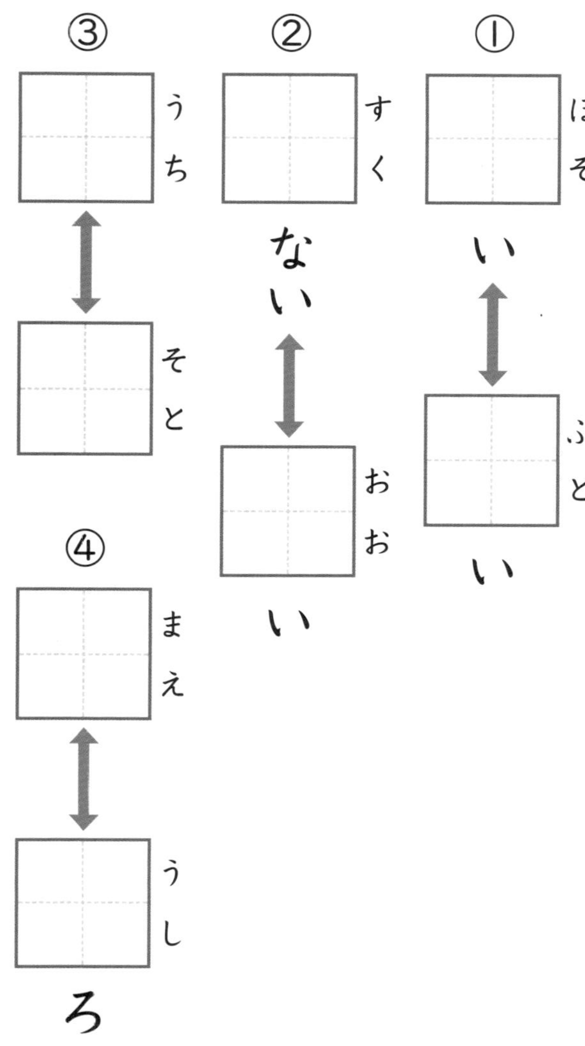

答え ▶ 106ページ

12 米・麦・肉・魚

もくひょう 10分

月　日

とく点　　点

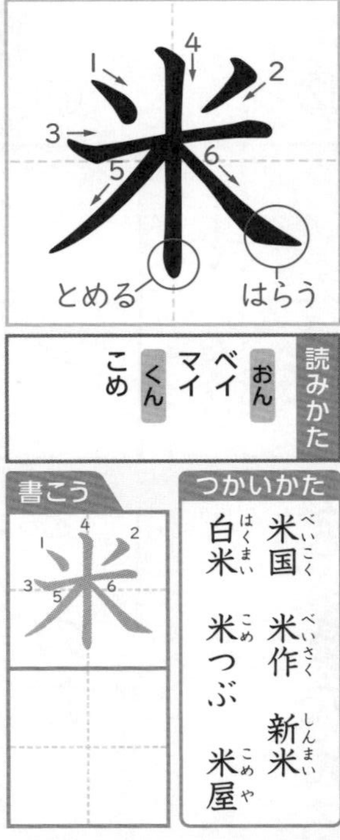

6かく

丶 丷 丷 半 米 米

読みかた

おん　ベイ　マイ

くん　こめ

つかいかた

米国（べいこく）　米作（べいさく）　新米（しんまい）

白米（はくまい）　米つぶ（こめつぶ）　米屋（こめや）

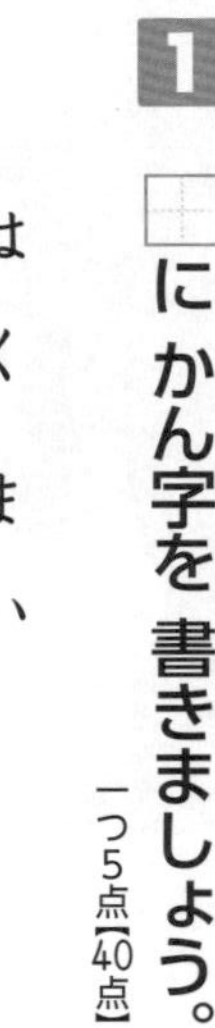

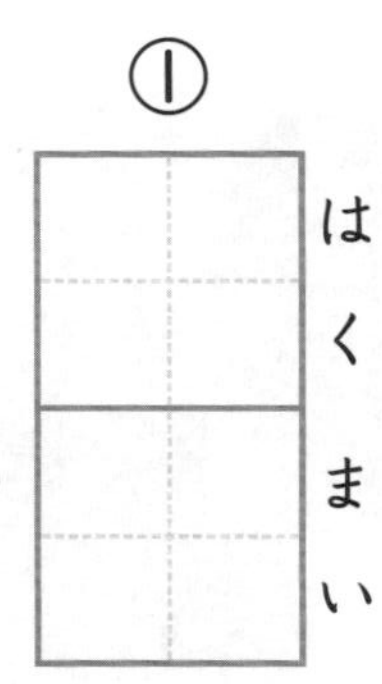

書こう

7かく

一 十 ⺷ 丰 丰 麦 麦

読みかた

おん　（バク）

くん　むぎ

つかいかた

小麦（こむぎ）　麦茶（むぎちゃ）　麦畑（むぎばたけ）

麦めし（むぎめし）　麦わらぼうし（むぎわらぼうし）

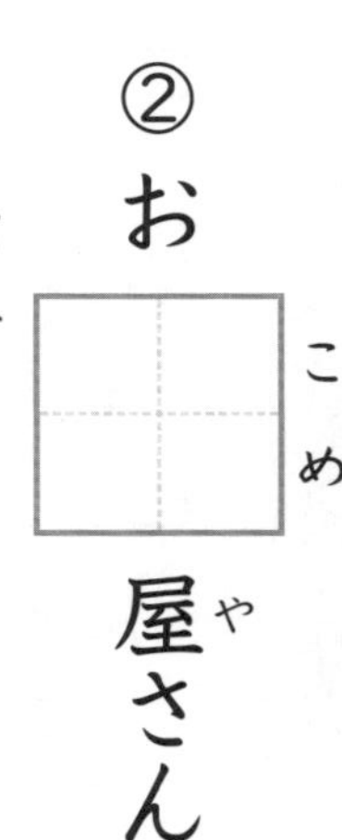

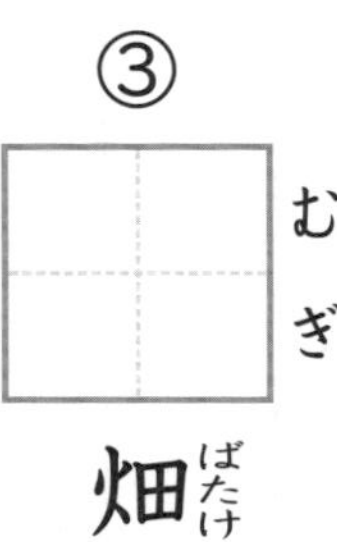

書こう

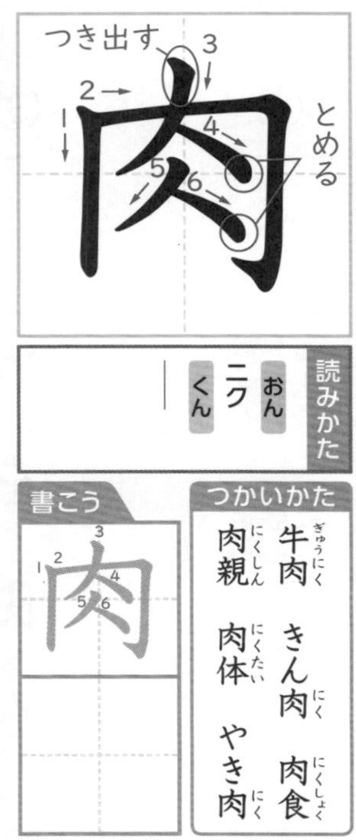

6かく

丨 冂 内 内 肉 肉

読みかた

おん　ニク

くん　―

つかいかた

牛肉（ぎゅうにく）　きん肉（きんにく）　肉食（にくしょく）

肉親（にくしん）　肉体（にくたい）　やき肉（やきにく）

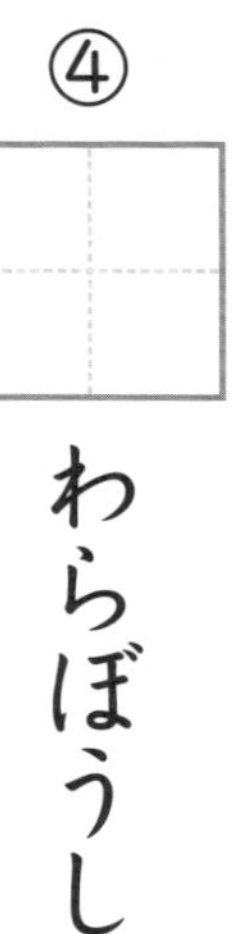

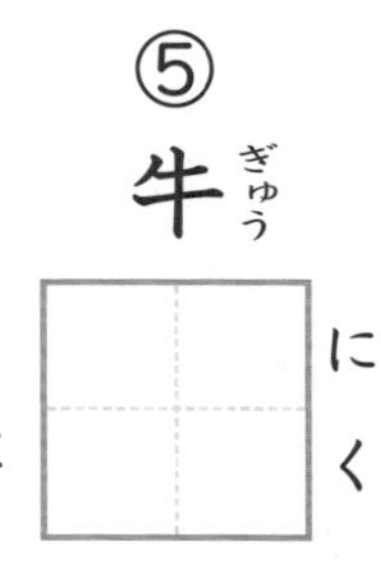

書こう

11かく

ノ ク 𠂊 各 角 角 角 鱼 魚 魚 魚

読みかた

おん　ギョ

くん　うお　さかな

つかいかた

金魚（きんぎょ）　人魚（にんぎょ）　魚市場（うおいちば）

白魚（しらうお）　小魚（こざかな）　魚つり（さかなつり）

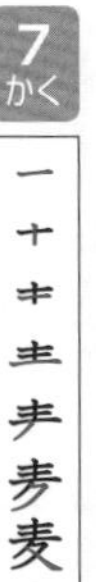

書こう

1 □にかん字を書（か）きましょう。

一つ5点【40点】

① □□（はくまい）

② お□（こめ）屋（や）さん

③ □（むぎ）畑（ばたけ）

④ □（むぎ）わらぼうし

⑤ 牛（ぎゅう）□（にく）

⑥ やき□（にく）

⑦ □□（きんぎょ）

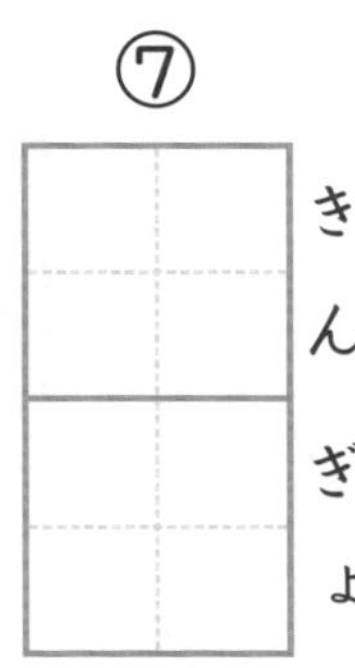

⑧ □（さかな）つり

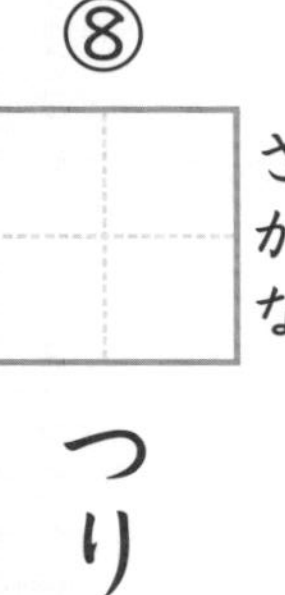

2 □に あてはまる かん字を 書きましょう。

一つ5点【60点】

① □□（しんまい）を 買う。
＊新まい…その 年に とれた こめ。

② □□（こざかな）を やく。

③ □（むぎ）めしを 食べる。

④ かたい きん□（にく）。

⑤ □□□（うおいちば）

⑥ □（こめ）つぶが つく。

⑦ □□（にくしょく）の 生物。

⑧ □□（こむぎ）を かる。

⑨ □□（にんぎょ）の お話。

⑩ □□（べいさく）地たい
＊べい作…こめを 作る こと。

⑪ □□（むぎちゃ）を のむ。

⑫ □□（にくたい）を きたえる。
＊にく体…人間の 体。

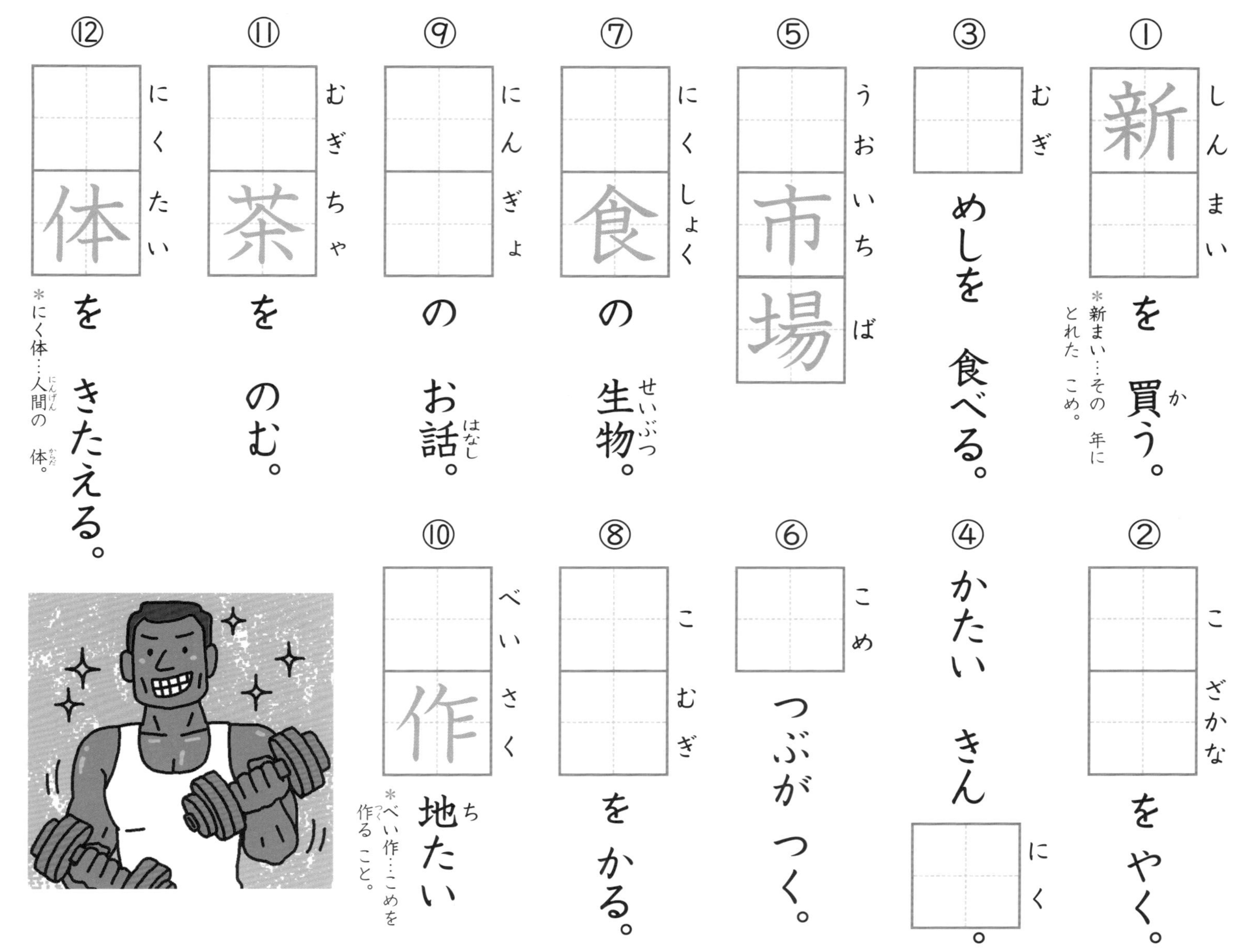

クイズ

「米」を 「まい」と 読むのは どれかな？

① 米作　② 白米　③ 米屋

答え ▶ 106ページ

13 牛・馬・鳥・羽

もくひょう 10分

月　日　とく点　点

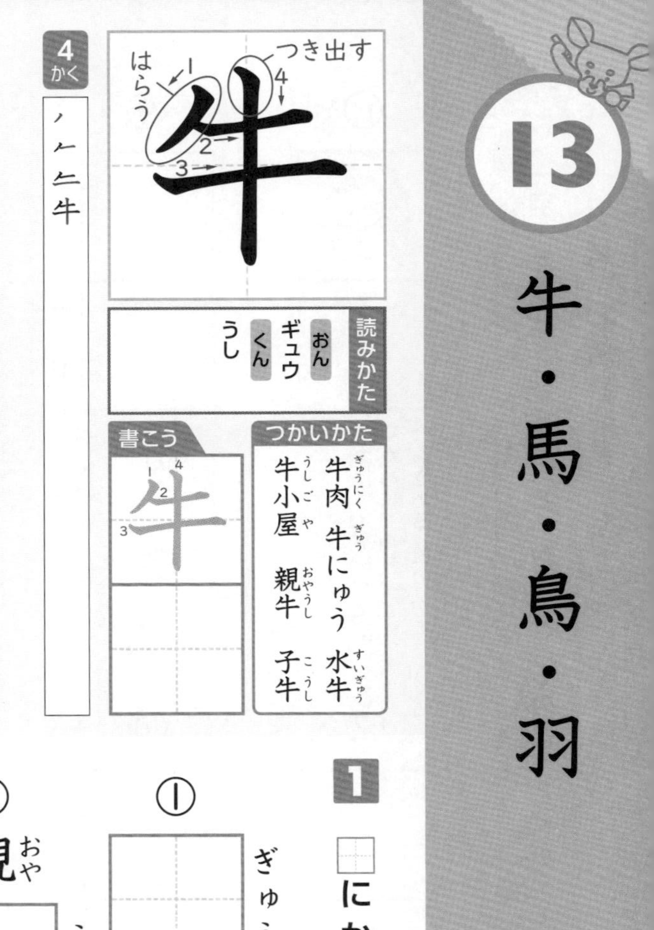

牛（4かく）

ノ ヒ 二 牛

読みかた　おん ギュウ　くん うし

つかいかた　牛肉（ぎゅうにく）　牛にゅう（ぎゅう）　水牛（すいぎゅう）　牛小屋（うしごや）　親牛（おやうし）　子牛（こうし）

書こう

馬（10かく）

丨 厂 F 戸 FF 馬 馬 馬 馬 馬

読みかた　おん バ　くん うま・ま

つかいかた　馬車（ばしゃ）　馬力（ばりき）　木馬（もくば）　子馬（こうま）　絵馬（えま）　ぐん馬県（まけん）

書こう

鳥（11かく）

ノ 亻 户 户 户 白 鳥 鳥 鳥 鳥 鳥

読みかた　おん チョウ　くん とり

つかいかた　白鳥（はくちょう）　野鳥（やちょう）　小鳥（ことり）　鳥かご（とり）　わたり鳥（どり）

書こう

羽（6かく）

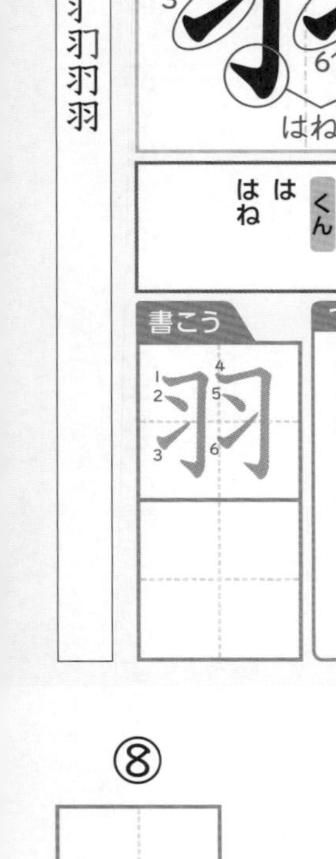

丁 习 习 羽 羽 羽

読みかた　おん（ウ）　くん は・はね

つかいかた　三羽（さんば）　羽音（はおと）　羽おり（は）　羽子板（はごいた）　羽ごろも（は）

書こう

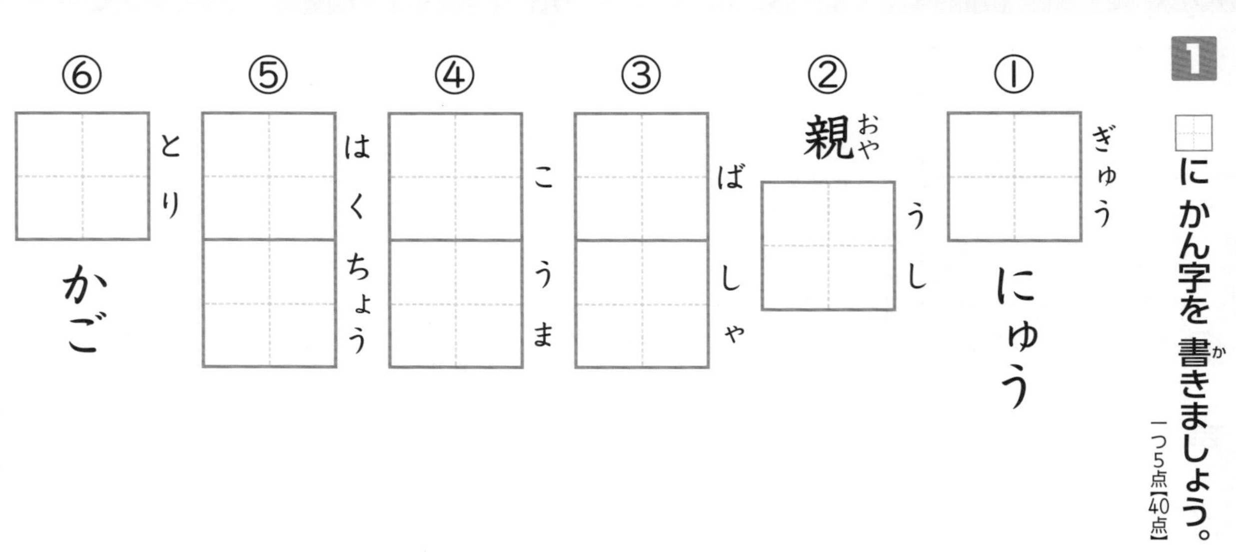

1 □にかん字を書きましょう。　一つ5点【40点】

① ぎゅう　にゅう

② 親（おや）　うし

③ ばしゃ

④ こうま

⑤ はくちょう

⑥ とり　かご

⑦ きれいな　はね

⑧ はご　板（いた）

2 □に あてはまる かん字を 書(か)きましょう。

一つ5点【60点】

① □□(さんば)の すずめ。

② □□(ばりき)が ある 人。

「ばりき」とは、がんばる ちからの ことだよ。

③ □□(こうし)を うむ。

④ わたり□(どり)

⑤ □□(はおと)を 聞(き)く。

⑥ □□(ぎゅうにく)を 買(か)う。

⑦ ぐん□(ま)県(けん)

⑧ □(は)ごろも

⑨ □□(ことり)が 鳴(な)く。

⑩ □□(うしご)屋(や)

⑪ 絵□(えま)

＊絵ま…ねがいごとの ために、神社(じんじゃ)などに おさめる 絵の がく。

⑫ 野□(やちょう)の 声(こえ)。

＊野ちょう…野(や)生(せい)の とり。

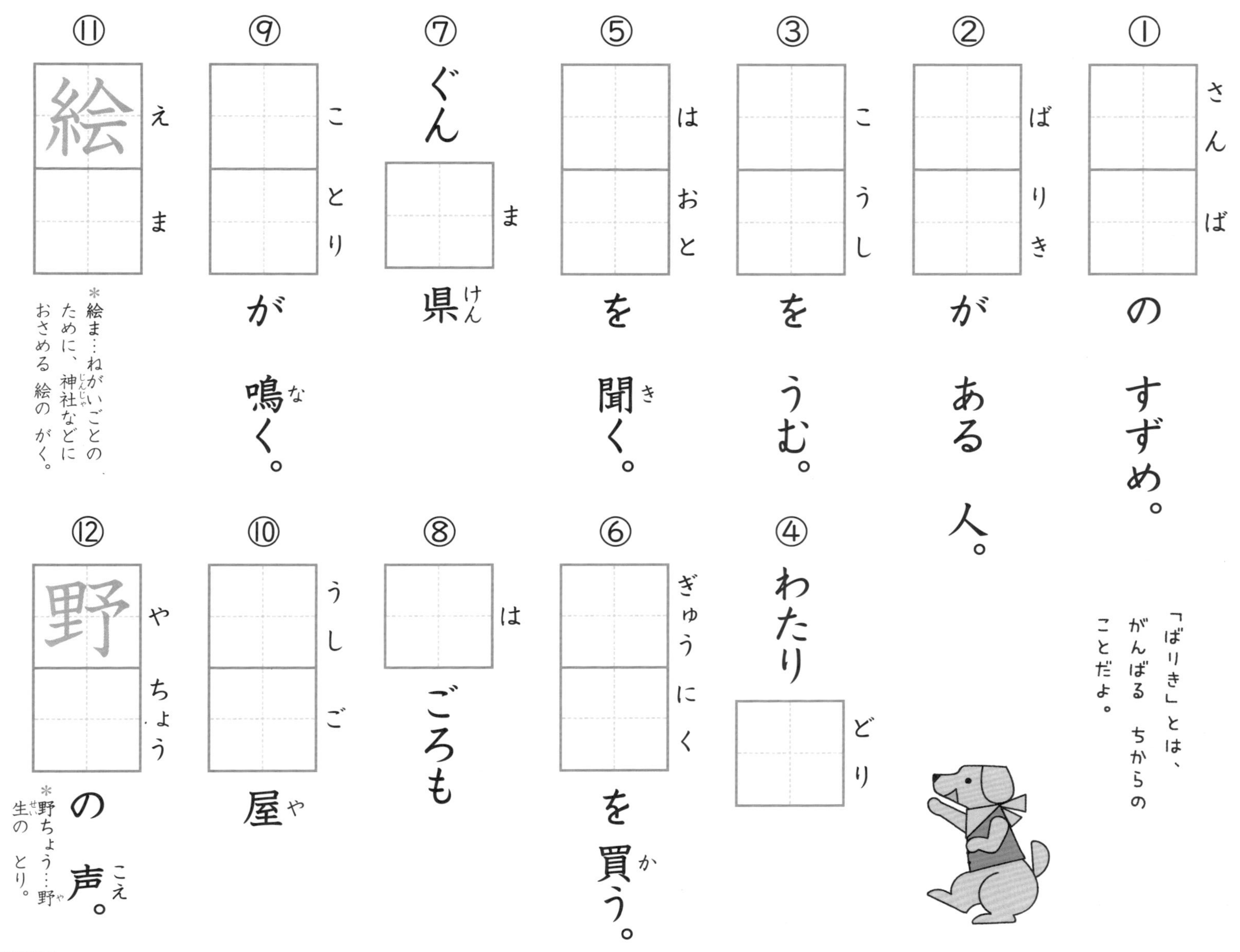

クイズ

「一羽(いちわ)・二羽(にわ)・三羽(さんば)……」と 数(かぞ)える ものは どれかな？

① 馬 ② 鳥 ③ 貝

答え ▶ 106ページ

14 時・間・分・半

もくひょう 10ぷん

月　日

とく点　　点

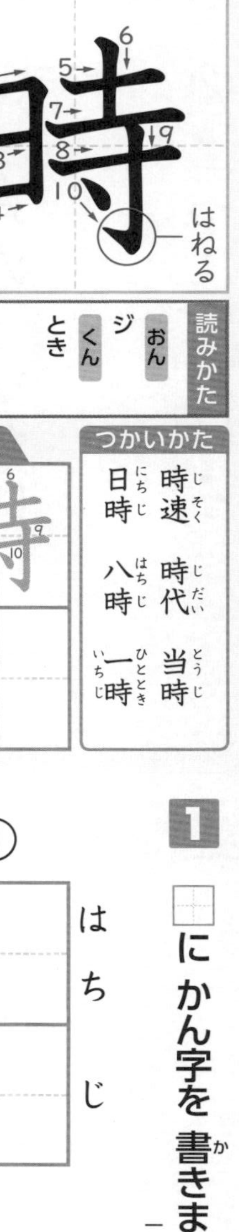

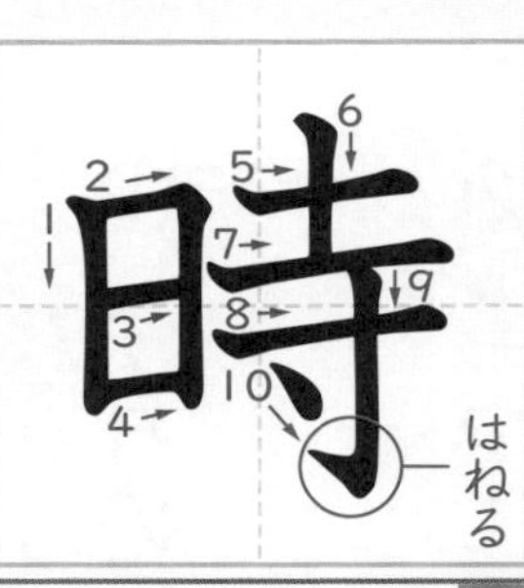

時 10かく

丨 冂 日 日 日一 日十 日土 日寺 時 時

読みかた：おん ジ／くん とき

つかいかた：時速(じそく)　日時(にちじ)　時代(じだい)　八時(はちじ)　当時(とうじ)　一時(いちじ・ひととき)

書こう

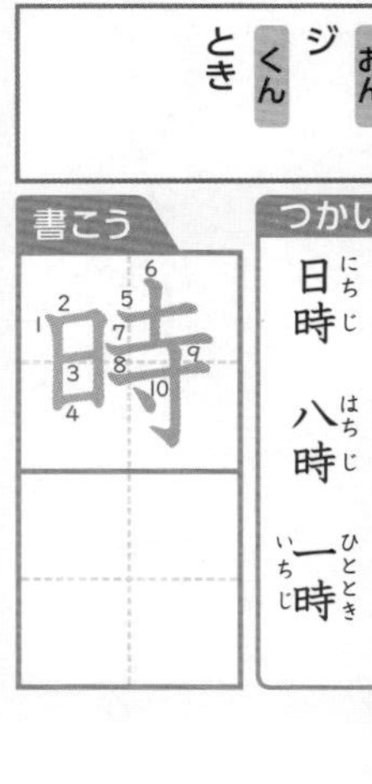

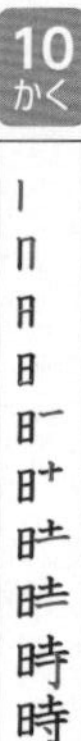

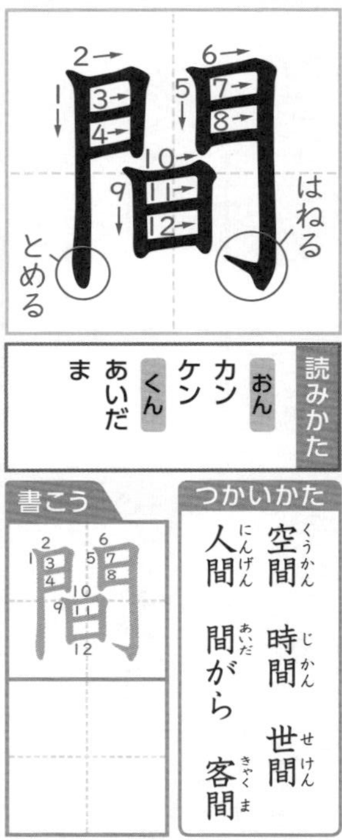

間 12かく

丨 冂 卩 門 門 門 門 門 門 門 間 間 間

読みかた：おん カン ケン／くん あいだ ま

つかいかた：空間(くうかん)　人間(にんげん)　時間(じかん)　間(あいだ)がら　世間(せけん)　客間(きゃくま)

書こう

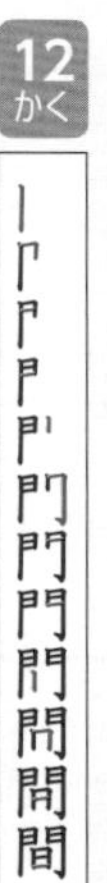

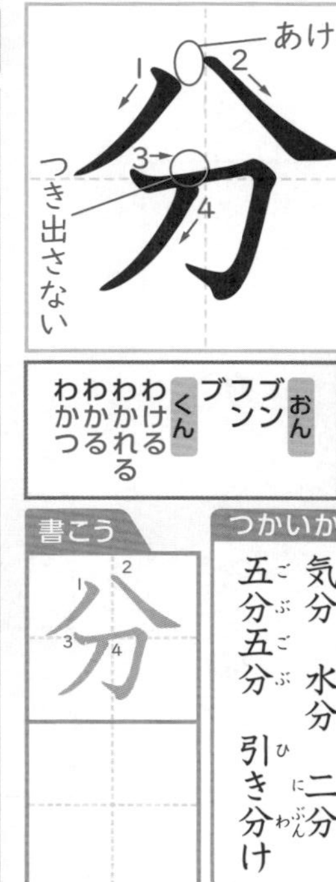

分 4かく

ノ 八 分 分

読みかた：おん ブン フン ブ／くん わける わかれる わかる わかつ

つかいかた：気分(きぶん)　五分五分(ごぶごぶ)　水分(すいぶん)　引(ひ)き分(わ)け　二分(にぶん)

書こう

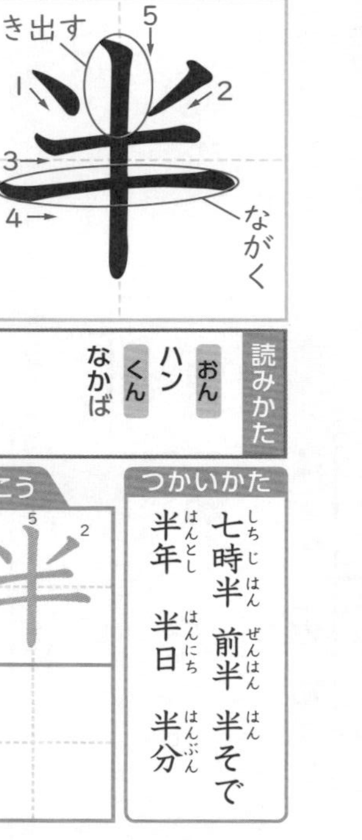

半 5かく

丶 丷 丷 兰 半

読みかた：おん ハン／くん なかば

つかいかた：七時半(しちじはん)　半年(はんとし)　前半(ぜんはん)　半日(はんにち)　半(はん)そで　半分(はんぶん)

書こう

1 □にかん字を書(か)きましょう。

一つ5点【40点】

① （はち じ）

② 朝の（ひと とき）。

③ 広(ひろ)い（くう かん）。

④ （にん げん）の力。

⑤ （すい ぶん）をとる。

⑥ （に ふん）たつ。

⑦ （はん にち）まつ。

⑧ 五月の（なか）ば。

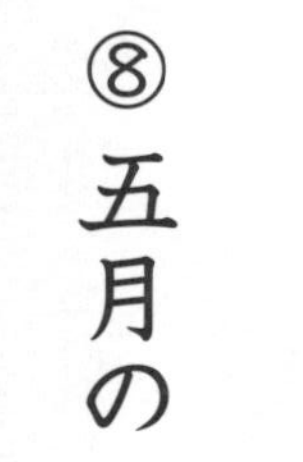

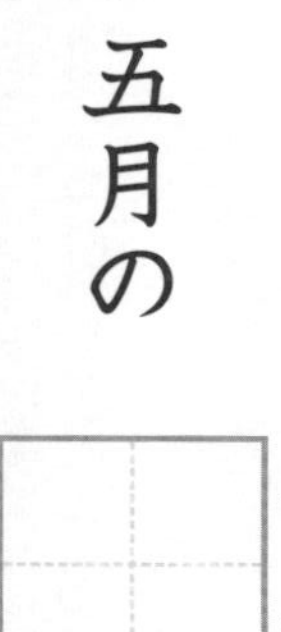

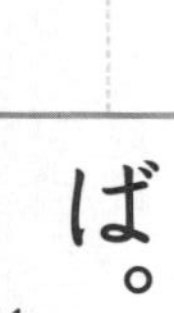

2 □に あてはまる かん字を 書きましょう。

一つ6点【48点】

① □□(じかん)が たつ。

② ケーキを □□(はんぶん)に 切る。

③ □(とき)が すぎる。

④ □□(はんとし) たつ。

⑤ 客 □(ま)に 通す。

⑥ □□(にちじ)を 書く。

⑦ □□(ごぶ)ごぶだ。

＊ごぶごぶ…たがいに 同じくらいで、どちらが すぐれて いるか きめられない こと。

⑧ よい □(あいだ)がら。

＊あいだがら…人と 人との かんけい。

3 ――の ことばを、かん字と ひらがなで （　）に 書きましょう。

一つ6点【12点】

① 今月の なかばに 会う。

（　　　）

② 二つに わける。

（　　　）

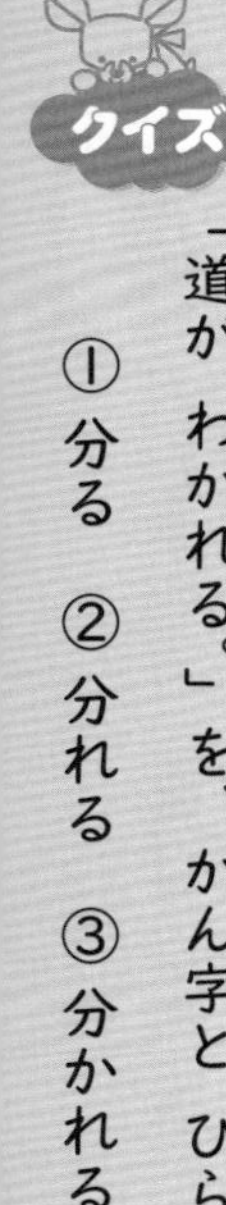

クイズ

「道が わかれる。」を、かん字と ひらがなで 正しく 書いた ものは どれかな？

① 分る　② 分れる　③ 分かれる

答え ▶ 106ページ

15 午・毎・曜・週

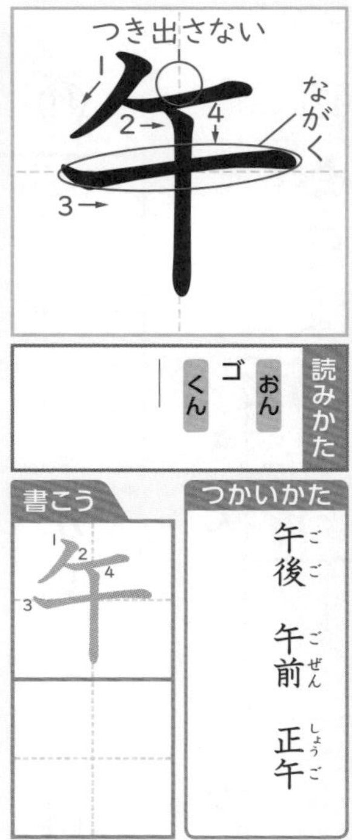

もくひょう 10分

月　日

とく点　　点

午（4かく）

つき出さない　ながく

ノ ㇓ 𠂉 午

読みかた　おん ゴ　くん ―

つかいかた　午後（ごご）　午前（ごぜん）　正午（しょうご）

書こう

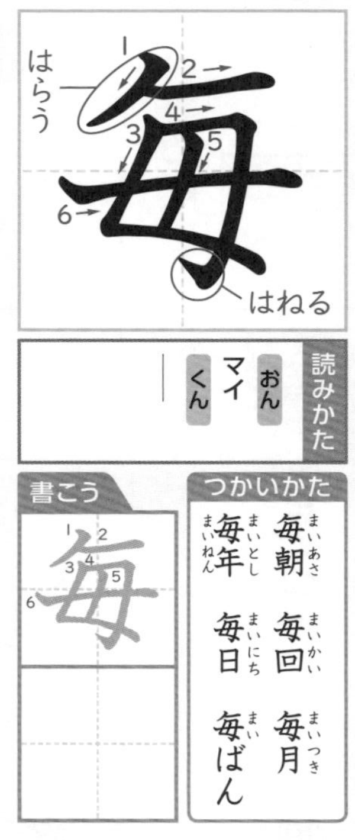

毎（6かく）

はらう　はねる

ノ ㇓ 𠂉 𠆢 每 毎

読みかた　おん マイ　くん ―

つかいかた　毎朝（まいあさ）　毎回（まいかい）　毎月（まいつき）　毎年（まいとし・まいねん）　毎日（まいにち）　毎ばん（まい）

書こう

曜（18かく）

つき出ない　とめる

丨 冂 日 日 日' 日'' 日ヨ 日ヨ' 日羽 日羽 日羽 日羽' 日羽'' 曜 曜 曜 曜 曜

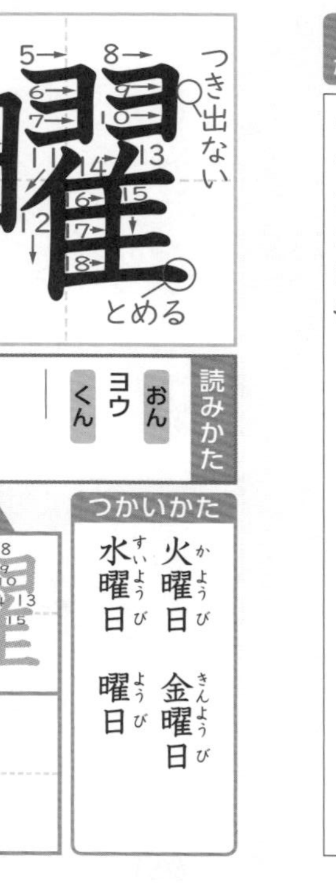

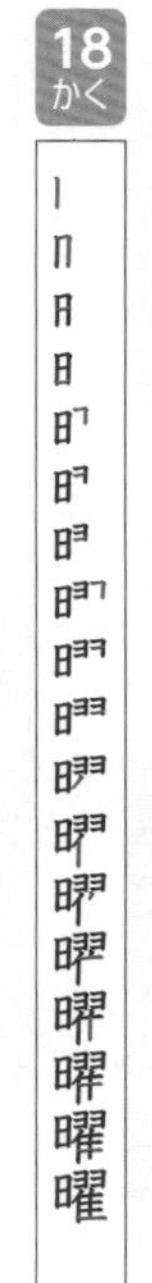

読みかた　おん ヨウ　くん ―

つかいかた　火曜日（かようび）　金曜日（きんようび）　水曜日（すいようび）　曜日（ようび）

書こう

週（11かく）

一かくでかく　はねる

丿 冂 月 円 円 用 周 周 周 调 週

読みかた　おん シュウ　くん ―

つかいかた　一週間（いっしゅうかん）　今週（こんしゅう）　週休（しゅうきゅう）　週まつ（しゅう）　先週（せんしゅう）　毎週（まいしゅう）

書こう

1 □にかん字を書（か）きましょう。　一つ5点【40点】

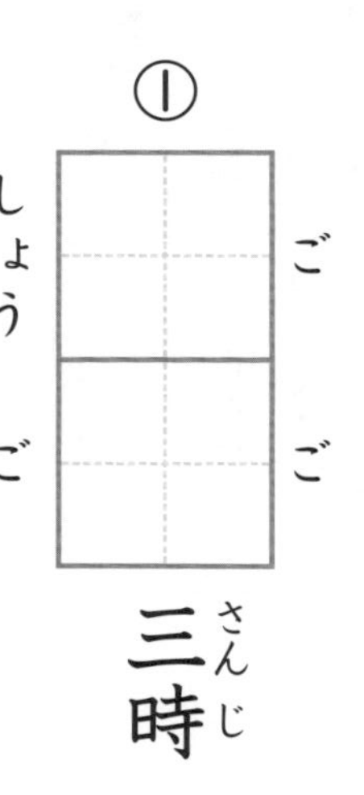

① □□（ごご）三時（さんじ）

② □□（しょうご）

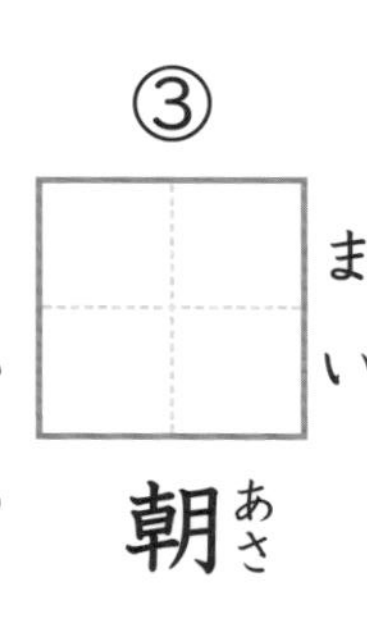

③ □（まい）朝（あさ）

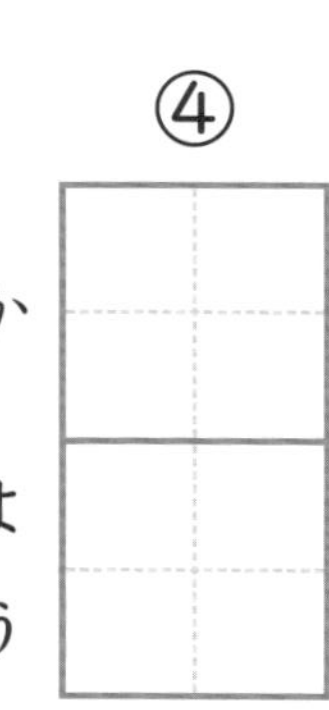

④ □□（まいつき）

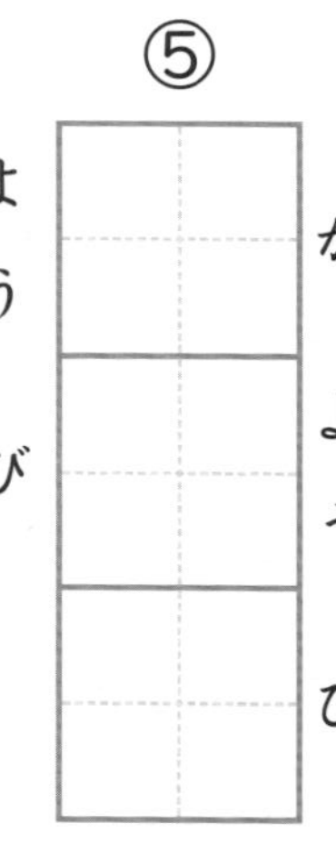

⑤ □□□（かようび）

⑥ □□（ようび）を聞く。

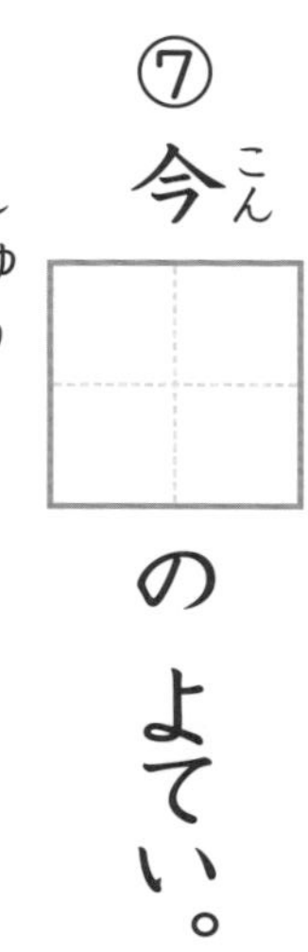

⑦ 今（こん）□（しゅう）のよてい。

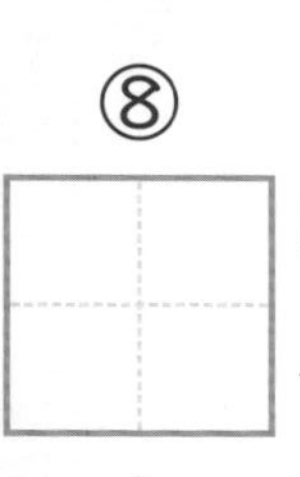

⑧ □（しゅう）まつに会（あ）う。

2 □に あてはまる かん字を 書(か)きましょう。

一つ5点【60点】

① □□(まいとし) 行(い)く。

② □□(ようび) を 書く。

③ □□(しょうご) の かね。

④ □(まい) ばん 行(おこな)う。

⑤ □□□(いっしゅうかん)

⑥ □□(せんしゅう) の 話(はなし)。

⑦ □□(ごご) 一時(いちじ)。

⑧ □□□(すいようび)

⑨ □回(まいかい) 見る。

⑩ □□(しゅうきゅう) 二日

＊しゅうきゅう…いっしゅうかんの うちの きまった やすみ。

⑪ □□(ごぜん) から 出かける。

「ごぜん」は、夜中(よなか)の 12時(じ)から 昼(ひる)の 12時までの こと。

⑫ 今日(きょう)は □□□(きんようび) だ。

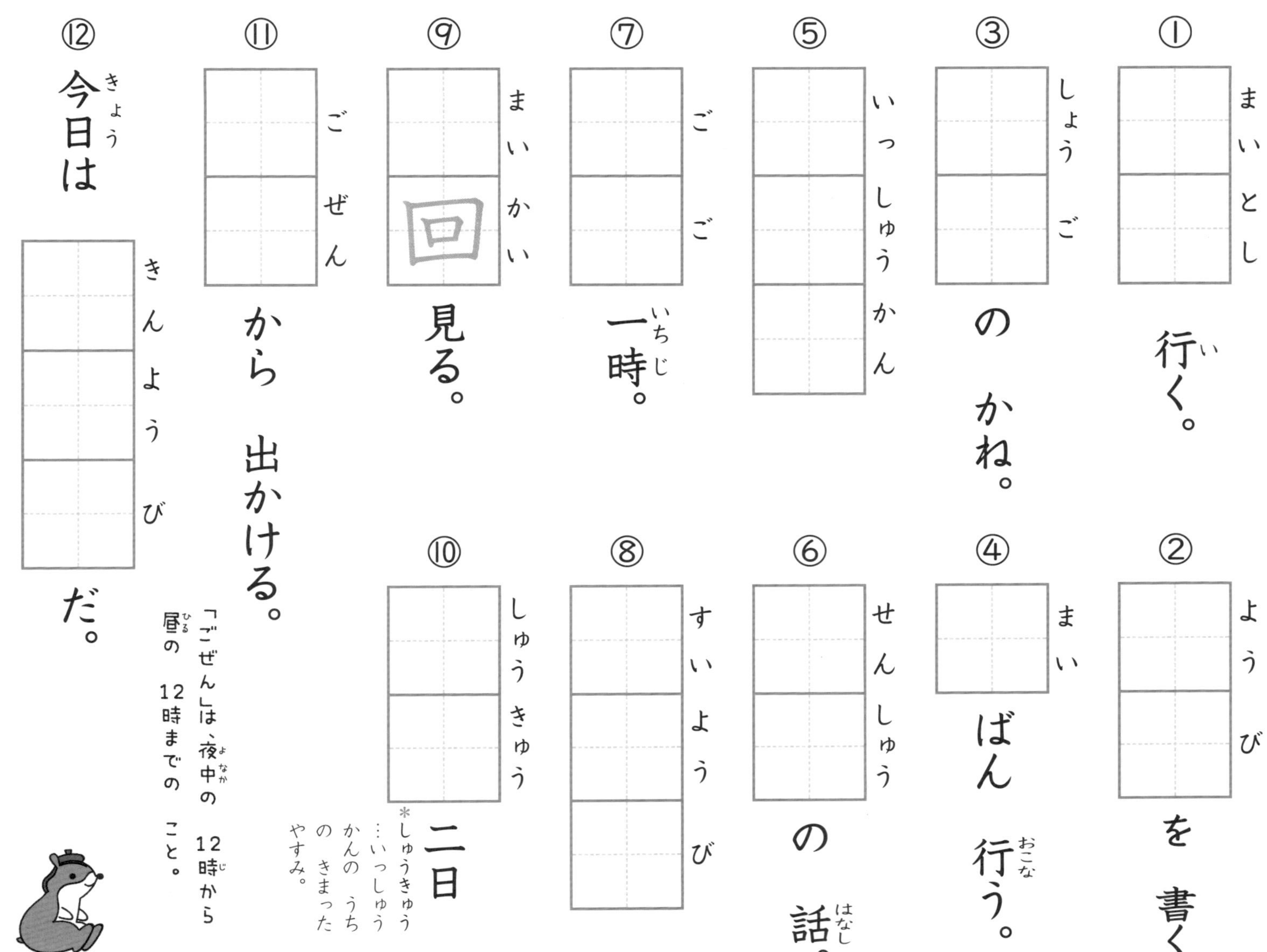

クイズ

「□日」「□年」「□月」の どの □にも 入る かん字は どれかな？

① 午　② 毎　③ 週

答え ▶ 106ページ

16 今・朝・昼・夜

もくひょう 10分　月　日　とく点　点

今　4かく　ノ 人 𠆢 今

読みかた　おん コン（キン）　くん いま

つかいかた　今回（こんかい）　今週（こんしゅう）　今月（こんげつ）　今ごろ（いまごろ）　今後（こんご）　今時（いまどき）

書こう

朝　12かく

読みかた　おん チョウ　くん あさ

つかいかた　早朝（そうちょう）　朝日（あさひ）　朝食（ちょうしょく）　朝夕（あさゆう）　明朝（みょうちょう）　毎朝（まいあさ）

書こう

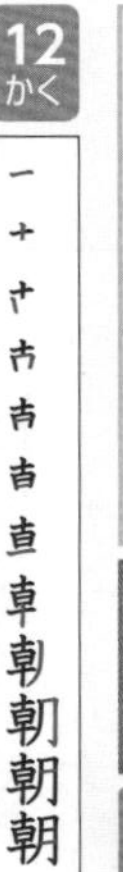

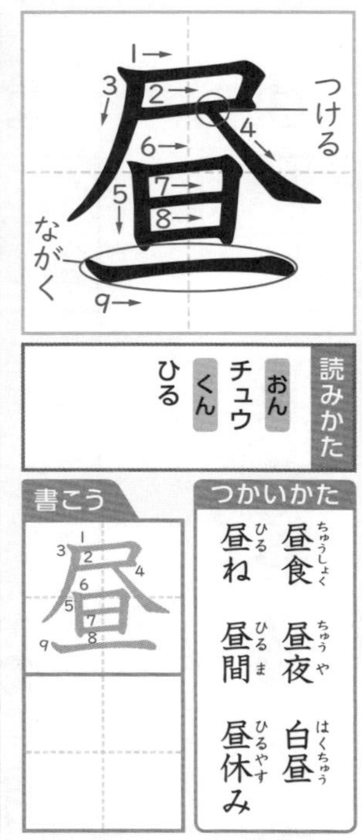

昼　9かく

読みかた　おん チュウ　くん ひる

つかいかた　昼食（ちゅうしょく）　昼ね（ひるね）　昼夜（ちゅうや）　昼間（ひるま）　白昼（はくちゅう）　昼休み（ひるやすみ）

書こう

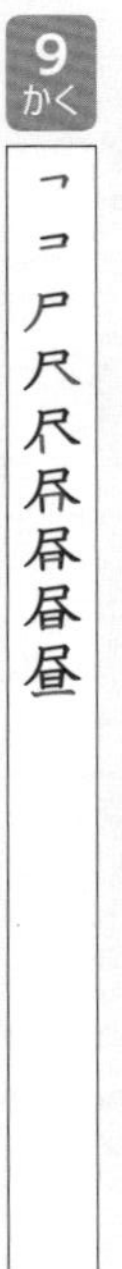

夜　8かく

読みかた　おん ヤ　くん よ　よる

つかいかた　今夜（こんや）　月夜（つきよ）　十五夜（じゅうごや）　夜空（よぞら）　夜食（やしょく）　夜中（よなか）

書こう

1 □にかん字を書きましょう。　一つ5点【40点】

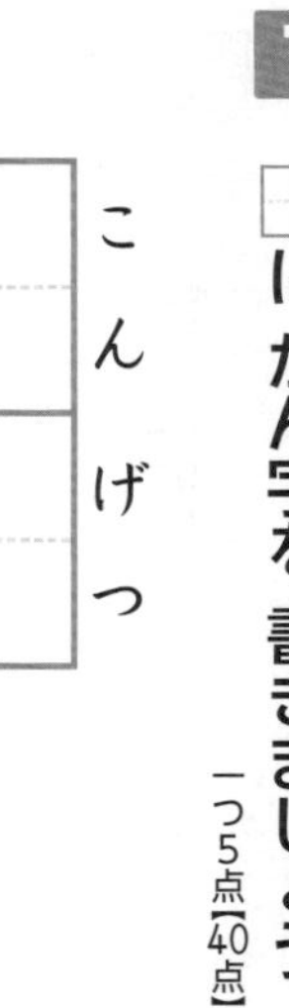

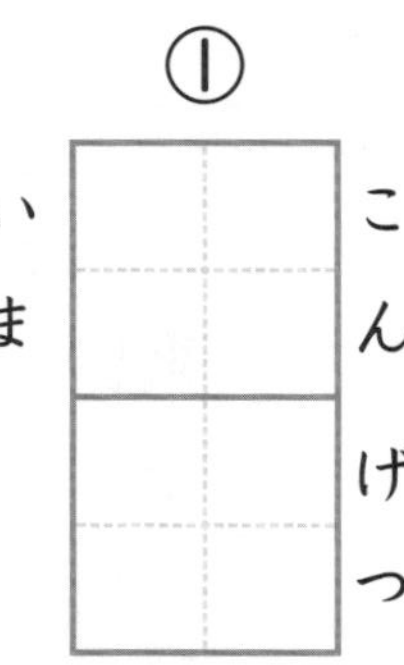

① □□（こんげつ）

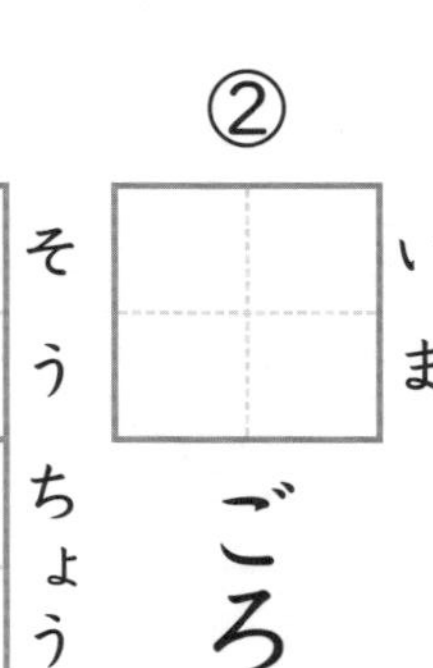

② □（いま）ごろ

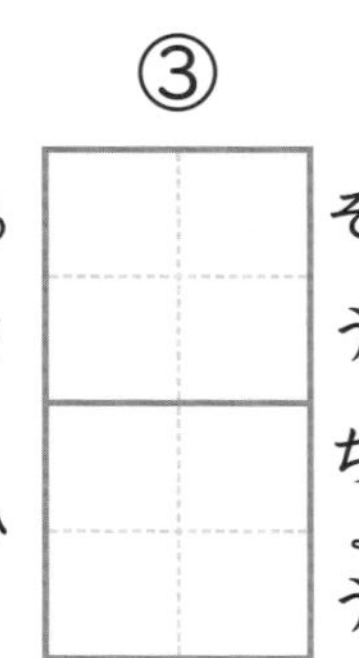

③ □□（そうちょう）

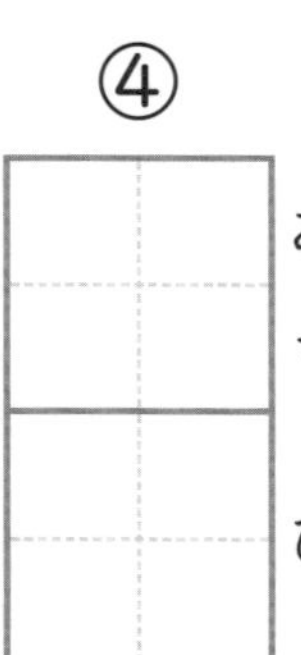

④ □□（あさひ）

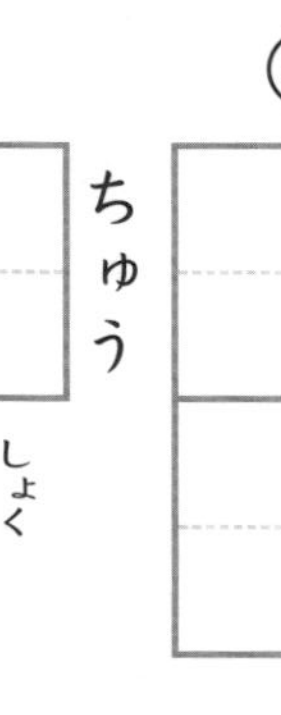

⑤ □（ちゅう）食（しょく）の 後（あと）。

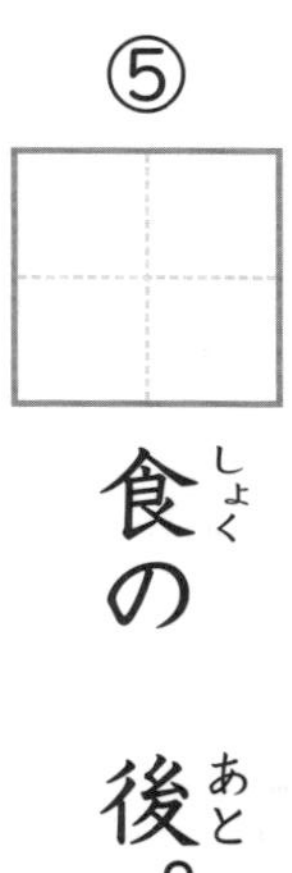

⑥ □□（ひるま）

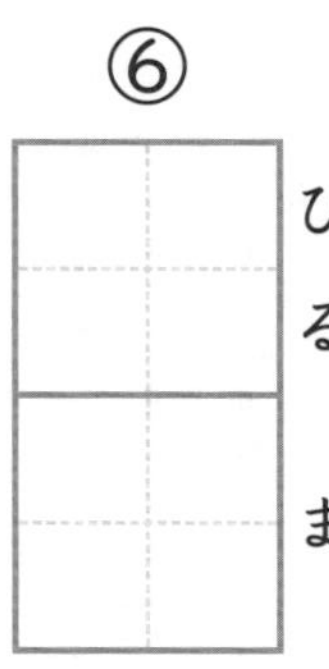

⑦ □（や）食（しょく）を 出す。

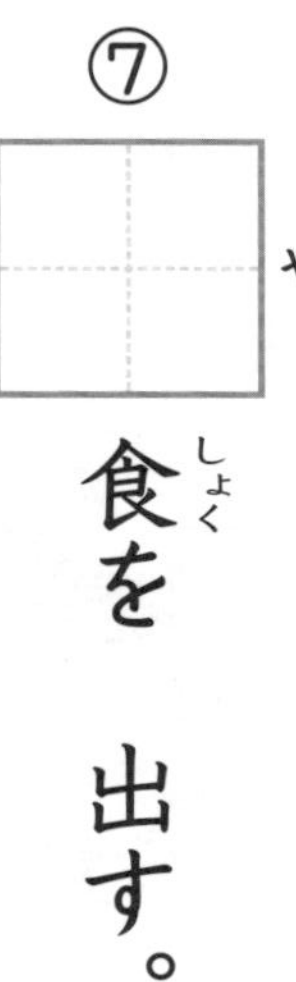

⑧ □□（よなか）

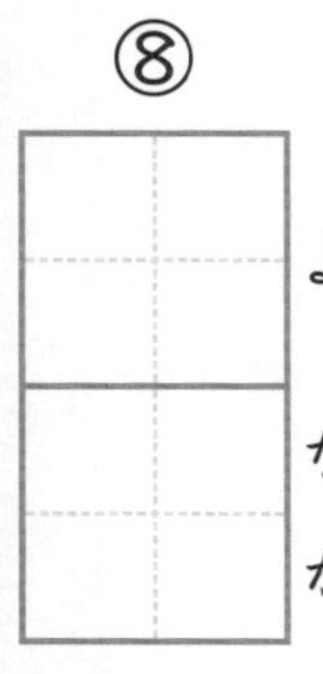

2 □に あてはまる かん字を 書(か)きましょう。

一つ5点【60点】

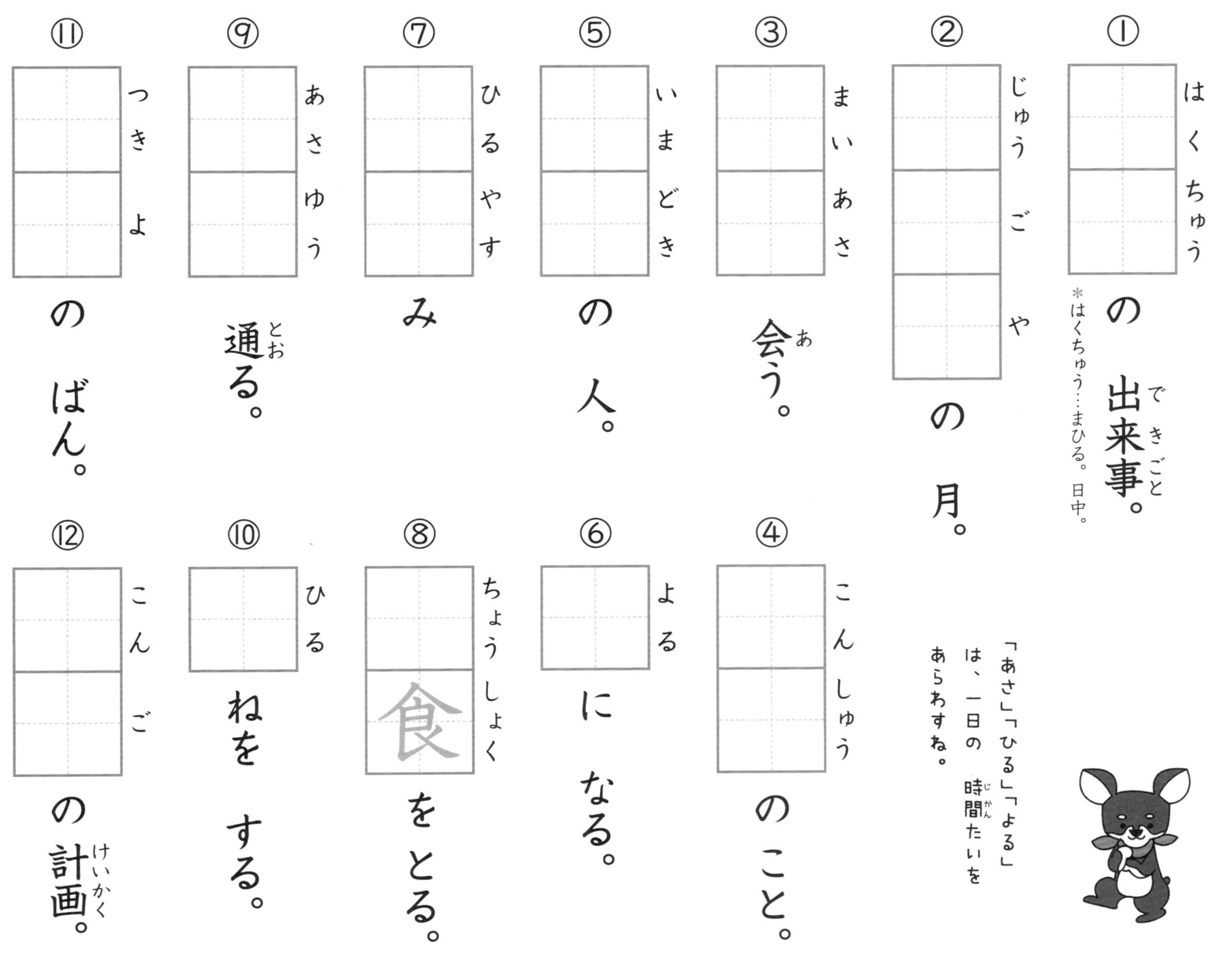

① □□（はくちゅう）の 出来事(できごと)。
＊はくちゅう…まひる。日中。

② □□□（じゅうごや）の 月。

③ □□（まいあさ）会(あ)う。

④ □□（こんしゅう）の こと。

⑤ □□（いまどき）の 人。

⑥ □（よる）に なる。

⑦ □□（ひるやすみ）み

⑧ □食（ちょうしょく）を とる。

⑨ □□（あさゆう）通(とお)る。

⑩ □（ひる）ねを する。

⑪ □□（つきよ）の ばん。

⑫ □□（こんご）の 計画(けいかく)。

「あさ」「ひる」「よる」は、一日の 時間(じかん)たいを あらわすね。

クイズ

「夜」を 「よる」と 読(よ)むのは どれかな？

① 十五夜 ② 夜空 ③ 夜ごはん

答え ▶ 106ページ

17 広・明・長・高

もくひょう 10分　月　日　とく点　点

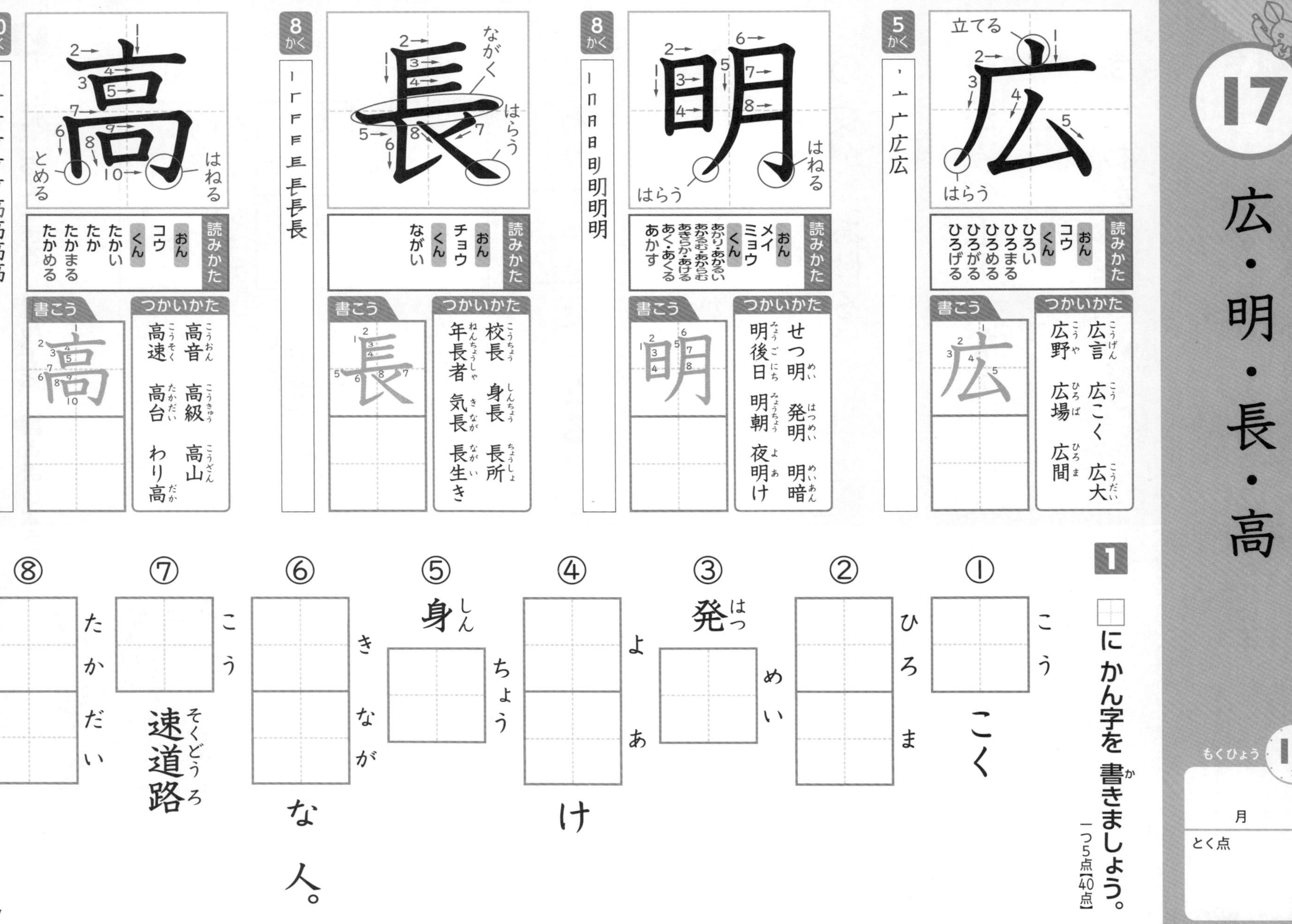

広（5かく）

筆順：丶 亠 广 広 広

立てる　はらう

読みかた　おん：コウ　くん：ひろい　ひろまる　ひろめる　ひろがる　ひろげる

つかいかた：広言（こうげん）　広こく（こう）　広大（こうだい）　広野（こうや）　広場（ひろば）　広間（ひろま）

明（8かく）

筆順：丨 П 日 日 日) 明 明 明

はらう　はねる

読みかた　おん：メイ　ミョウ　くん：あかり・あかるい　あかるむ・あからむ　あきらか・あける　あく・あくる　あかす

つかいかた：せつ明（めい）　発明（はつめい）　明暗（めいあん）　明後日（みょうごにち）　明朝（みょうちょう）　夜明け（よあ）

長（8かく）

筆順：丨 Γ F F 三 E 長 長

ながく　はらう

読みかた　おん：チョウ　くん：ながい

つかいかた：校長（こうちょう）　身長（しんちょう）　長所（ちょうしょ）　年長者（ねんちょうしゃ）　気長（きなが）　長生き（ながい）

高（10かく）

筆順：丶 亠 亣 亠 亩 亯 高 高 高 高

とめる　はねる

読みかた　おん：コウ　くん：たかい　たか　たかまる　たかめる

つかいかた：高音（こうおん）　高級（こうきゅう）　高山（こうざん）　高速（こうそく）　高台（たかだい）　わり高（だか）

書こう

1 □にかん字を書きましょう。

一つ5点【40点】

① （こう）こく

② （ひろま）

③ 発（はっ）（めい）

④ （よあ）け

⑤ 身（しん）（ちょう）

⑥ （きなが）な人。

⑦ （こう）速道路（そくどうろ）

⑧ （たかだい）

2 □に あてはまる かん字を 書(か)きましょう。
一つ6点【42点】

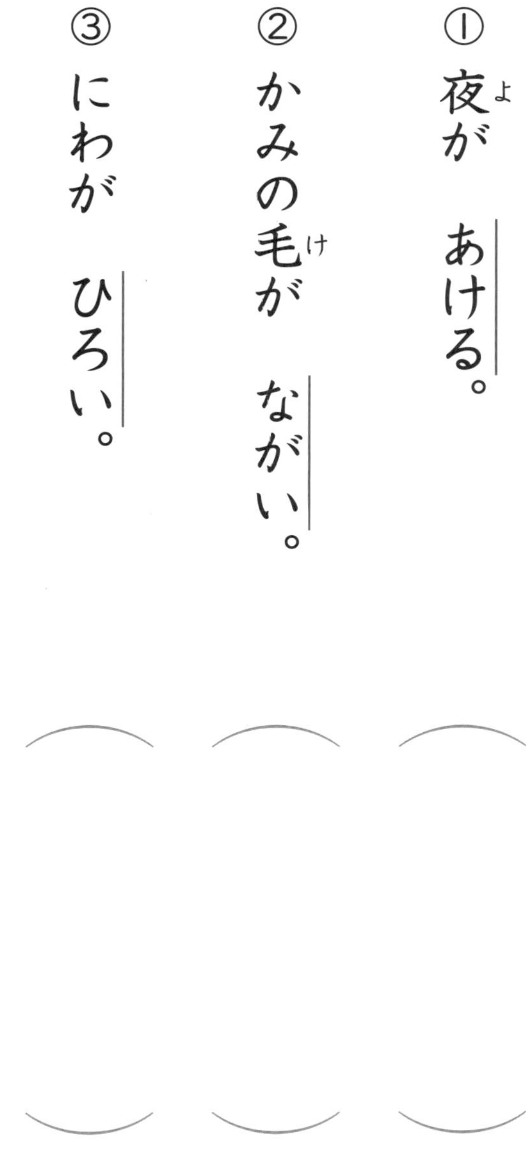

① ひろば［□場］で あそぶ。

② みょうちょう［□□］出発(しゅっぱつ)する。
※みょうちょう…つぎの日のあさ。

③ せつめい［せつ□］する

④ こうちょう［□□］先生

⑤ こうおん［□□］の 声(こえ)。

⑥ わりだか［わり□］に なる。
※わりだか…りょうやしつのわりにねだんがたかいこと。

⑦ こうだい［□□］な 土地(とち)。
※こうだい…とてもひろいこと。

3 ――の ことばを、かん字と ひらがなで（　）に 書きましょう。
一つ6点【18点】

① 夜(よ)が あける。（　　　）

② かみの毛(け)が ながい。（　　　）

③ にわが ひろい。（　　　）

クイズ 「せまい」の はんたいの いみの ことばは どれかな？
①広い ②長い ③高い

答え ▷ 107ページ

18 かくにんテスト③

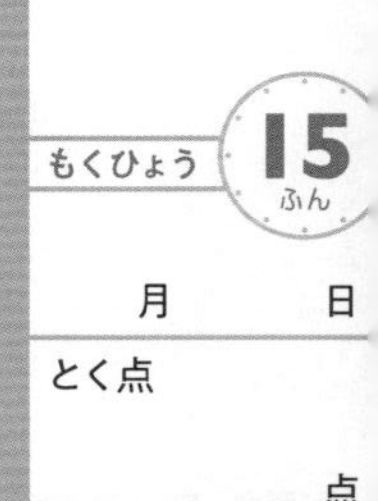

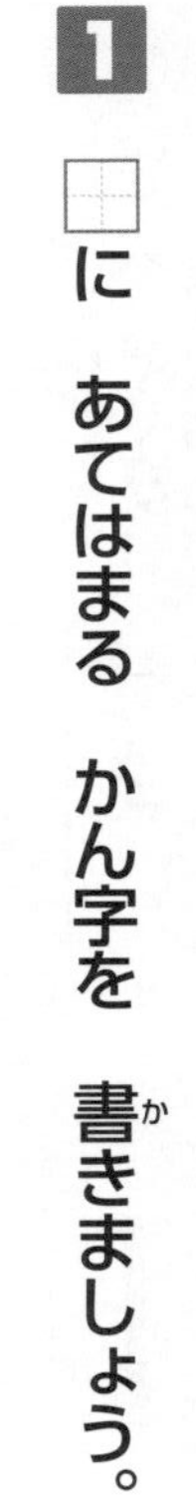

名前

もくひょう 15ふん

月　日

とく点　　点

1 □に　あてはまる　かん字を　書(か)きましょう。　一つ4点【40点】

① □□(まいしゅう)　行(い)く。

② □(むぎ)わらぼうし

③ □□(ことり)を　かう。

④ □□(もくば)に　のる。

⑤ □□(しらうお)を　買(か)う。
＊しらうお…はんとうめいの　こざかな。

⑥ □□(いまどき)の　話(はなし)。

⑦ □□(ようび)を　記(しる)す。

⑧ □□(ちゅうや)　歩(ある)く。
＊ちゅうや…ひるも　よるも。

⑨ □□(みょうちょう)の　七じ。

⑩ □(は)おりを　きる。
＊はおり…わふくの　上に　きる　みじかい　上着(うわぎ)。

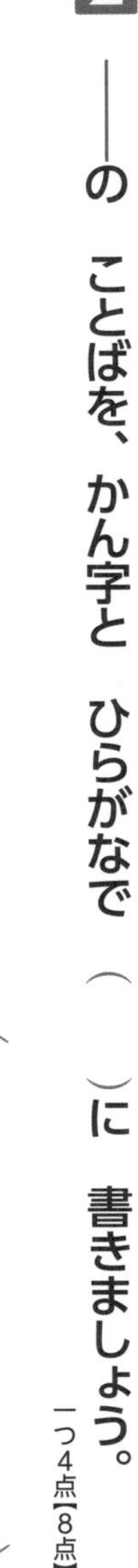

2 ――の　ことばを、かん字と　ひらがなで　（　）に　書きましょう。　一つ4点【8点】

① 七月の　なかばを　すぎる。（　　　）

② 道(みち)が　二つに　わかれる。（　　　）

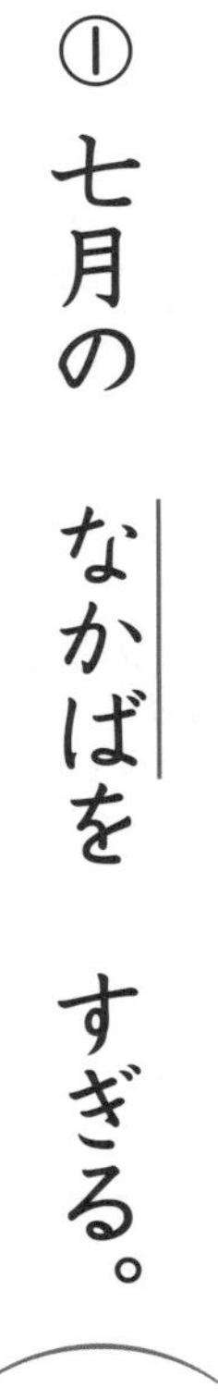

3 ――の かん字の 読み（よ）がなを 書き（か）ましょう。 【一つ4点〔16点〕】

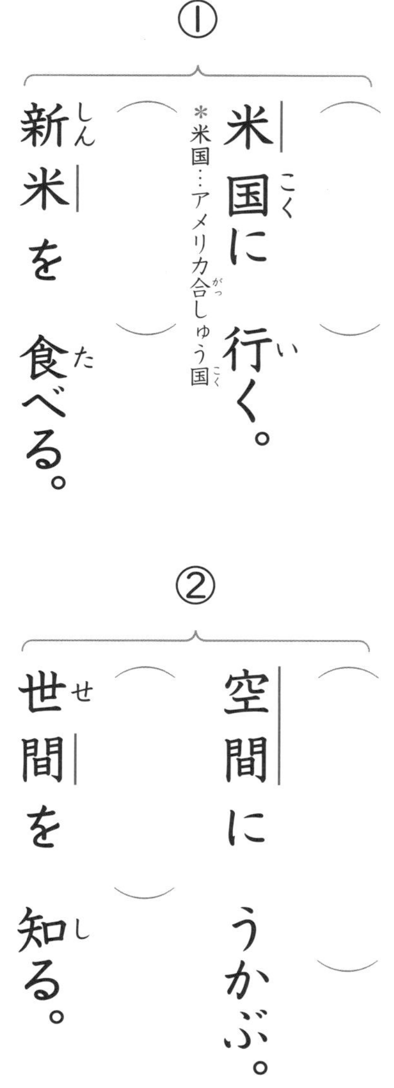

① 米国（こく）に 行（い）く。 新（しん）米を 食（た）べる。

＊米国…アメリカ合（がっ）しゅう国（こく）

② 空間に うかぶ。 世（せ）間を 知（し）る。

4 にて いる かん字に 気を つけて、□に かん字を 書きましょう。 【一つ4点〔16点〕】

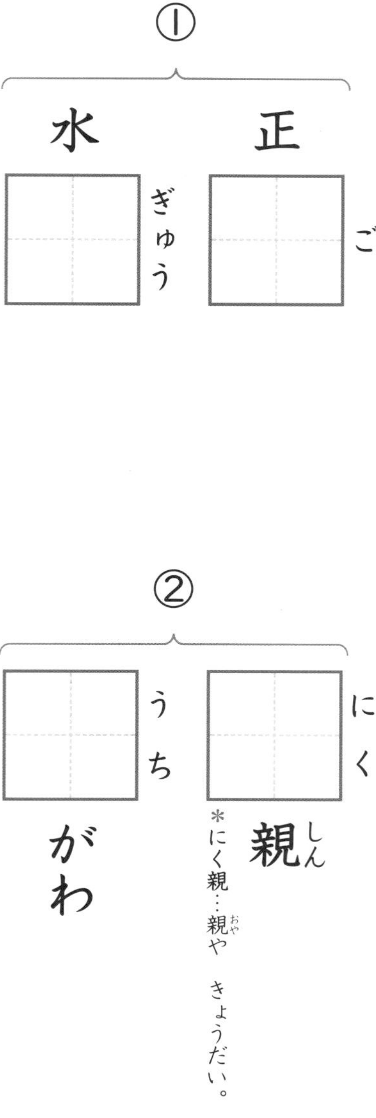

① 正□（ご） 水□（ぎゅう）

② 親（しん）□（にく） □（うち）がわ

＊にく親…親（おや）や きょうだい。

5 ――と はんたいの いみの ことばを、かん字と ひらがなで（　）に 書きましょう。 【一つ5点〔20点〕】

① 天じょうが ひくい。 ↕ （　　）

② みじかい リボン。 ↕ （　　）

③ へやが せまい。 ↕ （　　）

④ くらい 道（みち）。 ↕ （　　）

答え ▶ 107ページ

19 国・語・算・数

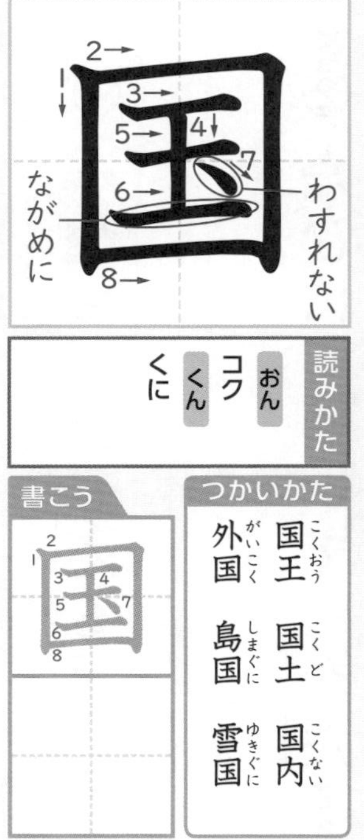

8かく

読みかた おん コク ／ くん くに

つかいかた 国王（こくおう） 外国（がいこく） 国土（こくど） 島国（しまぐに） 国内（こくない） 雪国（ゆきぐに）

書こう

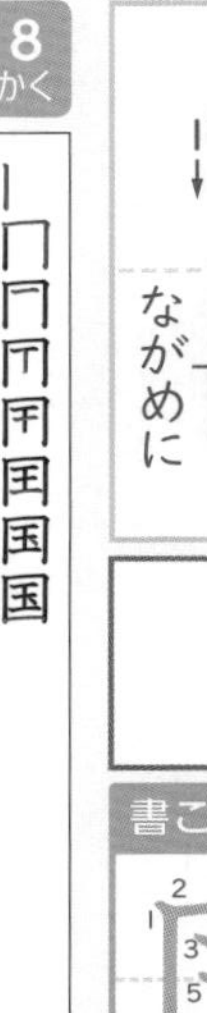

丨 冂 冂 冂 冂 国 国 国

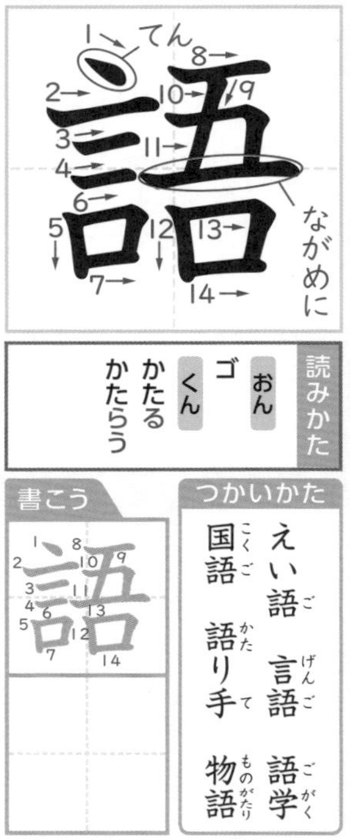

14かく

読みかた おん ゴ ／ くん かたる かたらう

つかいかた えい語（ご） 国語（こくご） 言語（げんご） 語り手（かたりて） 語学（ごがく） 物語（ものがたり）

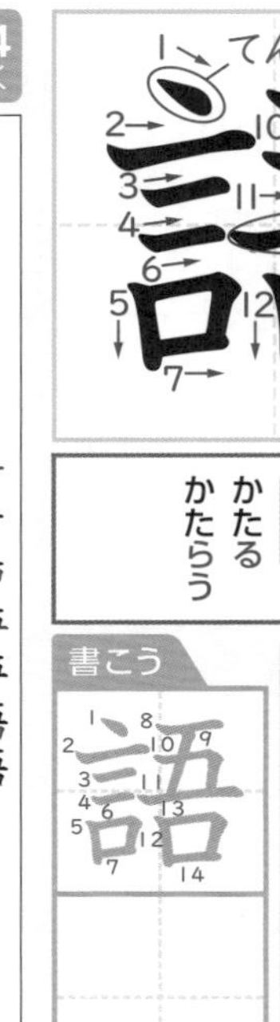

書こう

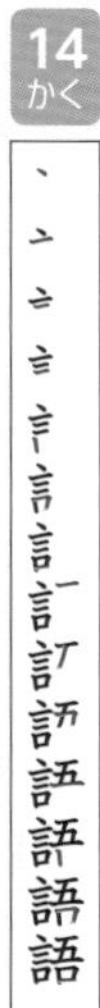

丶 亠 亠 言 言 言 言 訁 訂 訂 語 語 語 語

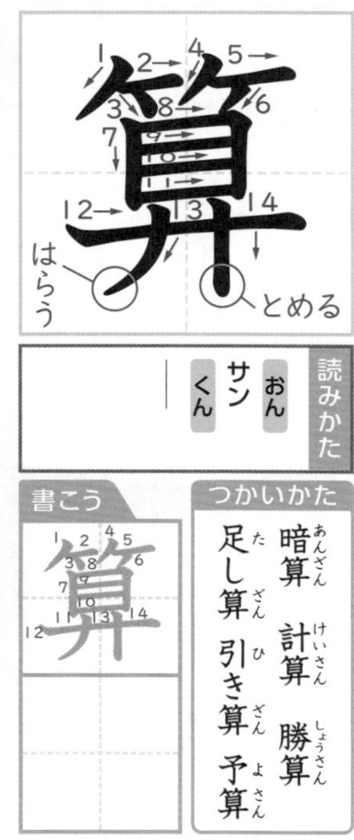

14かく

読みかた おん サン ／ くん ―

つかいかた 暗算（あんざん） 足し算（たしざん） 計算（けいさん） 引き算（ひきざん） 勝算（しょうさん） 予算（よさん）

書こう

ノ ト ト ト ト ト ケ 竹 竹 笞 笛 笪 算 算

13かく

読みかた おん スウ（ス） ／ くん かず かぞえる

つかいかた 算数（さんすう） 人数（にんずう） 数字（すうじ） 口数（くちかず） 点数（てんすう） 数え歌（かぞえうた）

書こう

丶 丷 丷 半 米 米 米 娄 娄 娄 数 数 数

1 □にかんじを書きましょう。 一つ5点【40点】

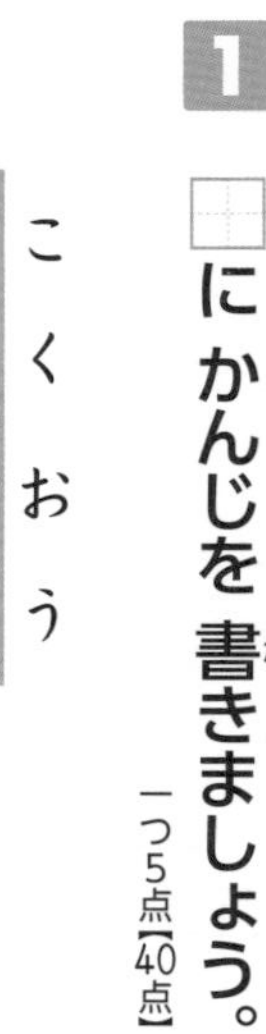

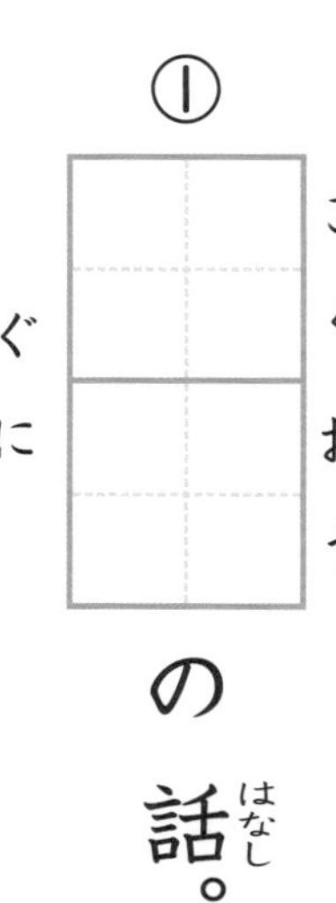

① □□（こくおう）の話（はなし）。

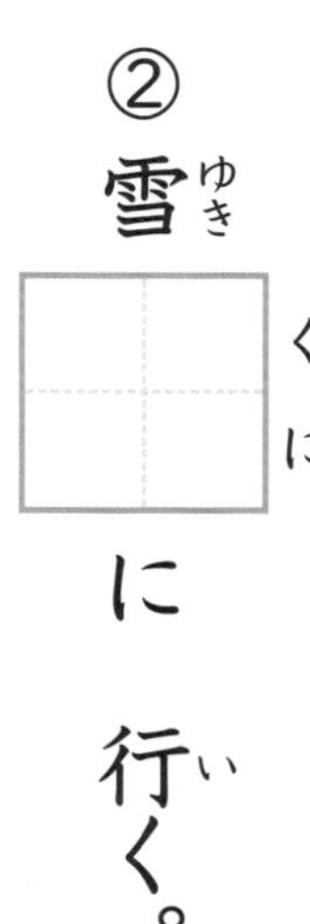

② 雪（ゆき）□（ぐに）に行（い）く。

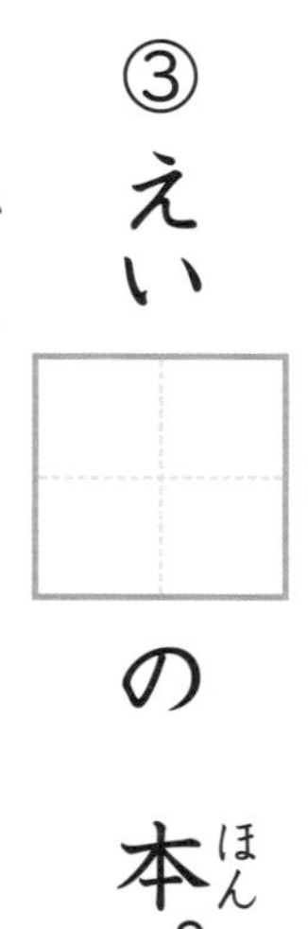

③ えい□（ご）の本（ほん）。

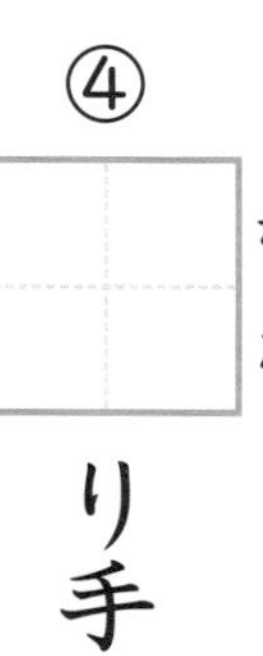

④ □（かた）り手

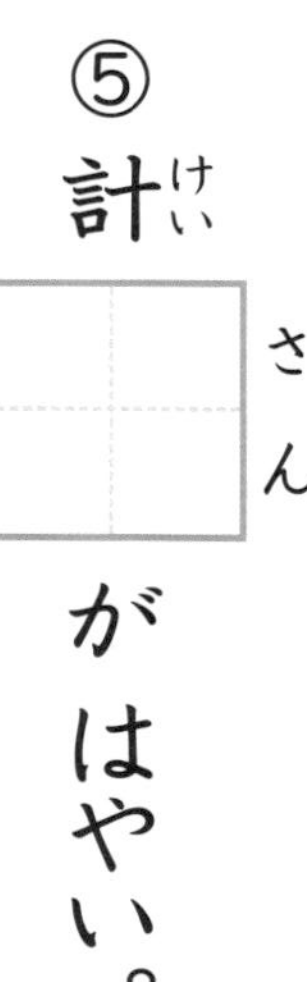

⑤ 計（けい）□（さん）がはやい。

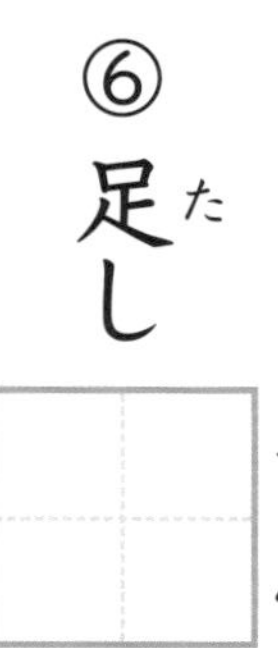

⑥ 足（た）し□（ざん）

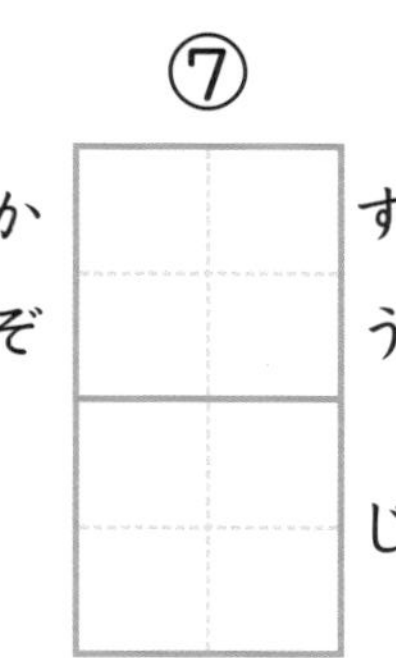

⑦ □□（すうじ）

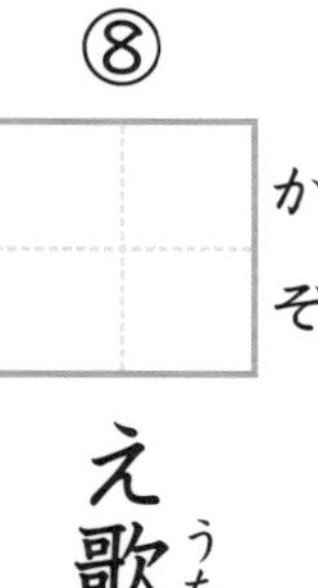

⑧ □（かぞ）え歌（うた）

2 □に あてはまる かん字を 書(か)きましょう。

一つ6点【48点】

① □□(こくご)の 時間(じかん)。

③ □□(くちかず)が 多(おお)い。

*くちかず…ものを 言(い)う かず。ぐに

⑤ 日本は 島(しま)□(ぐに)だ。

⑦ □□(がいこく)に 行(い)く。

⑧ 予(よ)□(さん)を きめる。

*予さん…前(まえ)もって 計(けい)さん して おく お金の こと。

② 物(もの)□(がたり)を 読(よ)む。

④ □□(さんすう)を 学ぶ。

⑥ 暗(あん)□(ざん)が とくいだ。

3 ——の ことばを、かん字と ひらがなで（　）に 書きましょう。

一つ6点【12点】

① 一から かぞえる。（　　）

② たびに ついて かたる。（　　）

クイズ

「かたらう」を かん字と ひらがなで 正しく 書いた ものは どれかな？

① 語う　② 語らう　③ 語たらう

答え ▶ 107ページ

20 理・科・社・会

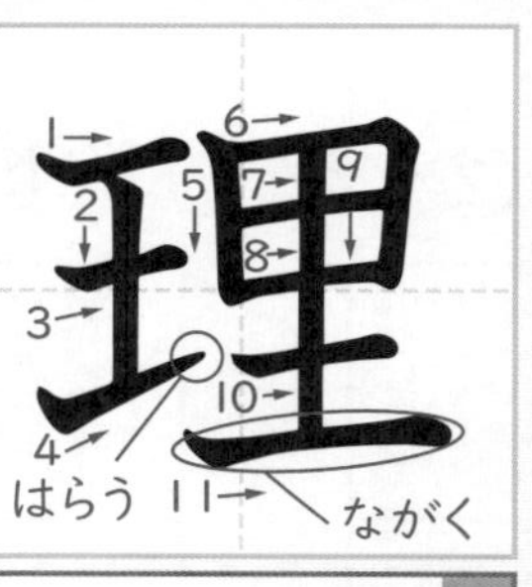

理（11かく）

一 丅 干 王 玎 玑 珂 玾 理 理 理

読みかた：おん リ　くん ―

つかいかた：しゅう理（り）　整理（せいり）　理かい（り）　理想（りそう）　理由（りゆう）　りょう理（り）

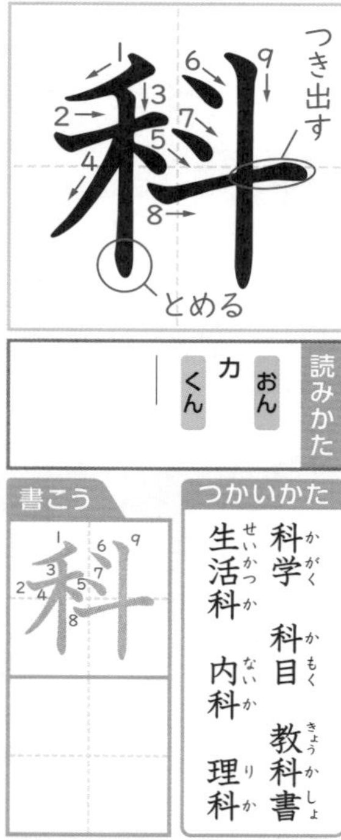

科（9かく）

一 二 千 千 禾 禾 禾 科 科

読みかた：おん カ　くん ―

つかいかた：科学（かがく）　科目（かもく）　教科書（きょうかしょ）　生活科（せいかつか）　内科（ないか）　理科（りか）

社（7かく）

、 ラ ネ ネ ネ 社 社

読みかた：おん シャ　くん やしろ

つかいかた：社員（しゃいん）　社会（しゃかい）　社長（しゃちょう）　神社（じんじゃ）　新聞社（しんぶんしゃ）　入社（にゅうしゃ）

会（6かく）

ノ 人 亼 亼 会 会

読みかた：おん カイ　(エ)　くん あう

つかいかた：会計（かいけい）　会社（かいしゃ）　会場（かいじょう）　会話（かいわ）　大会（たいかい）　出会い（であい）

1 □にかん字を書（か）きましょう。　一つ5点【40点】

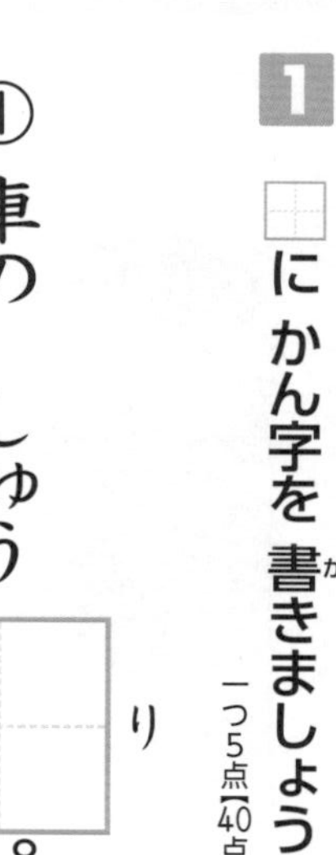

① 車の しゅう □（り）。

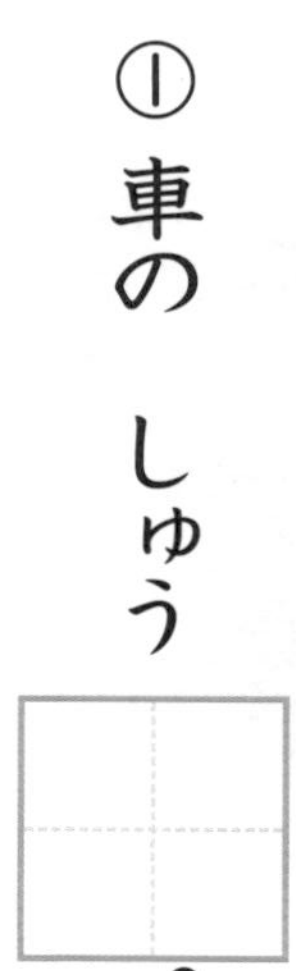

② □（り） 由（ゆう）を 話（はな）す。

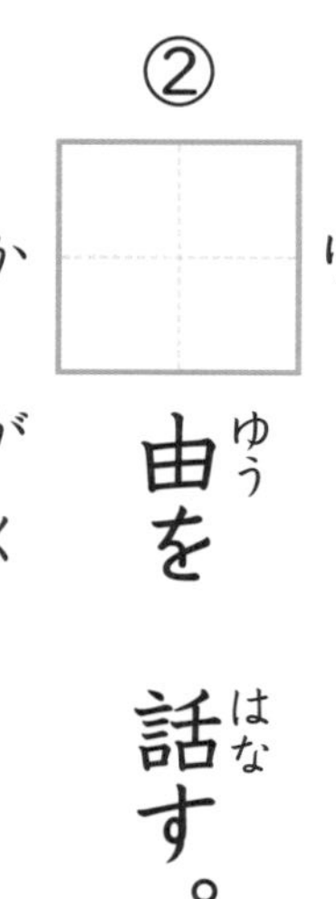

③ □□（かがく）の 進歩（しんぽ）。

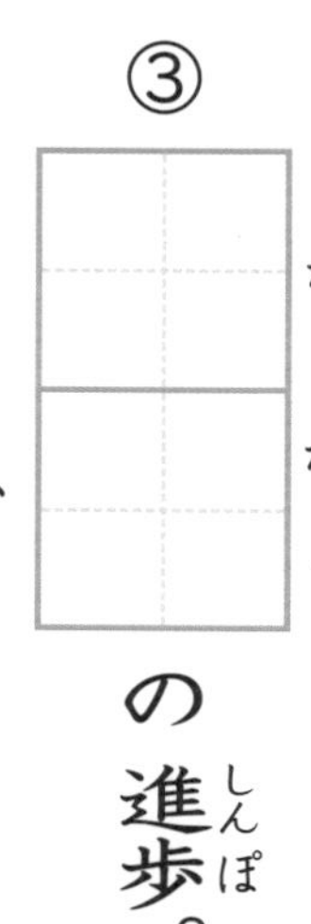

④ 生活（せいかつ）□（か）

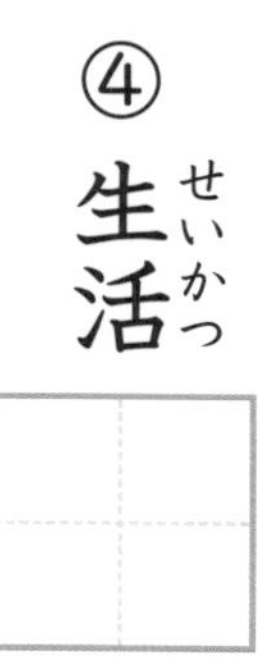

⑤ 新聞（しんぶん）□（しゃ）

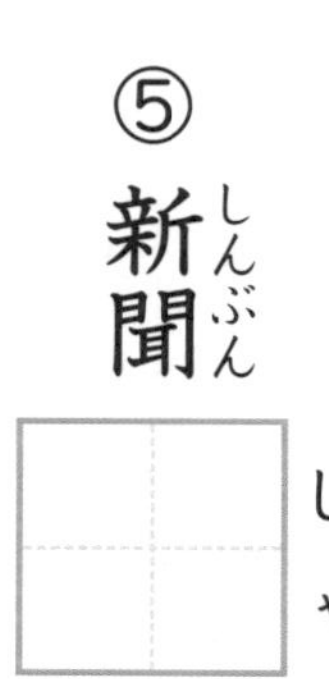

⑥ 村の □（やしろ）。

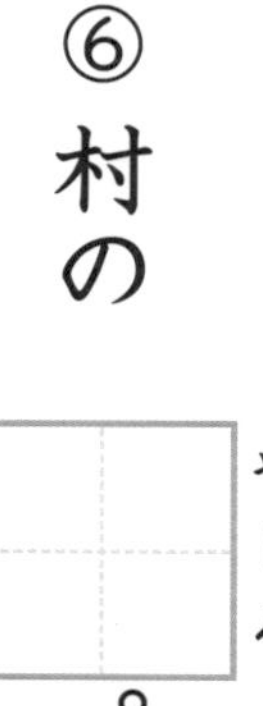

⑦ □（かい） 場（じょう）は 広（ひろ）い。

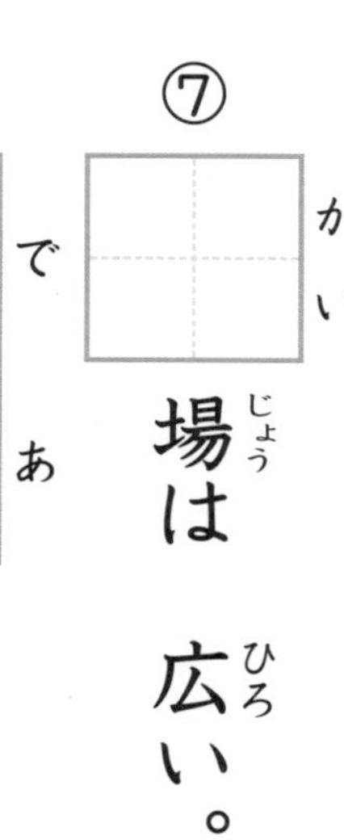

⑧ □□（であ） い

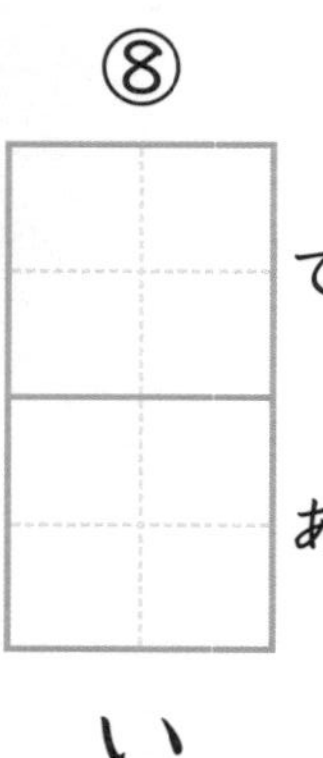

2 □に　あてはまる　かん字を　書（か）きましょう。

一つ5点【60点】

① 友（とも）だちに　□（あ）う。

② □□（りか）の　時間（じかん）。

③ □□（しゃかい）に　出る。

④ 本の　整（せい）□（り）。

⑤ □（り）かいする

＊りかい…いみや　ないようが　わかる　こと。

⑥ □□（しゃちょう）に　なる。

⑦ □□（たいかい）に　出る。

⑧ 日本りょう□（り）

⑨ 神（じん）□（じゃ）に　まいる。

⑩ 父（ちち）との　□話（かいわ）。

⑪ 教□書（きょうかしょ）を　読（よ）む。

⑫ □□（ないか）の　いしゃ。

＊ないか…ないぞうなどの　病気（びょうき）を　くすりなどで　なおす　ところ。

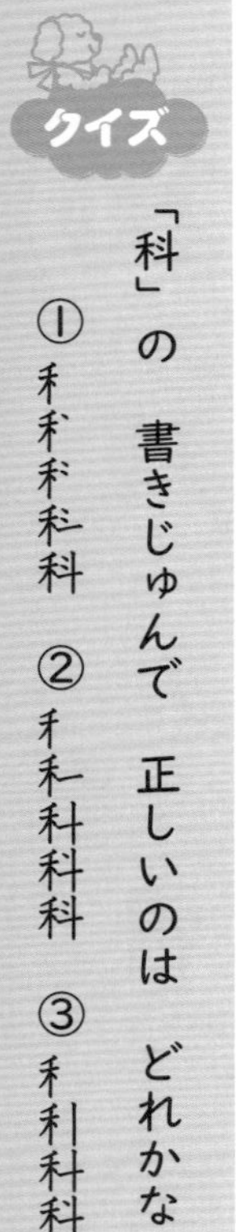

「科」の　書きじゅんで　正しいのは　どれかな？

① 千 禾 禾 秒 科
② 千 禾 科 科 科
③ 千 利 科 科 科

答え ▶ 107ページ

21 図・画・工・作

もくひょう 10分　月　日　とく点　点

図（7かく）

読みかた　おん：ズ　ト　くん：(はかる)

つかいかた：合図(あいず)　地図(ちず)　図形(ずけい)　意図(いと)　図面(ずめん)　図書館(としょかん)

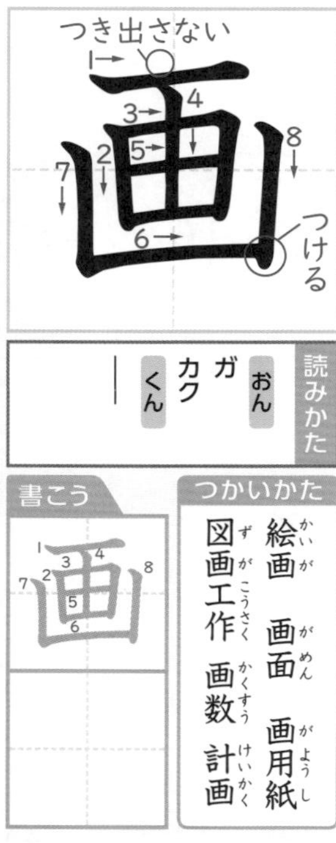

画（8かく）

読みかた　おん：ガ　カク　くん：―

つかいかた：絵画(かいが)　図画工作(ずがこうさく)　画面(がめん)　画数(かくすう)　画用紙(がようし)　計画(けいかく)

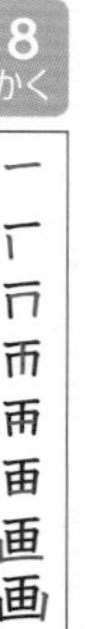

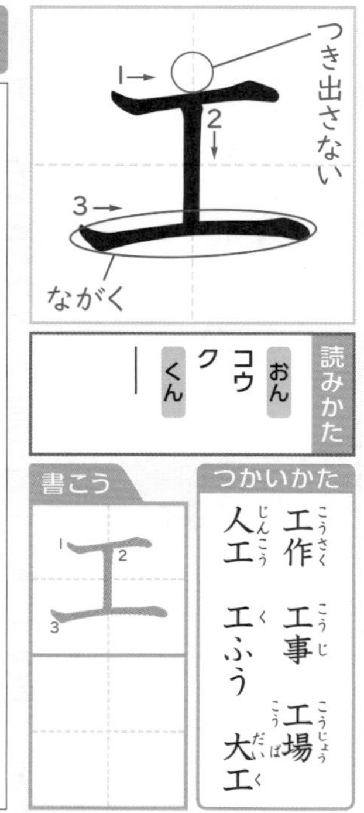

工（3かく）

一 丅 工

読みかた　おん：コウ　ク　くん：―

つかいかた：工作(こうさく)　人工(じんこう)　工事(こうじ)　工(く)ふう　工場(こうじょう)　大工(だいく)

作（7かく）

読みかた　おん：サク　サ　くん：つくる

つかいかた：作品(さくひん)　動作(どうさ)　作文(さくぶん)　作(つく)り話(ばなし)　作業(さぎょう)　手作(てづく)り

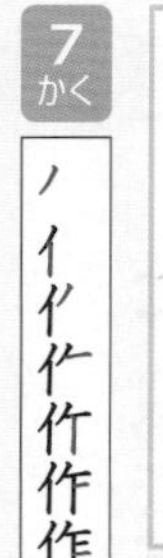

1 □にかん字を書きましょう。（一つ5点【40点】）

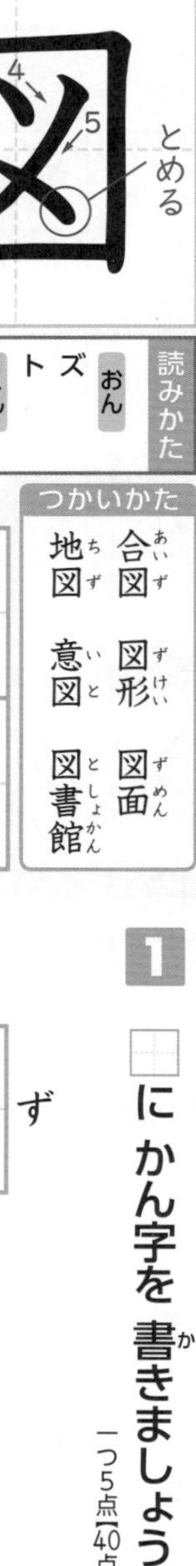

① □(ず)面(めん)を　かく。

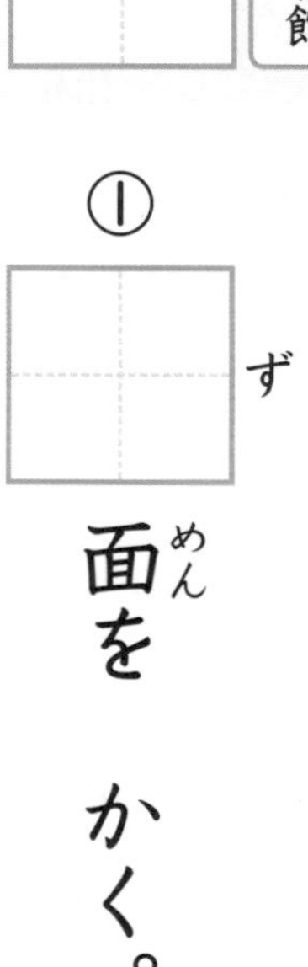

② □(と)書館(しょかん)

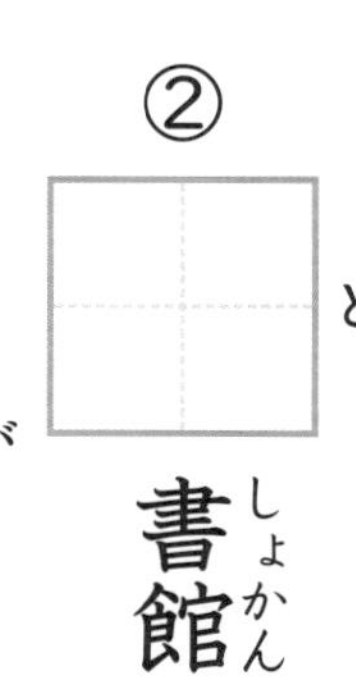

③ 絵(かい)□(が)

＊絵画…絵の　こと。

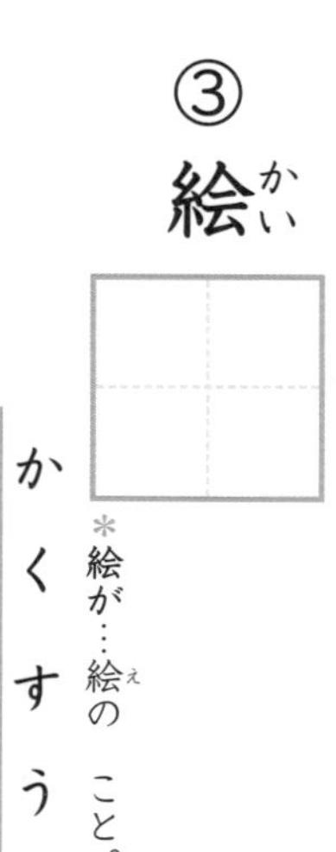

④ 字の　□□(かくすう)。

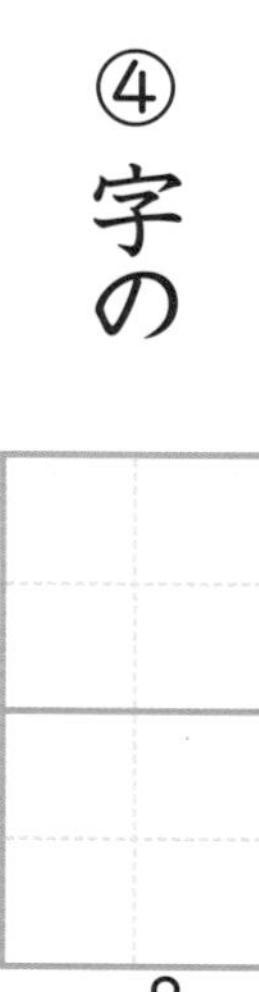

⑤ □(こう)事(じ)を　行(おこな)う。

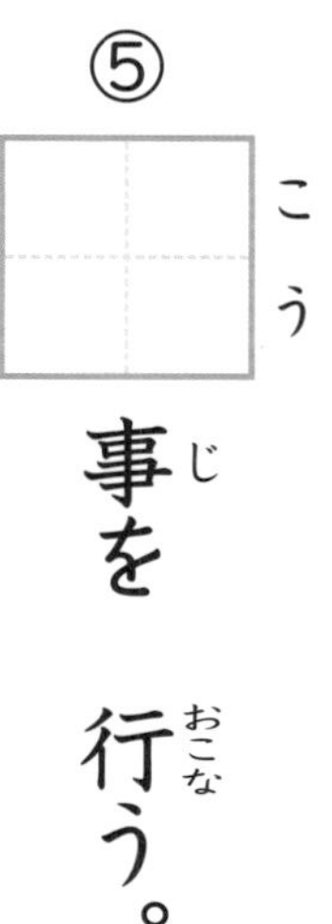

⑥ □□(だいく)さん

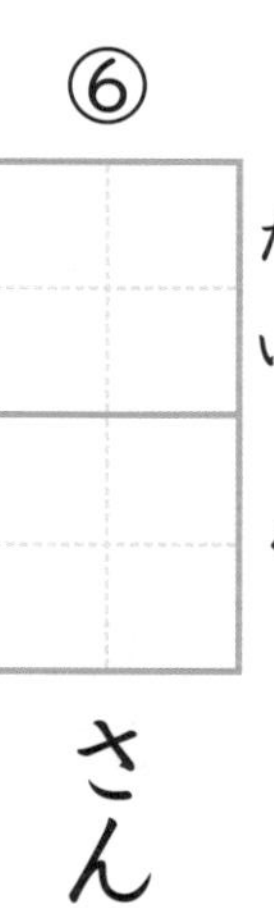

⑦ □(さく)品(ひん)

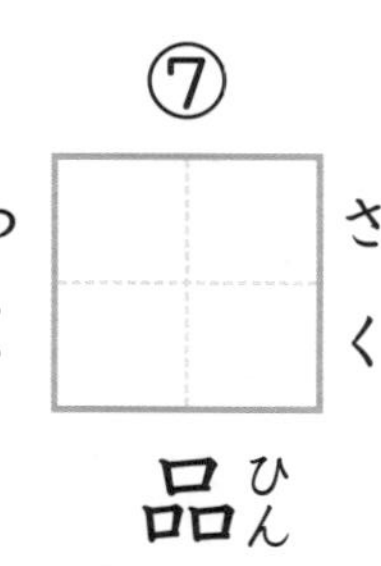

⑧ □(つく)り話(ばなし)

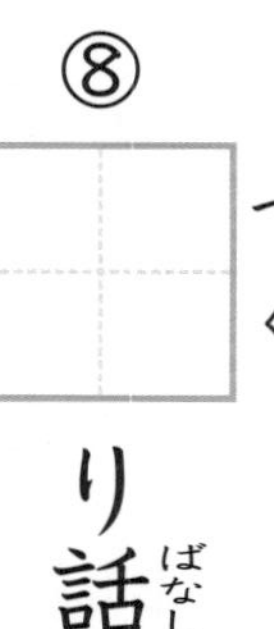

2 □に あてはまる かん字を 書きましょう。

一つ5点【60点】

① □□□□（ずがこうさく）

「ずがこうさく」を みじかく 「ずこう」と いう ことも あるね。

② 相手（あいて）の 意（い）□（と）を くむ。

＊意と…何かを しようと 考えて いる ことがら。

③ 母（はは）の □□（てづく）り。

④ □（く）ふうする

⑤ 旅行（りょこう）の 計□（けいかく）。

⑥ 動（どう）□（さ）が はやい。

＊動さ…体の うごき。ふるまい。

⑦ 地□（ちず）を 見る。

⑧ テレビの □（が）面（めん）。

⑨ □場（こうじょう）の 見学。

⑩ □□（あいず）を 出す。

⑪ □□（さくぶん）を 書く。

⑫ □□（じんこう）の しま。

＊じんこう…ひとの 手で つくり出す こと。

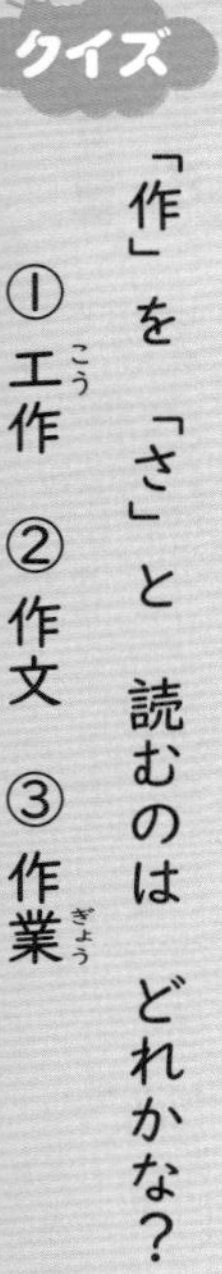

クイズ

「作」を 「さ」と 読むのは どれかな？
① 工作（こうさく） ② 作文 ③ 作業（さぎょう）

答え ▶ 107ページ

22 体・活・楽・声

体（7かく）

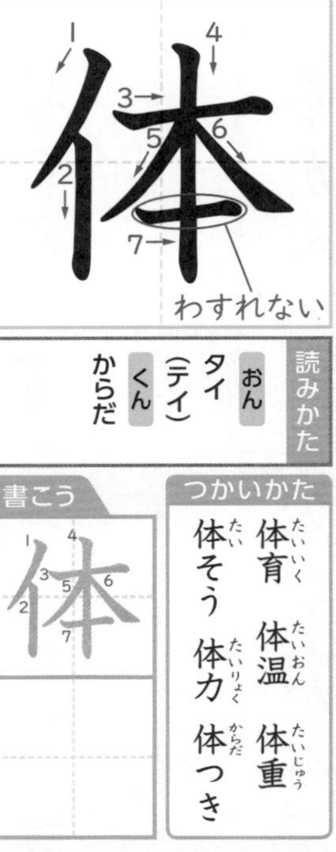

ノ 亻 仁 什 休 体 体

読みかた おん：タイ（テイ） くん：からだ

つかいかた 体育（たいいく）　体温（たいおん）　体重（たいじゅう）　体そう（たいそう）　体力（たいりょく）　体つき（からだつき）

書こう

活（9かく）

丶 丶 氵 氵 汁 汗 汗 活 活

読みかた おん：カツ くん：—

つかいかた 活気（かっき）　活動（かつどう）　活発（かっぱつ）　活やく（かつやく）　活力（かつりょく）　生活（せいかつ）

書こう

楽（13かく）

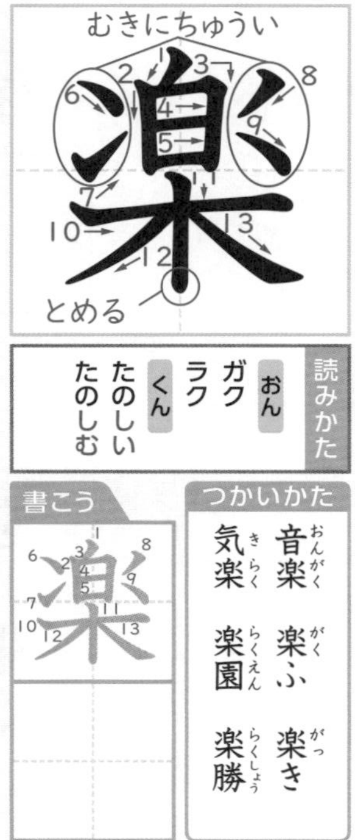

丶 亻 亻 白 白 泊 泊 泊 泊 泊 楽 楽 楽

読みかた おん：ガク ラク くん：たのしい たのしむ

つかいかた 音楽（おんがく）　楽ふ（がくふ）　楽き（がっき）　気楽（きらく）　楽園（らくえん）　楽勝（らくしょう）

書こう

声（7かく）

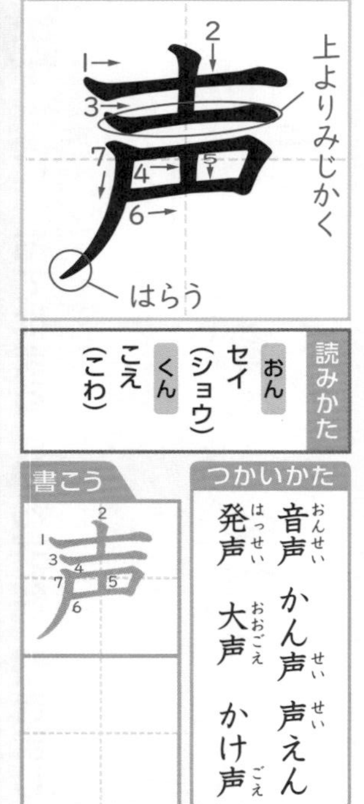

一 十 士 韦 韦 吉 声

読みかた おん：セイ（ショウ） くん：こえ（こわ）

つかいかた 音声（おんせい）　かん声（かんせい）　声えん（せいえん）　発声（はっせい）　大声（おおごえ）　かけ声（かけごえ）

書こう

1 □にかん字を書きましょう。　一つ5点【40点】

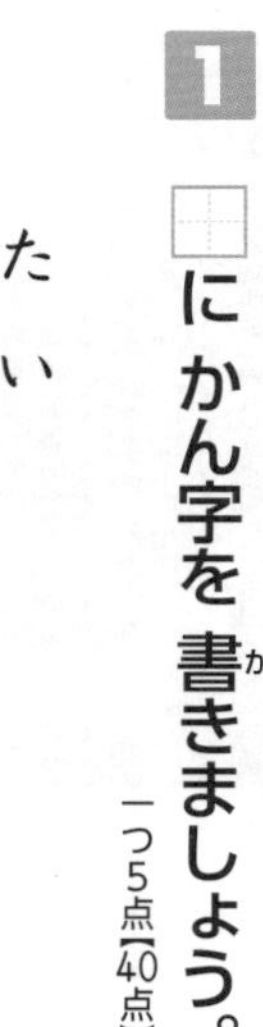
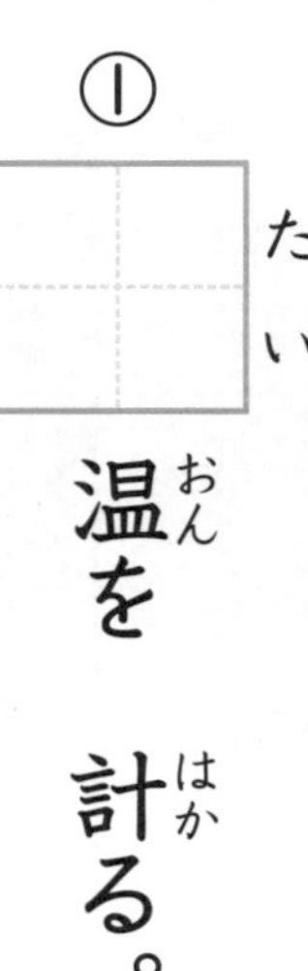

① （たい）温（おん）を計（はか）る。

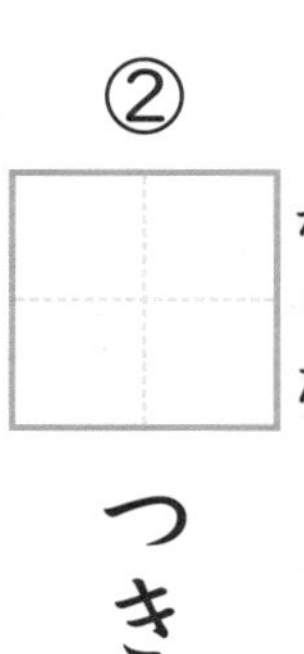

② （からだ）つき

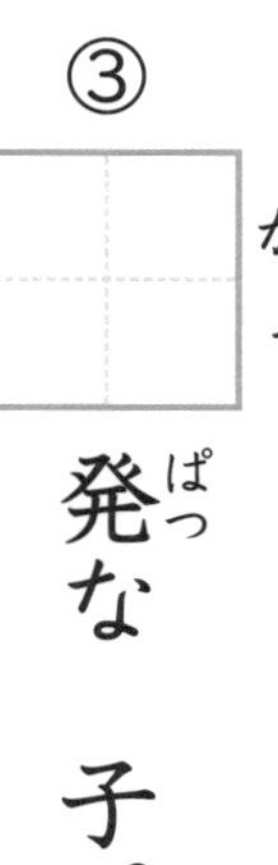

③ （かっ）発（ぱっ）な子。

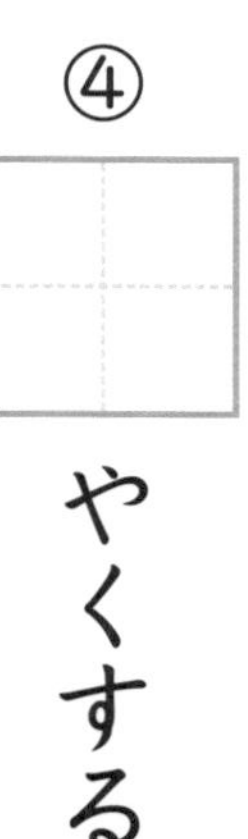

④ （かつ）やくする

⑤ ピアノの（がく）ふ。

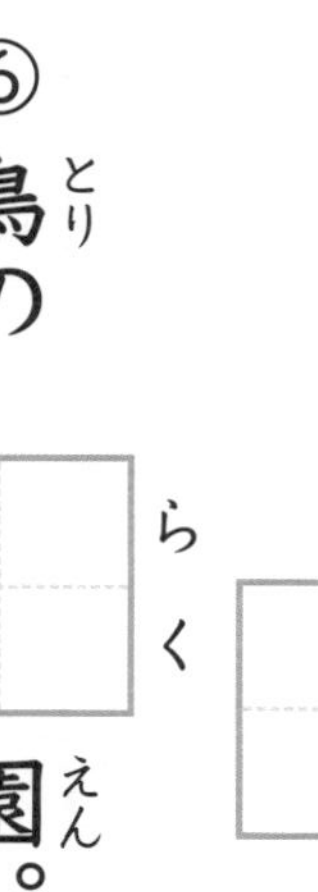

⑥ 鳥（とり）の（らく）園（えん）。

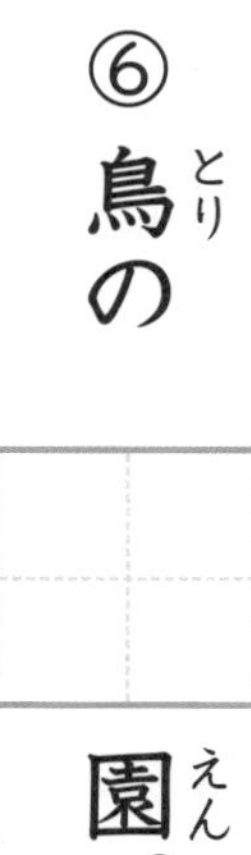

⑦ （おんせい）

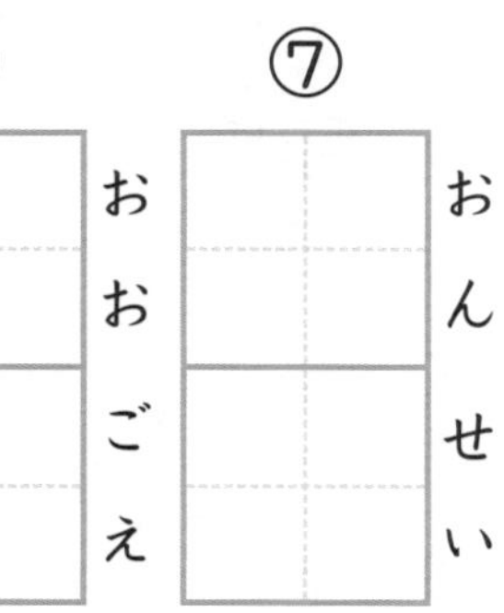

⑧ （おおごえ）

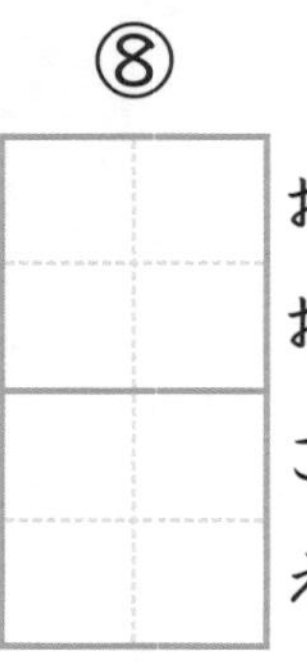

2 □に あてはまる かん字を 書き（か）ましょう。

一つ5点【60点】

① □（たい）育（いく）の 時間（じかん）。

② 人間（にんげん）の □□（せいかつ）。

③ □□（おんがく）を 聞（き）く。

④ 発（はっ）□（せい）の 方（ほう）ほう。

⑤ 大きな □（からだ）。

⑥ □□（かっき）が ある。

＊かっき…いきいきと した きぶん。

⑦ □□（きらく）に 話（はな）す。

⑧ かけ □（ごえ）を 出す。

⑨ □□（たいりょく）が ある。

⑩ クラブ □（かつ）動（どう）

⑪ 子ども会（かい）を □（たの）しむ。

⑫ かん □（せい）が 上がる。

＊かんせい…よろこびの さけびごえ。

クイズ

「楽きを かなでる。」の 「楽」は なんと 読（よ）むかな？

① がく ② らく ③ がっ

答え ▶ 107ページ

23 丸・角・点・線

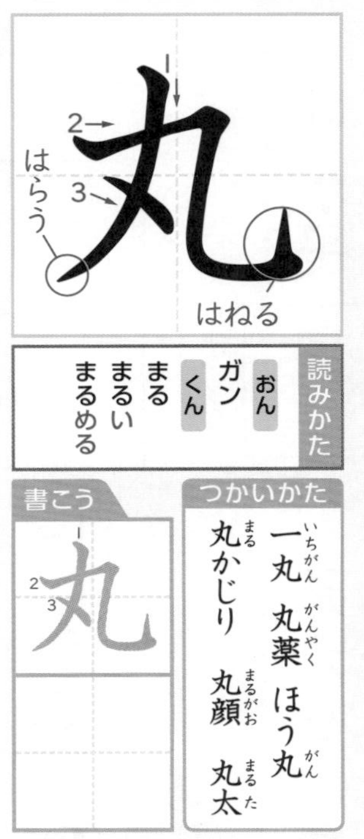

3かく

読みかた
おん ガン
くん まる　まるい　まるめる

つかいかた
一丸（いちがん）　丸薬（がんやく）　ほう丸（がん）
丸（まる）かじり　丸顔（まるがお）　丸太（まるた）

書こう

7かく
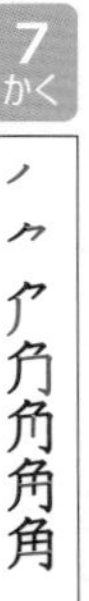

読みかた
おん カク
くん かど　つの

つかいかた
三角（さんかく）　直角（ちょっかく）　方角（ほうがく）
町角（まちかど）　曲（ま）がり角（かど）　角笛（つのぶえ）

書こう

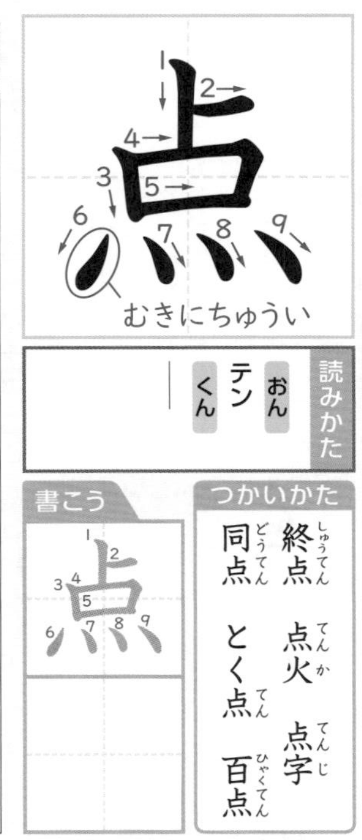

9かく
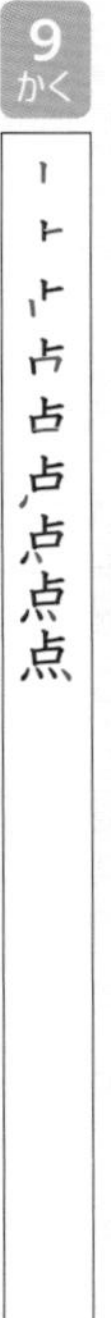

読みかた
おん テン
くん ―

つかいかた
終点（しゅうてん）　点火（てんか）　点字（てんじ）
同点（どうてん）　とく点（てん）　百点（ひゃくてん）

書こう

15かく

読みかた
おん セン
くん ―

つかいかた
水平線（すいへいせん）　線路（せんろ）　直線（ちょくせん）
点線（てんせん）　電線（でんせん）　白線（はくせん）

書こう

1 □にかん字を書（か）きましょう。　一つ5点【40点】

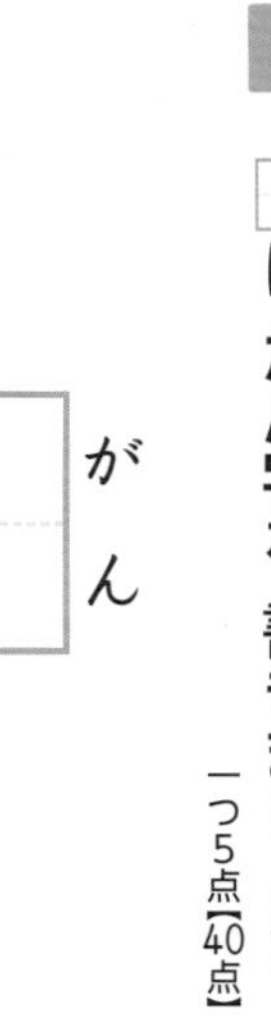
① ほう□（がん）なげ

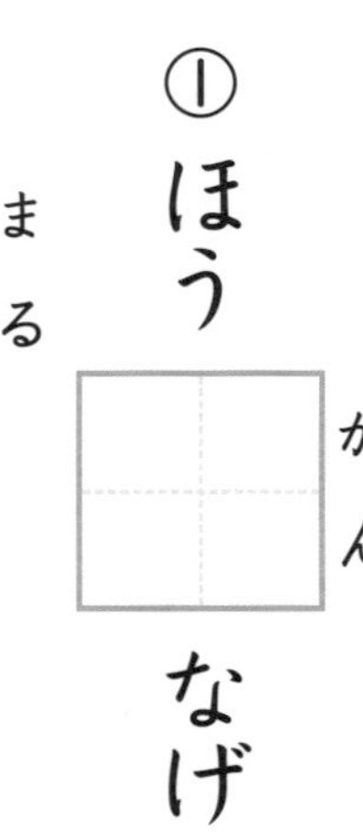
② □（まる）かじり

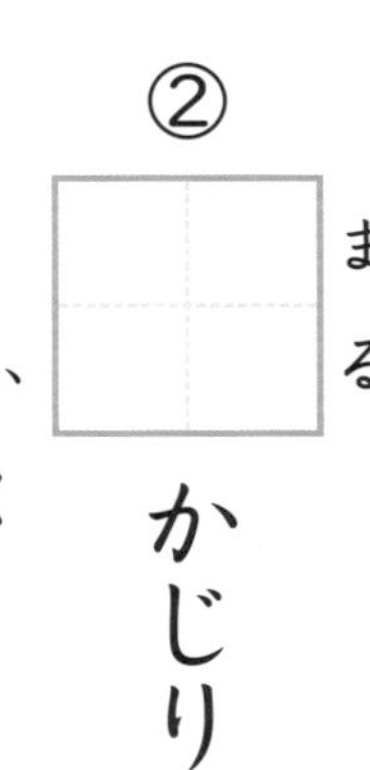
③ 直（ちょっ）□（かく）におる。

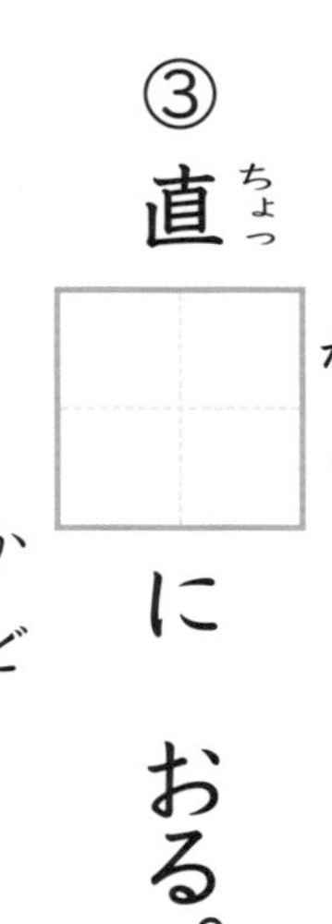
④ 曲（ま）がり□（かど）

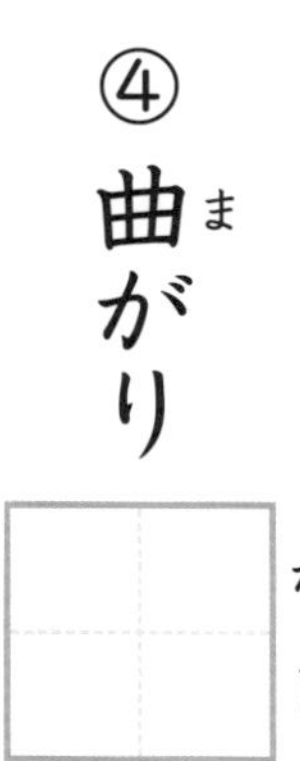
⑤ □□（てんじ）の本。

*てんじ…目がふじゆうな人のためのもじ。

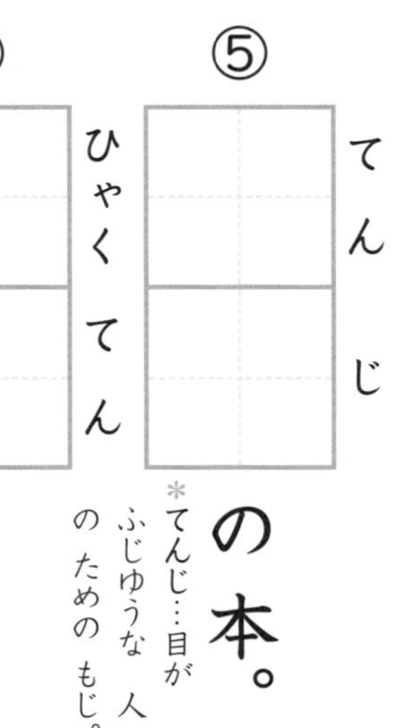
⑥ □□（ひゃくてん）

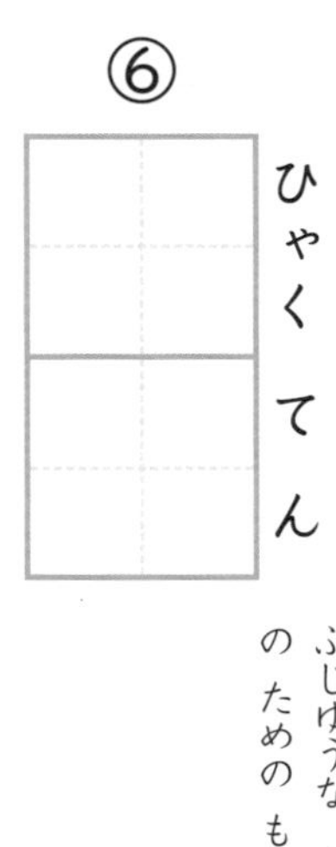
⑦ □（せん）路（ろ）を走（はし）る。

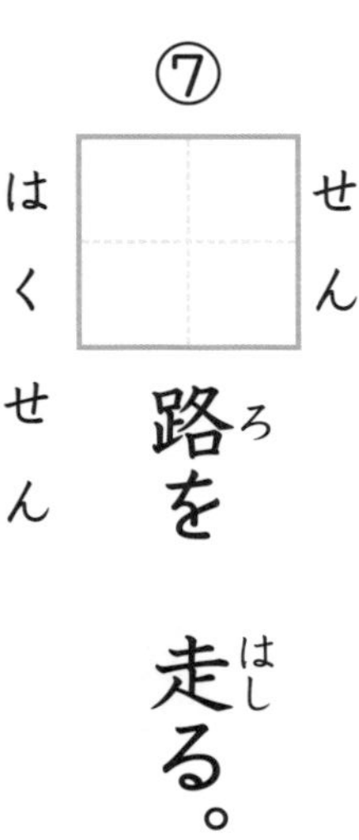
⑧ □□（はくせん）

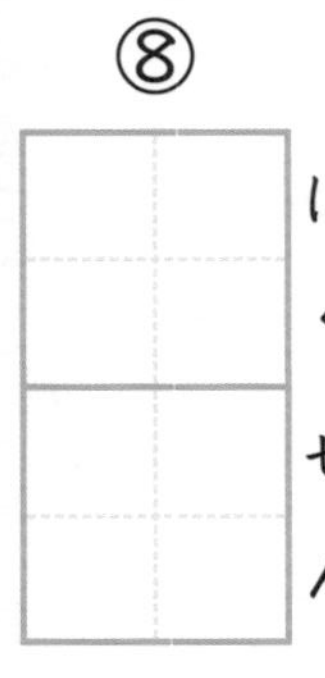

2 □に あてはまる かん字を 書(か)きましょう。

一つ5てん【60てん】

① □(がん)薬(やく)を のむ。

＊がん薬…ねって 小さく まるめた くすり。

② □(つの)笛(ぶえ)を ふく。

「つの笛(ぶえ)」は、どうぶつの 「つの」で 作(つく)られた 笛(ふえ)の ことだよ。

③ □□(てんせん)を 引(ひ)く。

④ 北(きた)の □□(ほうがく)。

⑤ □□(まるた)を 切(き)る。

⑥ とく□(てん)が 高(たか)い。

⑦ □□(まちかど)の 店(みせ)。

⑧ 終(しゅう)□(てん)に つく。

⑨ □□(どうてん)に なる。

⑩ 直□(ちょくせん)を 引く。

⑪ 水平(すいへい)□(せん)が 見える。

＊水平(すいへい)せん…水面(すいめん)と 空の さかい目の せん。

⑫ □□(いちがん)と なる。

＊いちがん…ひとつの かたまりと なる ようす。

クイズ

「角」の 書きじゅんで 正しいのは どれかな？

① ノ ⺈ ⺆ 角 角 角 角

② ノ ⺈ ⺆ 角 角 角 角

③ ノ ⺈ ⺆ 角 角 角 角

答え ▶ 107ページ

24 当・直・計・組

もくひょう 10分

月　日

とく点　　点

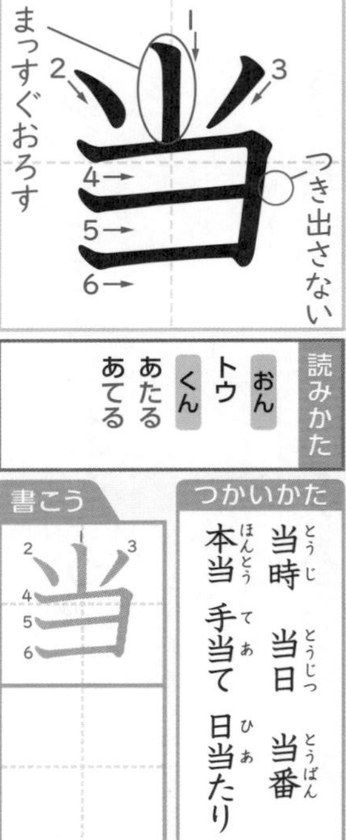

当　6かく

｜ ｜｜ ⺌ 当 当 当

読みかた
おん　トウ
くん　あたる　あてる

つかいかた
当時（とうじ）　当日（とうじつ）　当番（とうばん）
本当（ほんとう）　手当て（てあて）　日当たり（ひあたり）

書こう　当

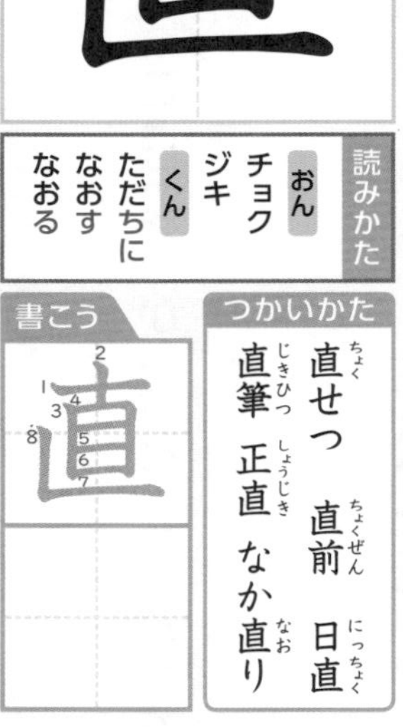

直　8かく

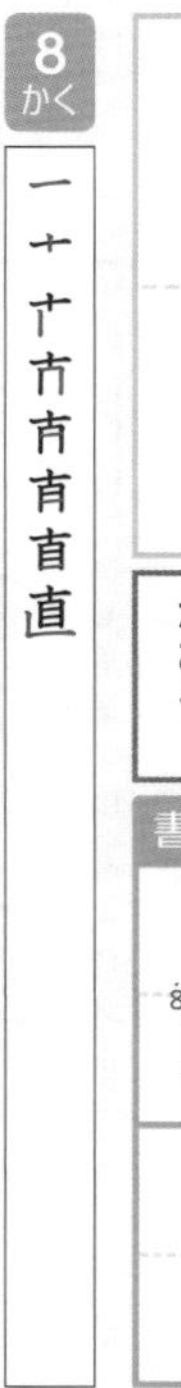

一 十 广 冇 有 有 直 直

読みかた
おん　チョク　ジキ
くん　ただちに　なおす　なおる

つかいかた
直せつ（ちょくせつ）　直前（ちょくぜん）　日直（にっちょく）
直筆（じきひつ）　正直（しょうじき）　なか直り（なかなおり）

書こう　直

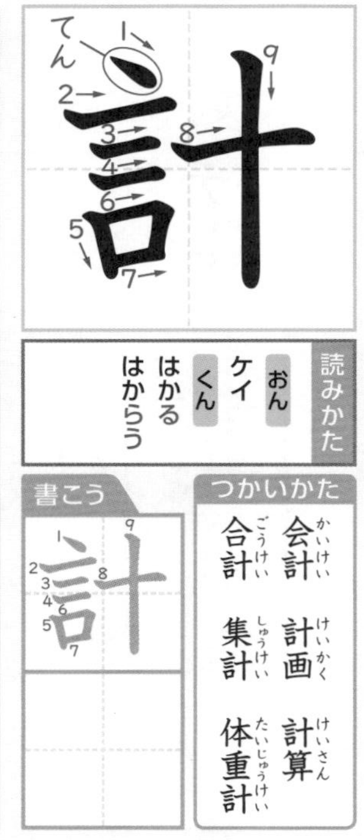

計　9かく

、 一 亠 言 言 言 言 言 計

読みかた
おん　ケイ
くん　はかる　はからう

つかいかた
会計（かいけい）　計画（けいかく）　計算（けいさん）
合計（ごうけい）　集計（しゅうけい）　体重計（たいじゅうけい）

書こう　計

組　11かく

く 幺 幺 糸 糸 糸 糸 組 組 組 組

読みかた
おん　ソ
くん　くむ　くみ

つかいかた
組しき（そしき）　組み立て（くみたて）
仕組み（しくみ）　赤組（あかぐみ）　番組（ばんぐみ）

書こう　組

1 □にかん字を書きましょう。　一つ5点【40点】

① 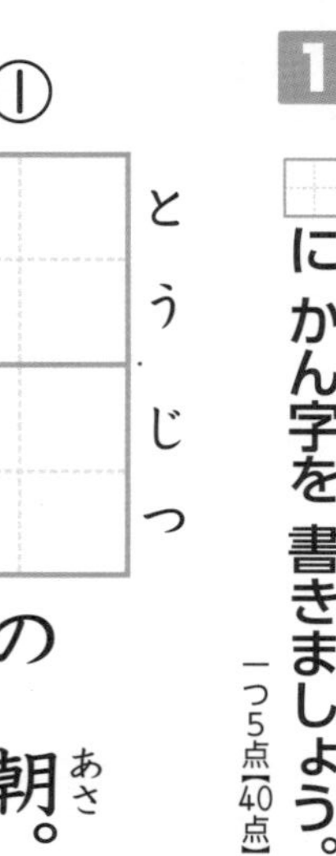（とうじつ）の朝（あさ）。

② 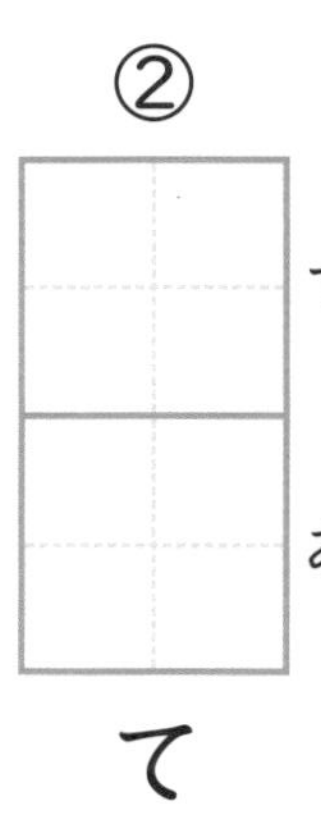（てあ）て

③ ねる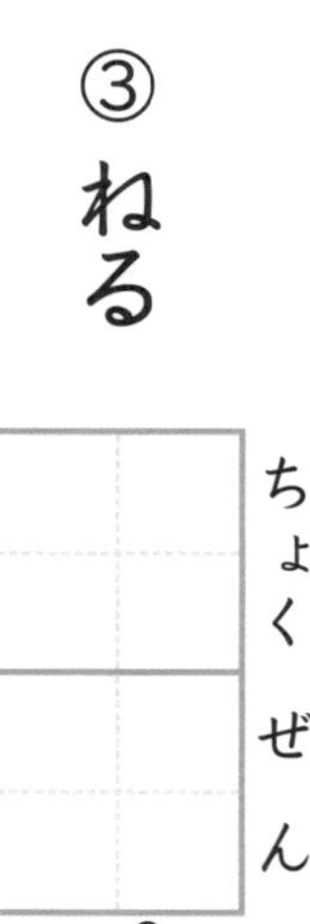（ちょくぜん）。

④ 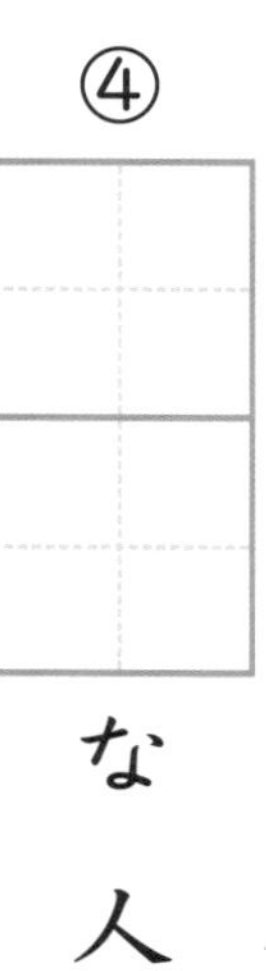（しょうじき）な人。

⑤ 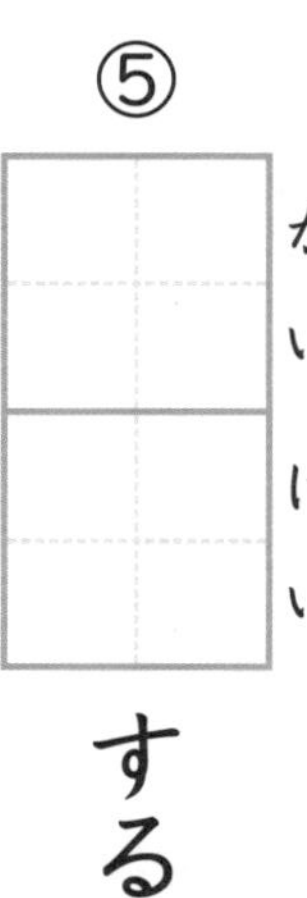（かいけい）する

⑥ 体重（たいじゅう）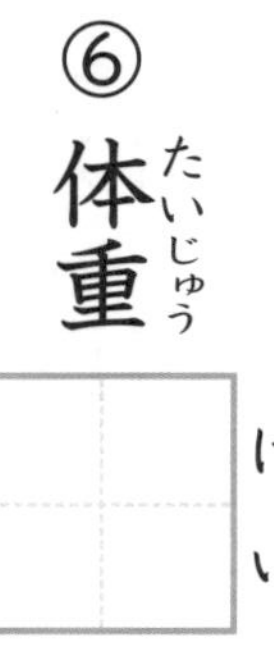（けい）

⑦ 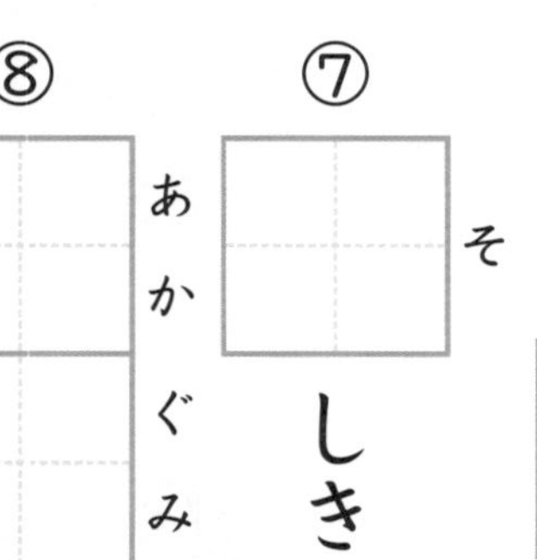（そ）しき

⑧ （あかぐみ）

2 □に あてはまる かん字を 書きましょう。 一つ6点【42点】

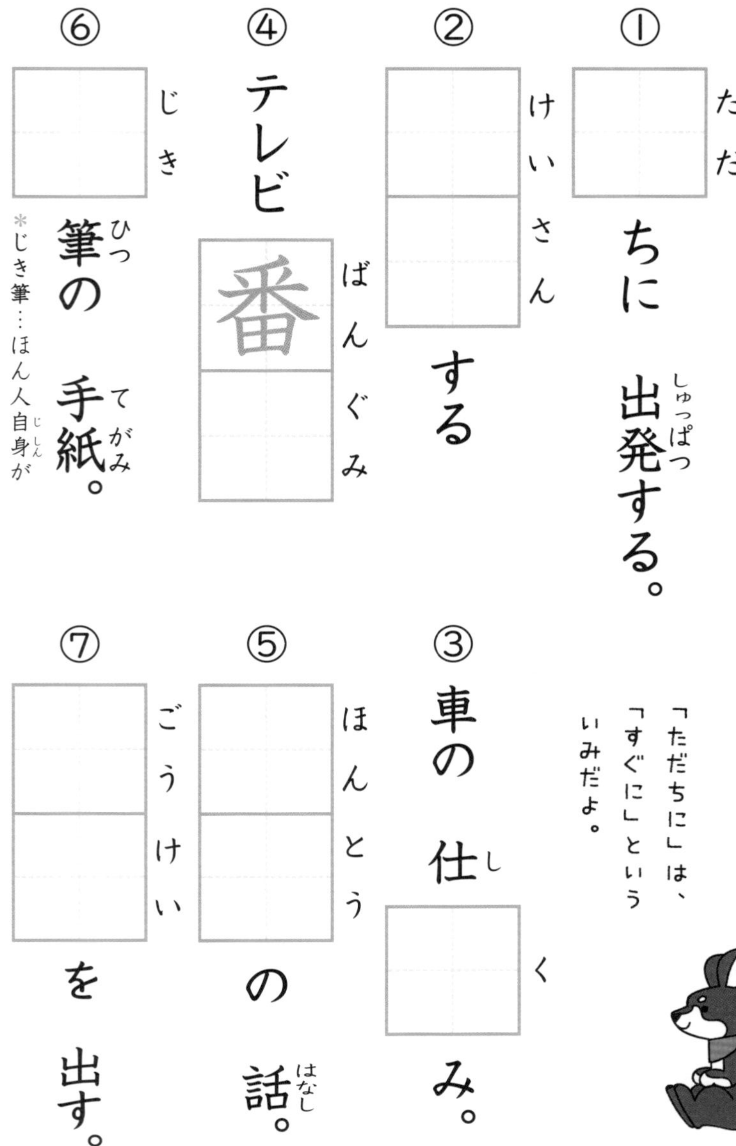

① □(ただ)ちに 出発(しゅっぱつ)する。

② □□(けいさん)する

③ 車の 仕(し)□(く)み。

④ テレビ 番□(ばんぐみ)

⑤ □□(ほんとう)の 話(はなし)。

⑥ □(じき)筆(ひっ)の 手紙(てがみ)。

※じき筆…ほん人自身(じしん)が ちょくせつ 書く こと。

⑦ □□(ごうけい)を 出す。

「ただちに」は、「すぐに」という いみだよ。

3 ――の ことばを、かん字と ひらがなで （　）に 書きましょう。 一つ6点【18点】

① あやまりを なおす。（　　）

② くじに あたる。（　　）

③ 時間(じかん)を はかる。（　　）

クイズ

「直」を 「じき」と 読(よ)むのは どれかな？

①正直　②直前(ぜん)　③日直

答え ▶ 107ページ

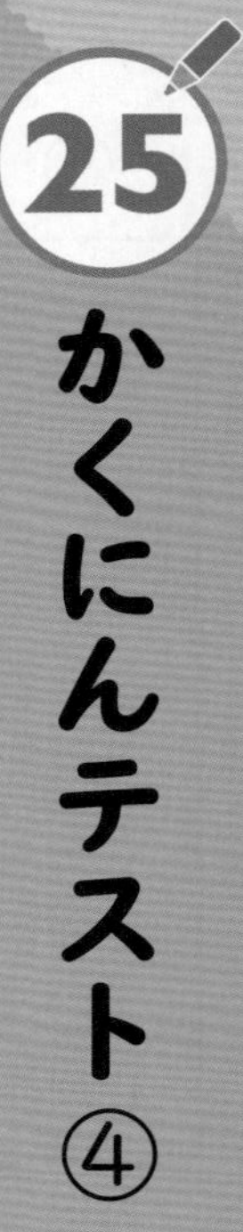

25 かくにんテスト④

名前

もくひょう 15分

月　日

とくてん　　てん

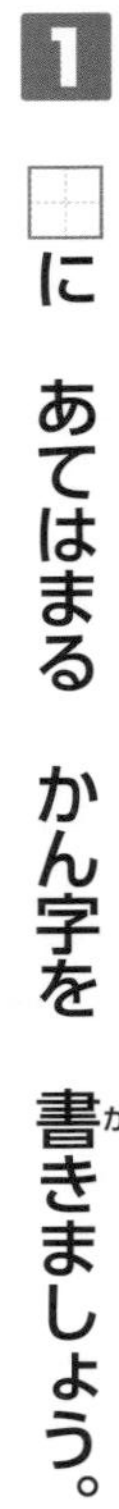

1 □に　あてはまる　かん字を　書(か)きましょう。　一つ3てん【24てん】

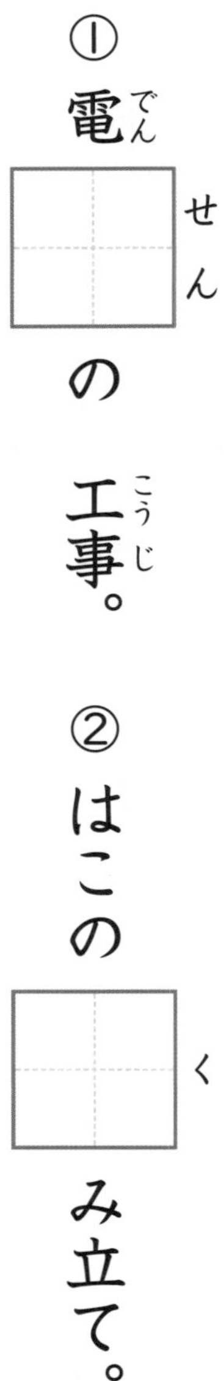

① 電(でん)［せん］の　工事(こうじ)。

② はこの［く］み立て。

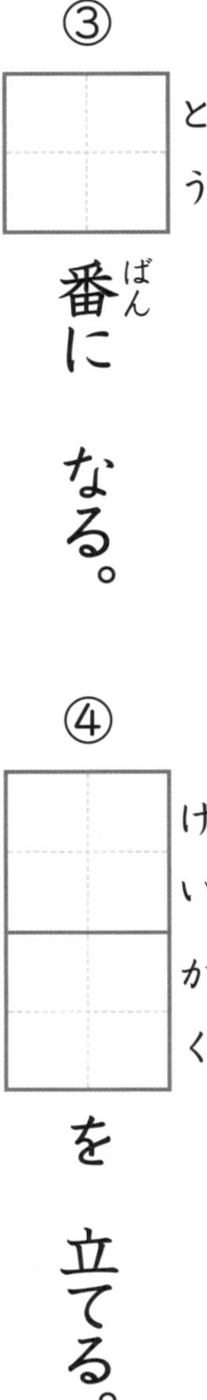

③ ［とう］番(ばん)に　なる。

④ ［けいかく］を　立てる。

⑤ ［からだ］を　うごかす。

⑥ ［てんすう］を　つける。

⑦ ［り］想(そう)の　人。

＊り想…そうありたいと　思(おも)う　さい高(こう)の　じょうたい。

⑧ 兄(あに)が［にゅうしゃ］する。

＊にゅうしゃ…会(かい)しゃに　はいる　こと。

2 ——の　ことばを、かん字と　おくりがなで（　）に　書きましょう。　一つ4てん【12てん】

① ごはんを　<u>つくる</u>。（　　）

② <u>たのしい</u>　お話(はなし)。（　　）

③ だんごを　<u>まるめる</u>。（　　）

3 ―― の かん字の 読(よ)みがなを 書きましょう。

一つ4点【40点】

① 会社（　）に 行(い)く。 人に 会（　）う。

② 声（　）えんを おくる。 声（　）を かける。

③ 三角（　）を かく。 曲(ま)がり角（　） しかの 角（　）。

④ 直（　）せつ 話(はな)す。 正直（　）に 言(い)う。 直（　）ちに やる。

4 □に 教(きょう)かの かん字を 書きましょう。

一つ4点【24点】

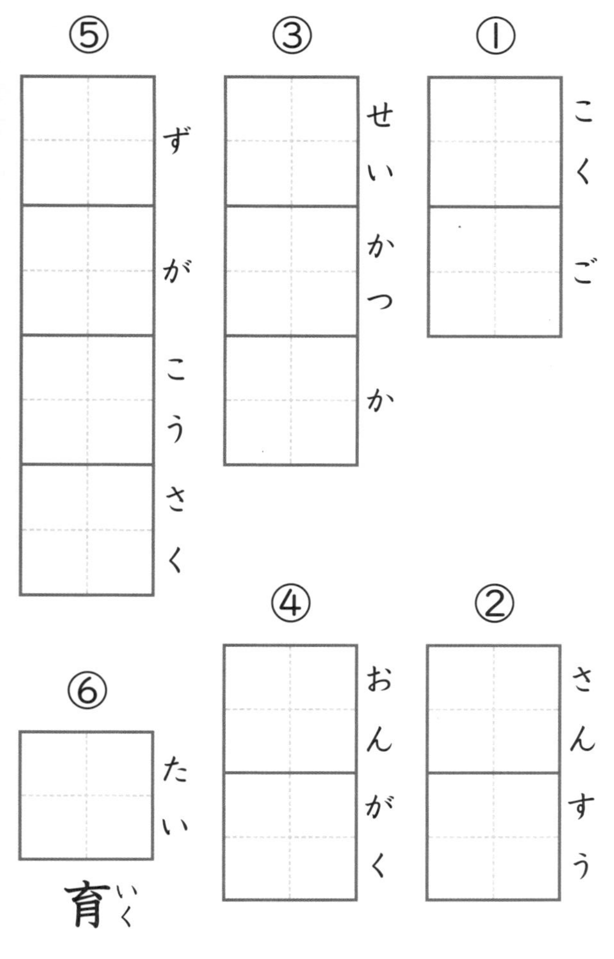

① こくご

② さんすう

③ せいかつか

④ おんがく

⑤ ずがこうさく

⑥ たいいく（育(いく)）

答え ▶ 108ページ

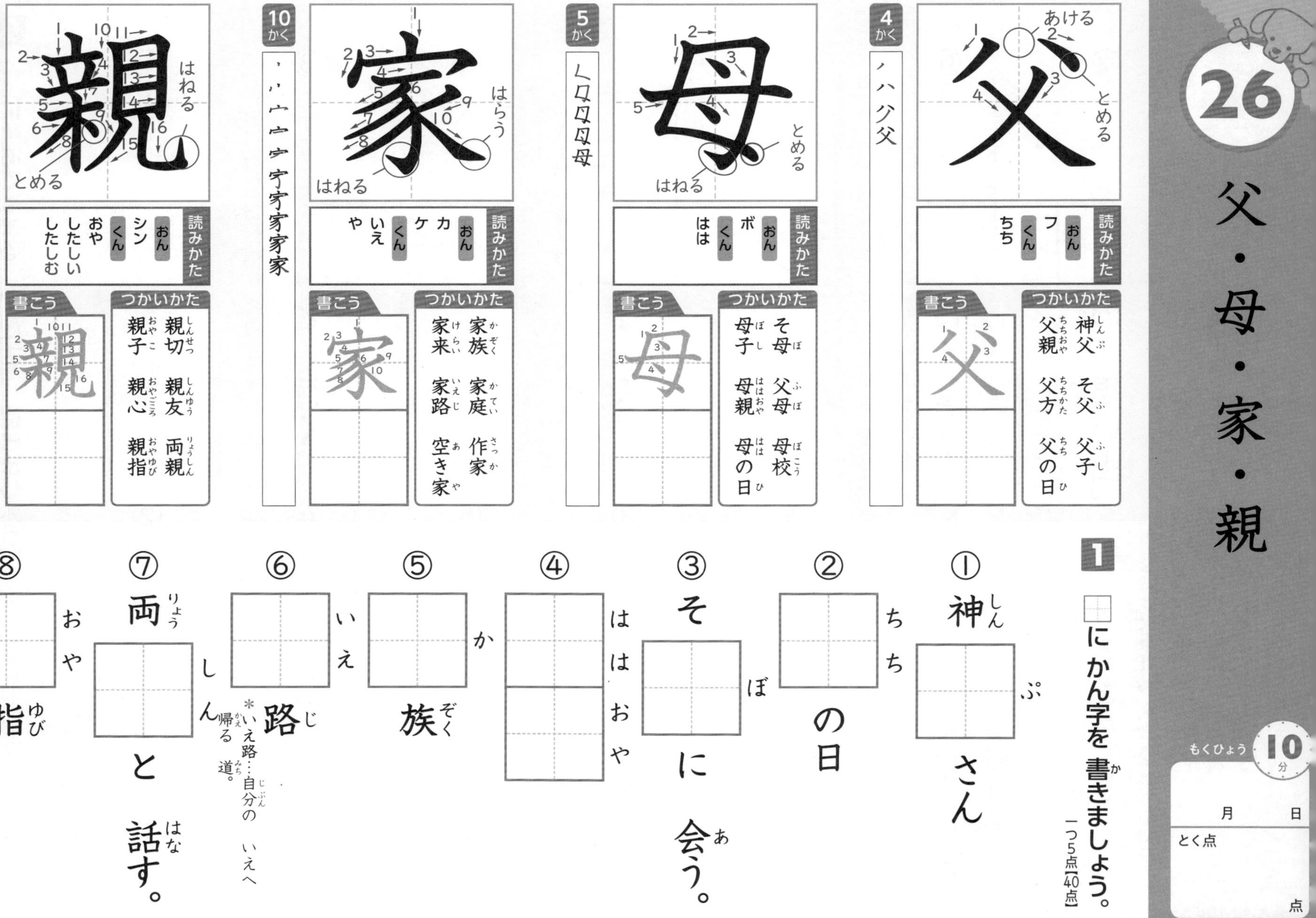

26 父・母・家・親

もくひょう 10分　月　日　とく点　点

父（4かく）

ノ ハ ク 父

読みかた　おん：フ　くん：ちち

つかいかた：神父（しんぷ）　父親（ちちおや）　そ父（ふ）　父方（ちちかた）　父子（ふし）　父（ちち）の日（ひ）

あける　とめる

母（5かく）

L Q 母 母 母

読みかた　おん：ボ　くん：はは

つかいかた：そ母（ぼ）　母子（ぼし）　父母（ふぼ）　母親（ははおや）　母校（ぼこう）　母（はは）の日（ひ）

とめる　はねる

家（10かく）

丶 丷 宀 宀 宀 宇 宇 家 家 家

読みかた　おん：カ　ケ　くん：いえ　や

つかいかた：家族（かぞく）　家来（けらい）　家庭（かてい）　家路（いえじ）　作家（さっか）　空（あ）き家（や）

はらう　はねる

親（16かく）

丶 亠 十 十 立 立 辛 辛 亲 亲 亲 新 新 新 親 親

読みかた　おん：シン　くん：おや　したしい　したしむ

つかいかた：親切（しんせつ）　親子（おやこ）　親友（しんゆう）　親心（おやごころ）　両親（りょうしん）　親指（おやゆび）

はねる　とめる

1 □にかん字を書（か）きましょう。　一つ5点【40点】

① 神（しん）□（ぷ）さん

② □□（ちち）の日

③ そ□（ぼ）に会（あ）う。

④ □□（はは）□□（おや）

⑤ □（か）族（ぞく）

⑥ □□（いえ）路（じ）

＊いえ路…自分（じぶん）の いえへ 帰（かえ）る 道（みち）。

⑦ 両（りょう）□（しん）と話（はな）す。

⑧ □□（おや）指（ゆび）

2 □に あてはまる かん字を 書き（か）ましょう。

一つ5点【60点】

① 本に □（した）しむ。

② 王の □□（けらい）。 ※答え例：来

③ □□（ちちおや）と 行（い）く。

④ □（はは）の日

⑤ 大きな □（いえ）。

⑥ 空（あ）き □（や）に なる。

⑦ □□（しんせつ）な 人。

⑧ □□（ふぼ）の 会（かい）。

⑨ そ □（ふ）と 話（はな）す。

⑩ □□（おやごころ）を 知（し）る。

＊おやごころ…おやが 子を 思（おも）う 気もち。

⑪ □□（さっか）に なりたい。

⑫ □□（ぼこう）の 思（おも）い出。

「ぼこう」は 自分（じぶん）が そつぎょうした 学こうの ことだよ。

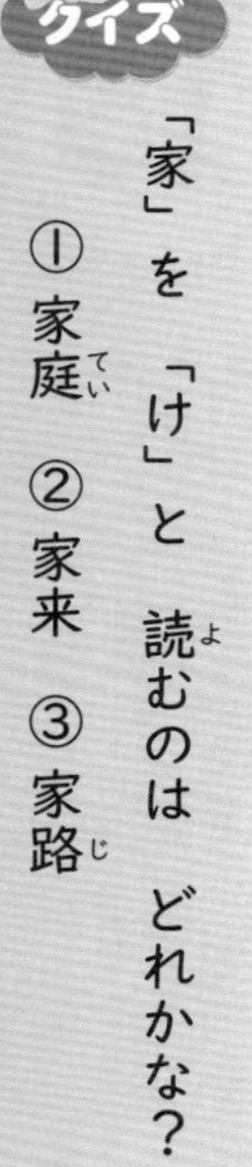

「家」を 「け」と 読（よ）むのは どれかな？

① 家庭（てい） ② 家来 ③ 家路（じ）

答え ▶ 108ページ

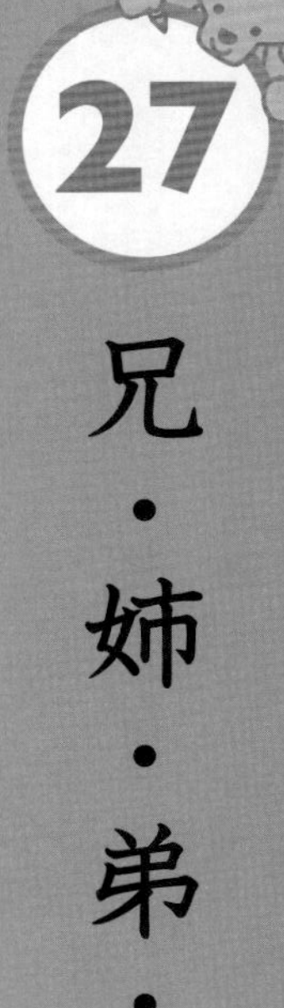

27 兄・姉・弟・妹

もくひょう 10分

月　日

とく点　　点

兄

5かく　丨 口 口 尸 兄

読みかた　おん：キョウ（ケイ）　くん：あに

つかいかた　兄弟（きょうだい）　兄（あに）よめ

書こう　兄

姉

8かく　く 女 女 女' 女^ 女⁺ 姉 姉

読みかた　おん：（シ）　くん：あね

つかいかた　姉様人形（あねさまにんぎょう）

書こう　姉

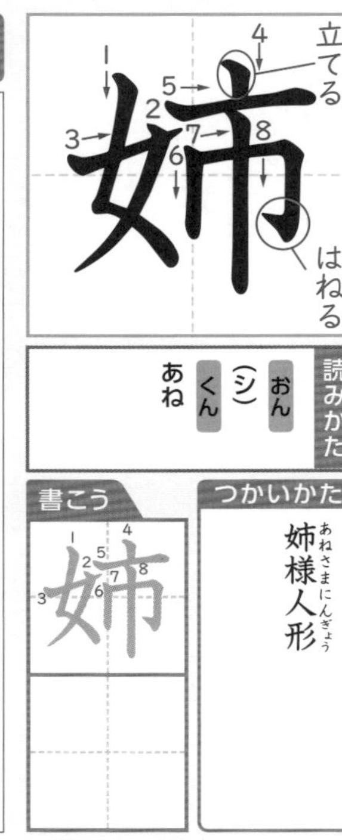

弟

7かく　丶 丷 丷 当 肖 弟 弟

読みかた　おん：ダイ（テイ）（デ）　くん：おとうと

つかいかた　兄弟（きょうだい）げんか　弟思（おとうとおも）い　弟分（おとうとぶん）

書こう　弟

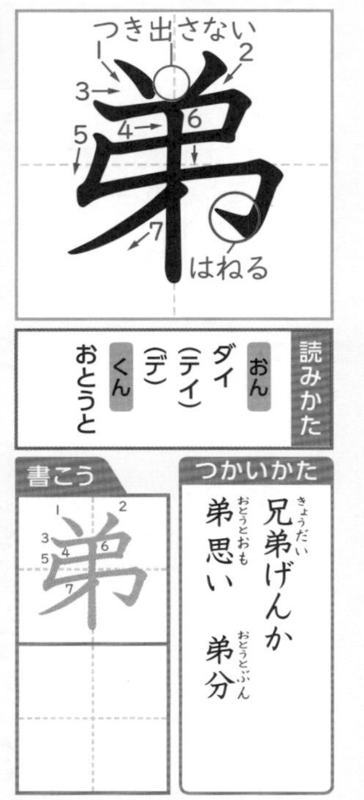
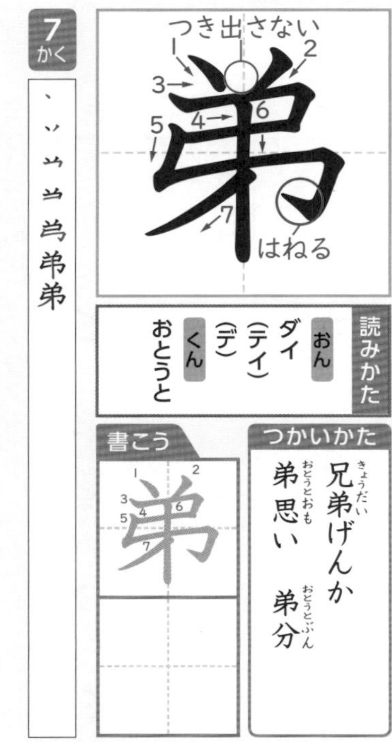

妹

8かく　く 女 女 女一 女二 妹 妹 妹

読みかた　おん：（マイ）　くん：いもうと

つかいかた　妹思（いもうとおも）い　妹分（いもうとぶん）

書こう　妹

1　□にかん字を書（か）きましょう。　一つ5点【40点】

① □□（きょうだい）

② □（あに）よめ

③ □（あね）様人形（さまにんぎょう）

④ □（あね）とあそぶ。

⑤ □□（きょうだい）げんか

⑥ □□（おとうとぶん）

⑦ □□（いもうとおも）い

⑧ □□（いもうとぶん）

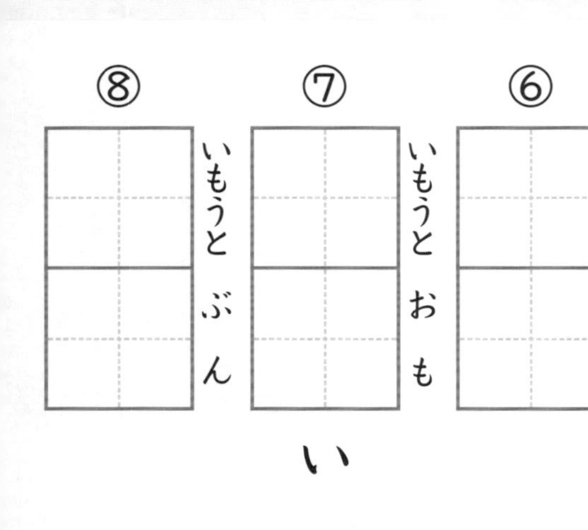

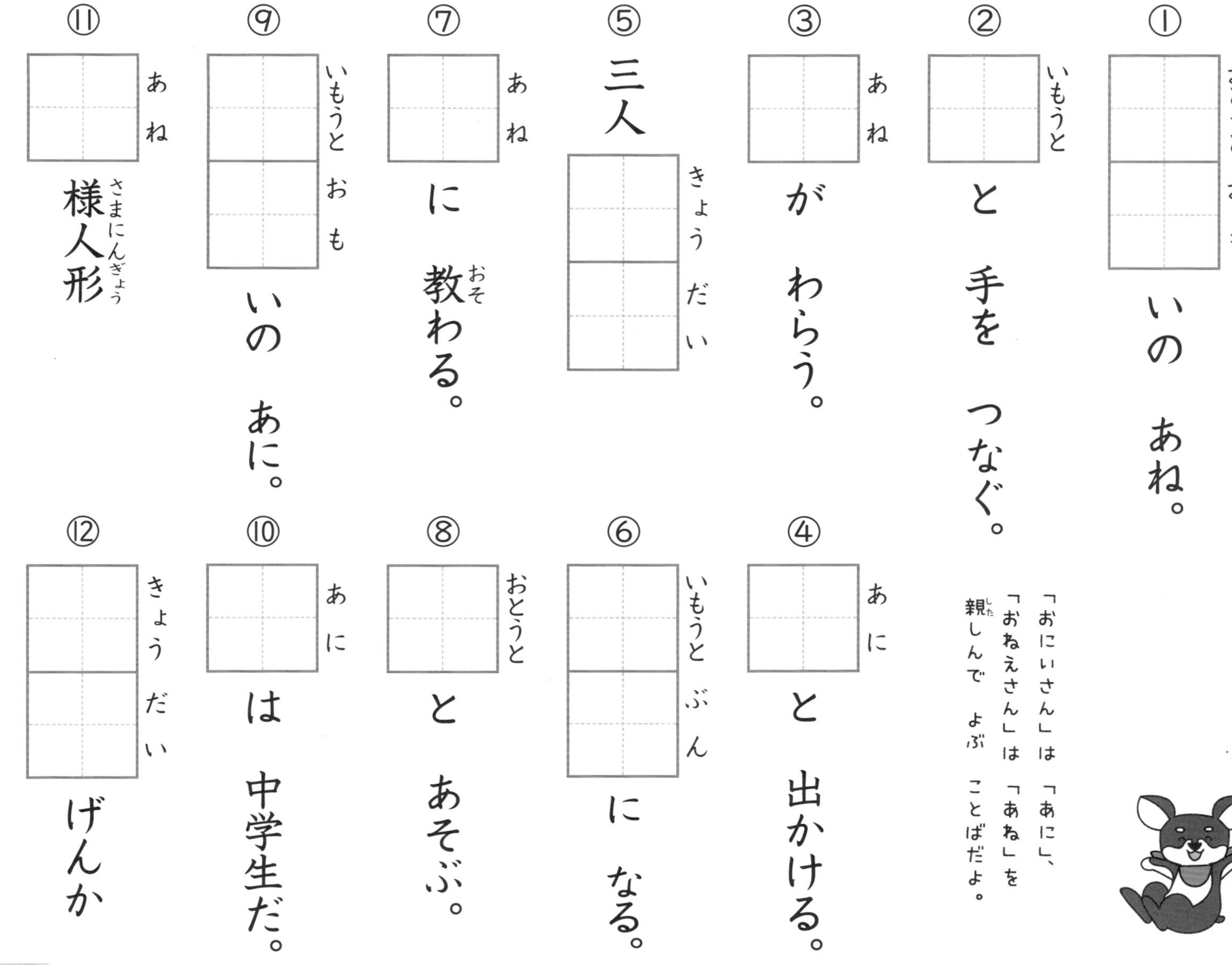

2 □に　あてはまる　かん字を　書きましょう。 一つ5点【60点】

① □□（おとうと）（おも）いの　あね。

② □（いもうと）と　手を　つなぐ。

「おにいさん」は「あに」、「おねえさん」は「あね」を親しんで　よぶ　ことばだよ。

③ □（あね）が　わらう。

④ □（あに）と　出かける。

⑤ 三人□□（きょうだい）

⑥ □□（いもうと）（ぶん）に　なる。

⑦ □（あね）に　教わる。

⑧ □（おとうと）と　あそぶ。

⑨ □□（いもうと）（おも）いの　あに。

⑩ □（あに）は　中学生だ。

⑪ □（あね）様人形

⑫ □□（きょうだい）げんか

クイズ
「弟」は　何画で　書くかな？
①7画　②8画　③9画

答え ▶ 108ページ

28 春・夏・秋・冬

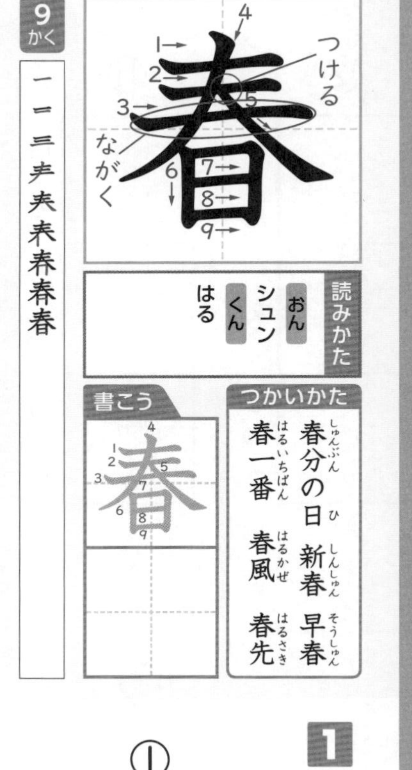

9かく 一 二 三 声 夫 夫 春 春 春

読みかた おん シュン くん はる

書こう 春

つかいかた 春分(しゅんぶん)の日(ひ) 新春(しんしゅん) 早春(そうしゅん) 春一番(はるいちばん) 春風(はるかぜ) 春先(はるさき)

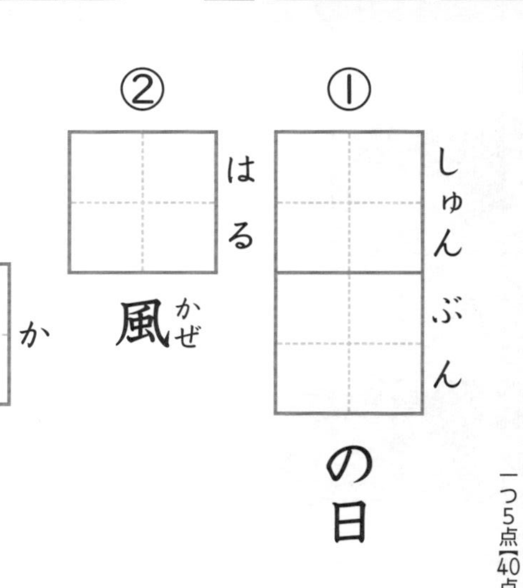

10かく 一 丆 丆 丙 百 百 百 頁 夏 夏

読みかた おん カ (ゲ) くん なつ

書こう 夏

つかいかた しょ夏(か) せい夏(か) 夏祭(なつまつ)り 夏休(なつやす)み 真夏(まなつ)

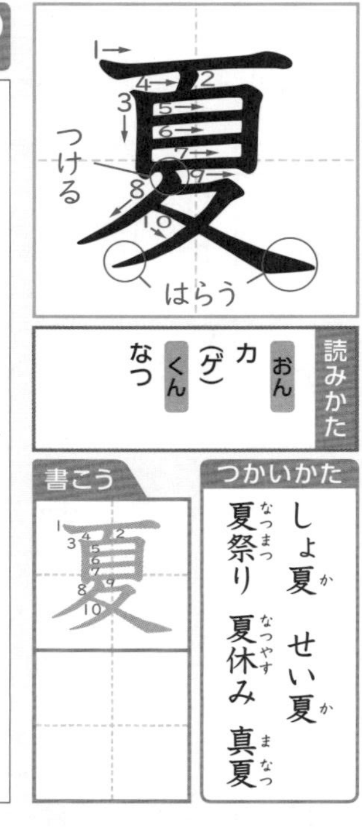

9かく 丿 二 千 千 禾 禾 禾' 秒 秋

読みかた おん シュウ くん あき

書こう 秋

つかいかた 秋分(しゅうぶん)の日(ひ) ばん秋(しゅう) 秋風(あきかぜ) 秋空(あきぞら) 秋晴(あきば)れ

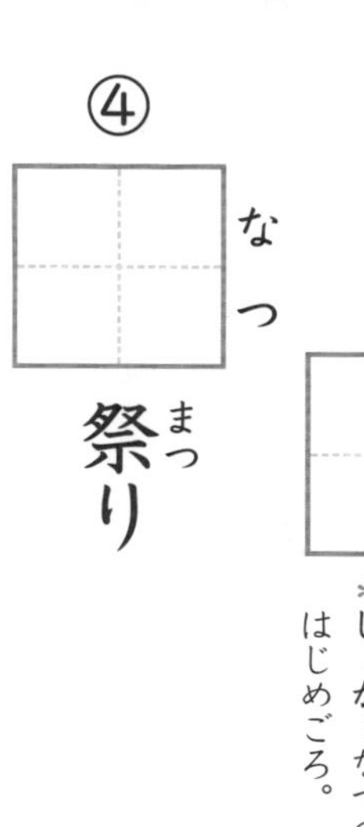

5かく 丿 ク 夂 冬 冬

読みかた おん トウ くん ふゆ

書こう 冬

つかいかた 春夏秋冬(しゅんかしゅうとう) 冬(とう)みん 冬物(ふゆもの) 冬山(ふゆやま) 真冬(まふゆ)

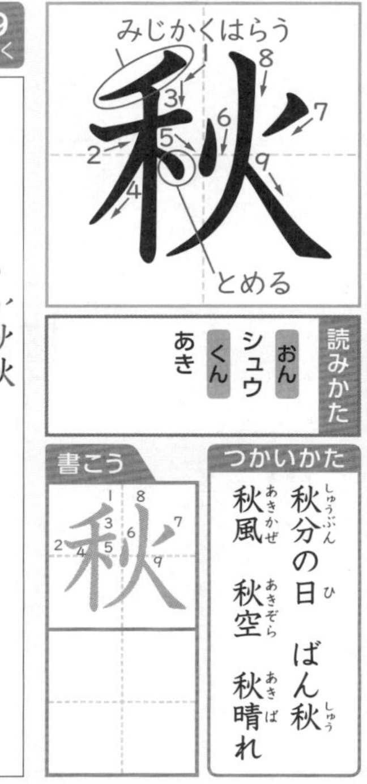

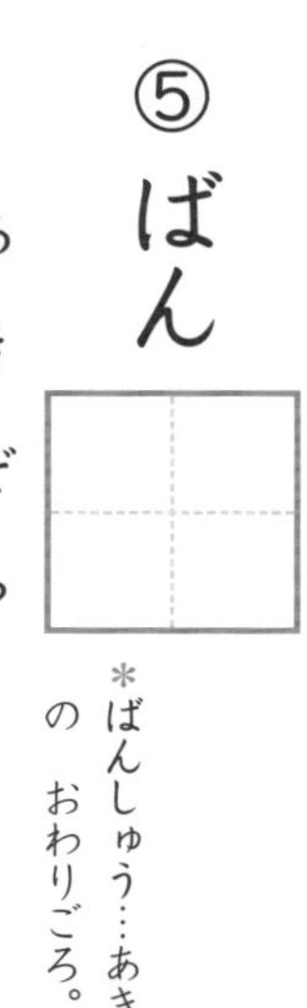

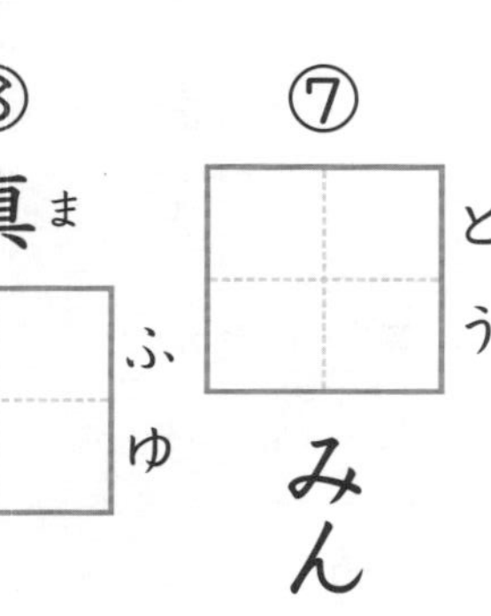

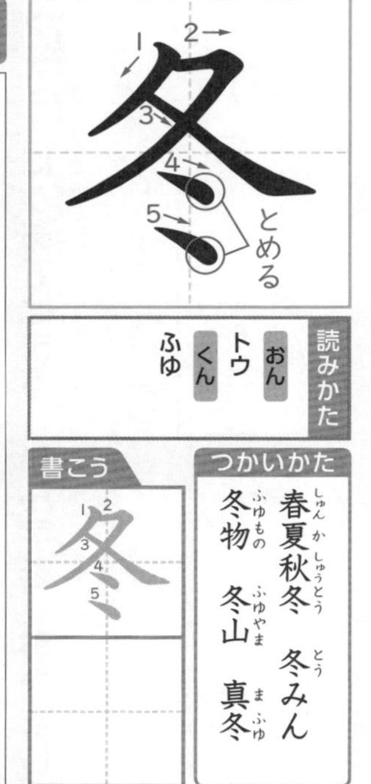

1 □にかん字を書(か)きましょう。 一つ5点【40点】

① しゅんぶん の日

② はる 風(かぜ)

③ しょ か

＊しょか…なつのはじめごろ。

④ なつ 祭(まつ)り

⑤ ばん しゅう

＊ばんしゅう…あきのおわりごろ。

⑥ あきぞら

⑦ とう みん

⑧ 真(ま) ふゆ

2 □に あてはまる かん字を 書きましょう。 一つ5点【60点】

① □□（なつやす）み

② □風（あきかぜ）が ふく。

③ □（ふゆ）物の ふく。

④ □□（はるさき）の 天気。

⑤ □□（しゅうぶん）の日

⑥ 真□（なつ）の あつさ。

⑦ □□（そうしゅん）の ころ。

⑧ □晴（あきば）れ

⑨ □□（ふゆやま）に のぼる。

⑩ せい□（か）の ころ。

＊せいか…なつの 一番 あつい 時期。

⑪ □□番（はるいちばん）が ふく。

＊はるいち番…はるに はじめて ふく 強い 風。

⑫ □□□□（しゅんかしゅうとう）

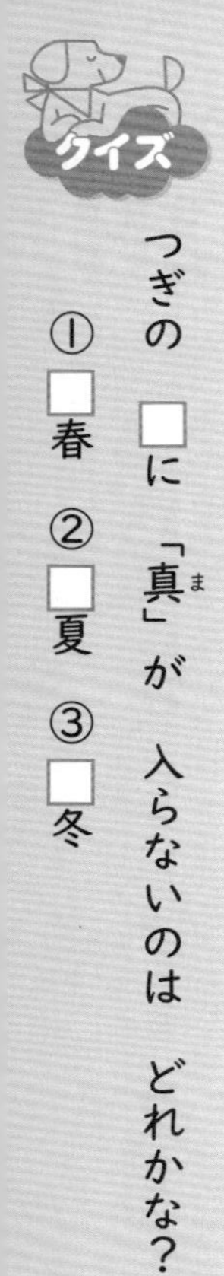

クイズ

つぎの □に 「真」が 入らないのは どれかな？

① □春 ② □夏 ③ □冬

答え ▶ 108ページ

29 行・来・強・弱

もくひょう 10分　月　日　とく点　点

行（6かく）

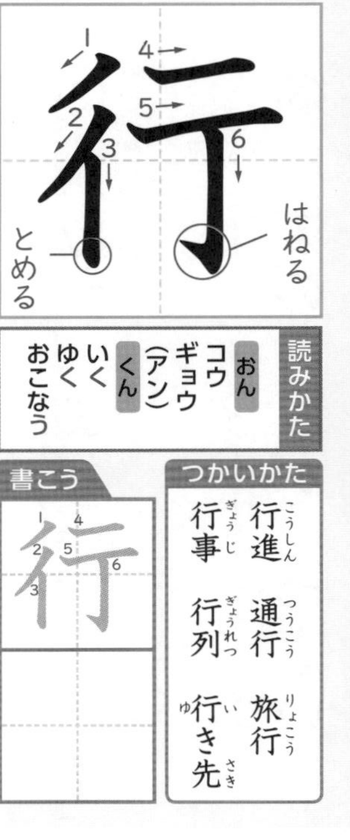

ノ 彳 彳 彳 行 行

読みかた　おん：コウ　ギョウ　（アン）　くん：いく　ゆく　おこなう

つかいかた：行進（こうしん）　行事（ぎょうじ）　通行（つうこう）　行列（ぎょうれつ）　旅行（りょこう）　行き先（ゆきさき／いきさき）

書こう

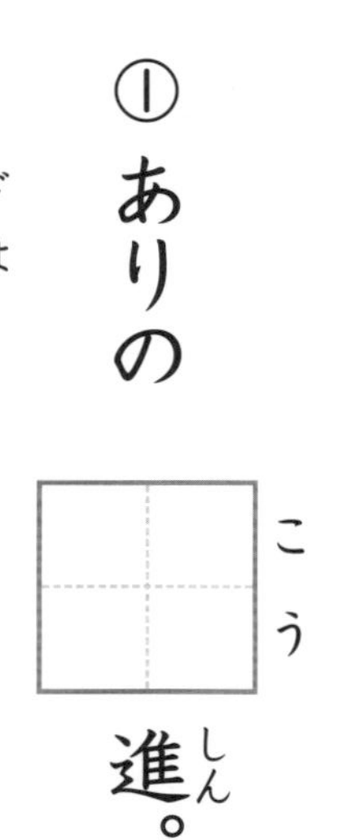

来（7かく）

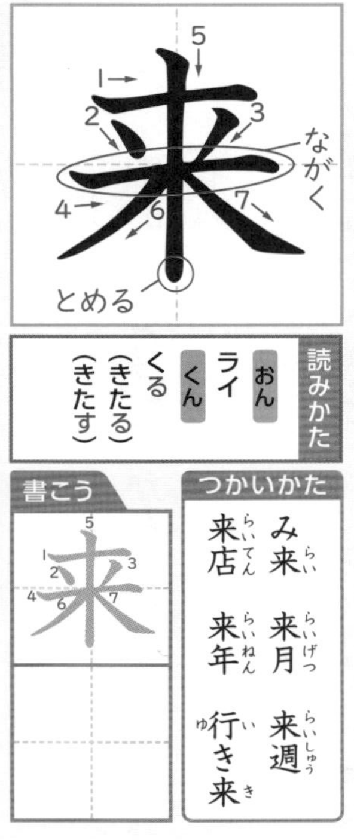

一 ㄧ 𠃌 立 平 来 来

読みかた　おん：ライ　くん：くる　（きたる）　（きたす）

つかいかた：み来（らい）　来店（らいてん）　来月（らいげつ）　来年（らいねん）　来週（らいしゅう）　行き来（ゆきき／いきき）

書こう

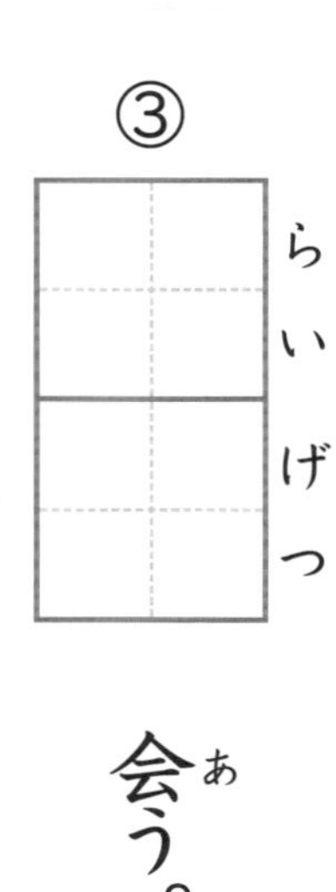

強（11かく）

ㇹ コ 弓 弘 弘 弘 弘 弘 強 強 強

読みかた　おん：キョウ　（ゴウ）　くん：つよい　つよまる　つよめる　（しいる）

つかいかた：強てき（きょうてき）　勉強（べんきょう）　強風（きょうふう）　強がり（つよがり）　強力（きょうりょく）　強気（つよき）

書こう

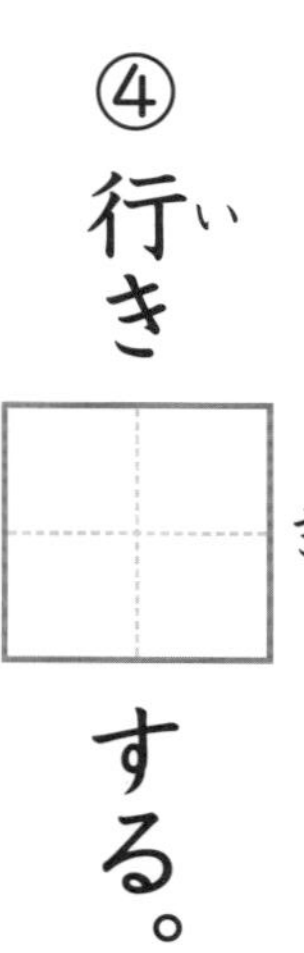

弱（10かく）

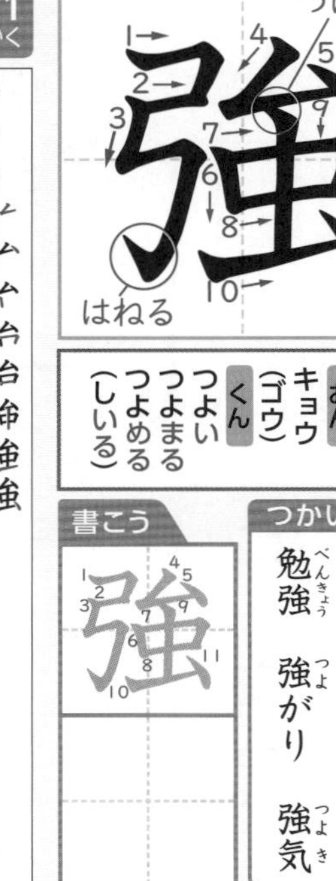

ㇹ コ 弓 弓 弓 弓 弓 弱 弱 弱

読みかた　おん：ジャク　くん：よわい　よわる　よわまる　よわめる

つかいかた：強弱（きょうじゃく）　弱気（よわき）　弱小（じゃくしょう）　弱音（よわね）　弱点（じゃくてん）　弱虫（よわむし）

書こう

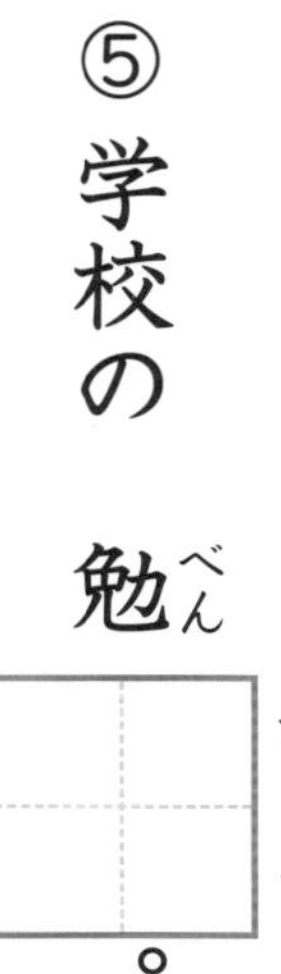

1 □にかん字を書きましょう。　一つ5点【40点】

① ありの［こう］進（しん）。

② ［ぎょう］列（れつ）にならぶ。

③ ［らいげつ］会（あ）う。

④ 行（い）き［き］する。

⑤ 学校の勉（べん）［きょう］。

⑥ ［つよ］がりを言（い）う。

⑦ ［じゃくてん］

⑧ ［よわき］

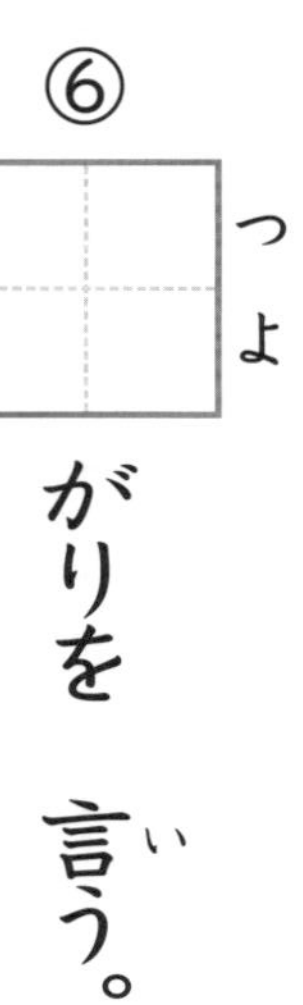

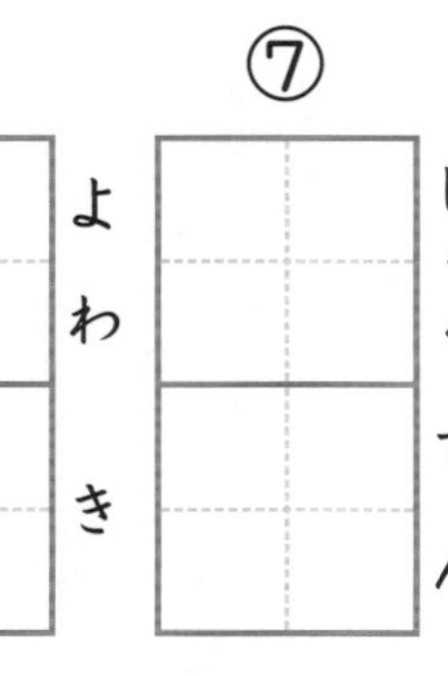

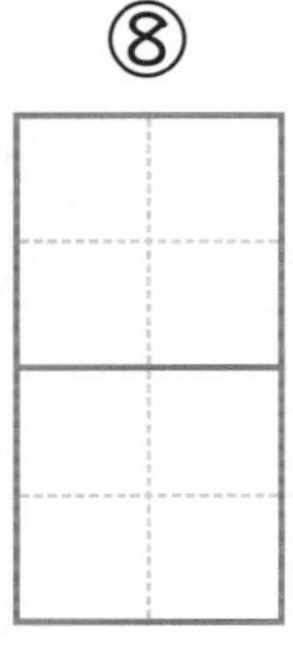

2 □に あてはまる かん字を 書きましょう。

一つ6点【42点】

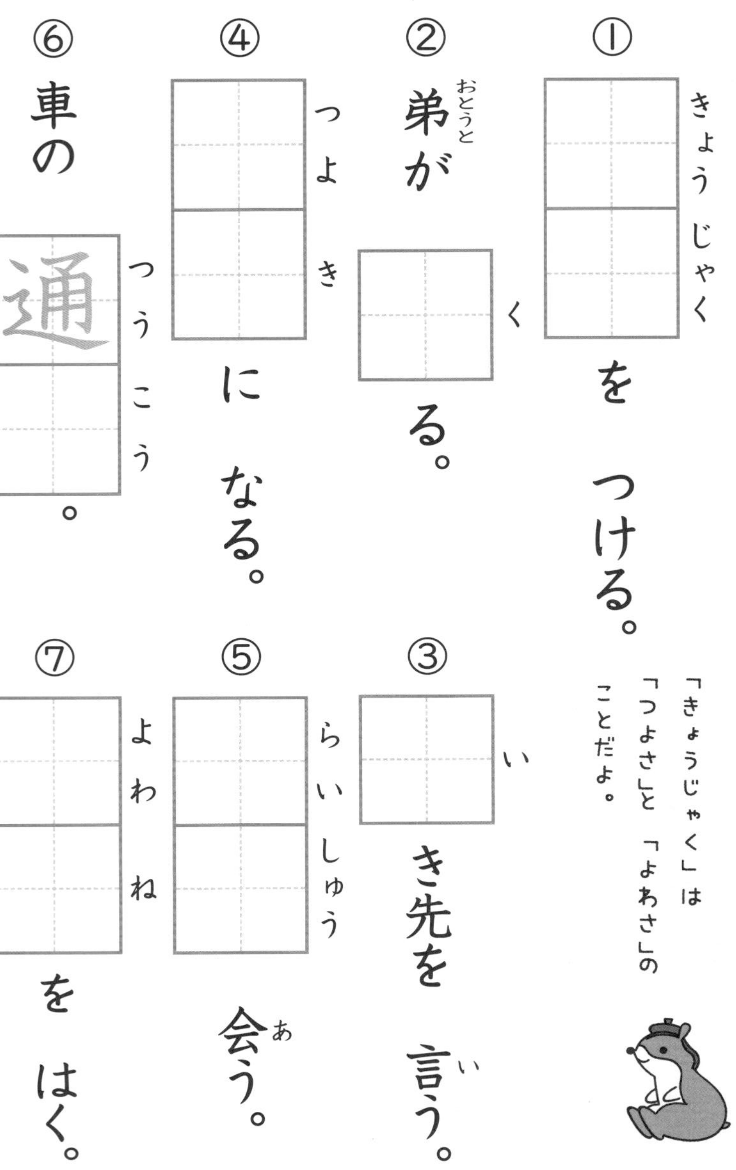

① □□（きょうじゃく）を つける。

「きょうじゃく」は「つよさ」と「よわさ」のことだよ。

② 弟（おとうと）が □（く）る。

③ □（い）き先を 言（い）う。

④ □□（つよき）に なる。

⑤ □□（らいしゅう）会（あ）う。

⑥ 車の 通□（つうこう）。

⑦ □□（よわね）を はく。

3 ――の ことばを、かん字と ひらがなで （　）に 書きましょう。

一つ6点【18点】

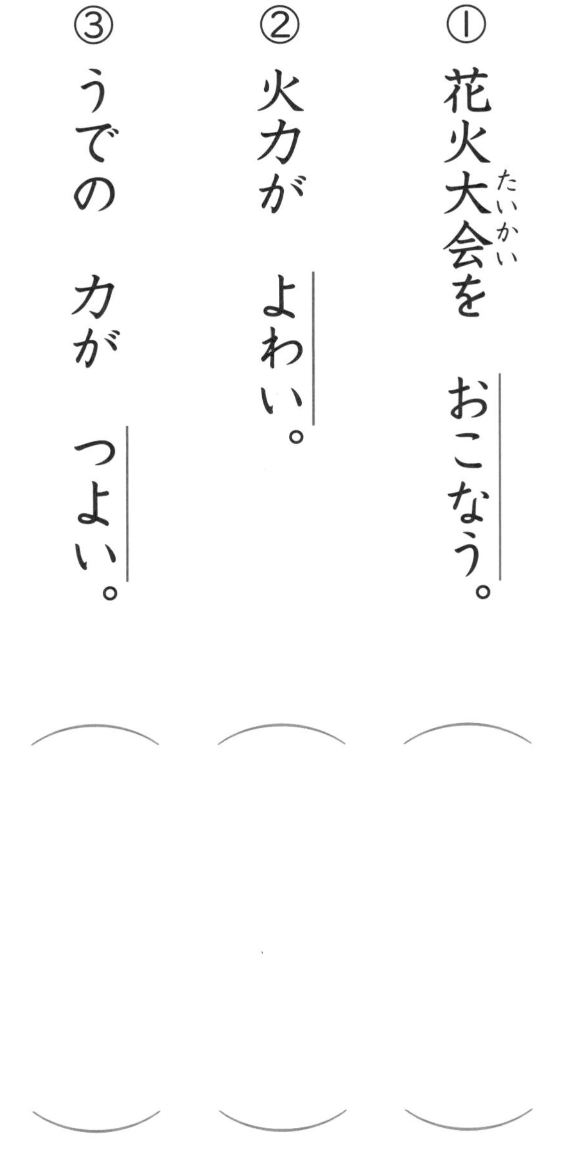

① 花火大会（たいかい）を おこなう。（　　）

② 火力が よわい。（　　）

③ うでの 力が つよい。（　　）

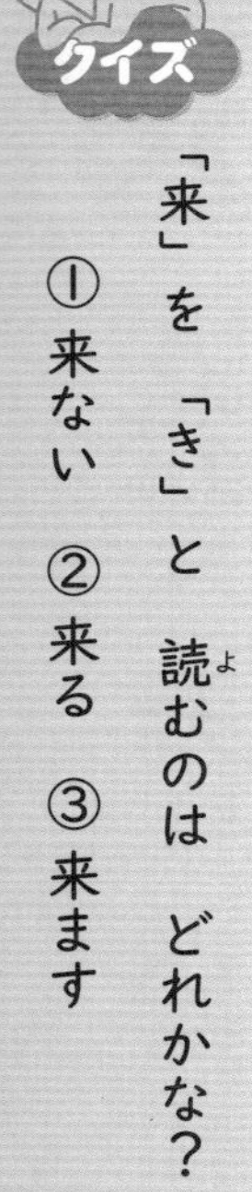

クイズ

「来」を 「き」と 読（よ）むのは どれかな？

① 来ない　② 来る　③ 来ます

答え ▶ 108ページ

30 公・園・交・番

公

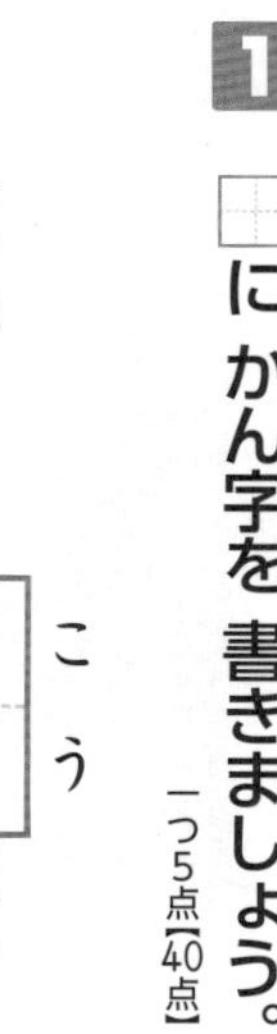

4かく　ノ 八 公 公

読みかた　おん　コウ　くん　（おおやけ）

つかいかた　公開（こうかい）　公平（こうへい）　公式（こうしき）　公立（こうりつ）　公正（こうせい）　主人公（しゅじんこう）

書こう

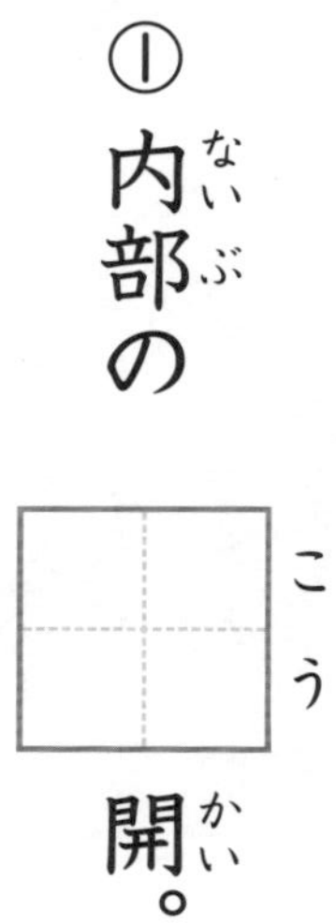

園

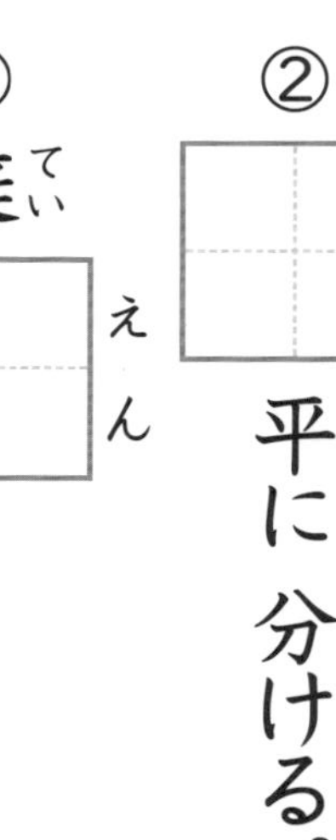

13かく

読みかた　おん　エン　くん　（その）

つかいかた　園長（えんちょう）　動物園（どうぶつえん）　公園（こうえん）　遊園地（ゆうえんち）　庭園（ていえん）

書こう

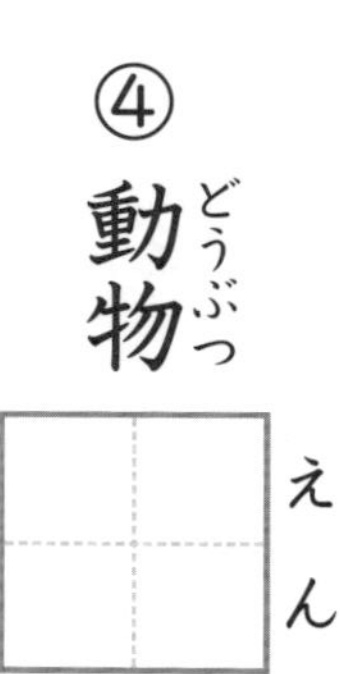

交

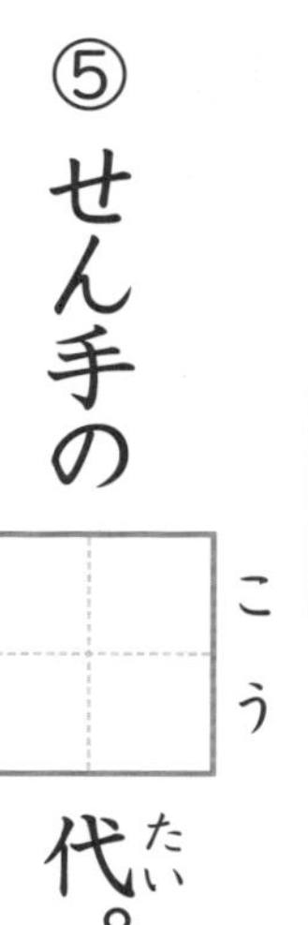

6かく　丶 亠 ナ 六 㐅 交

読みかた　おん　コウ　くん　まじわる　まじえる　まじる　まざる　まぜる　（かう）（かわす）

つかいかた　交かん（こう）　交通（こうつう）　交さ点（こうさてん）　交番（こうばん）　交代（こうたい）　かな交じり（ま）

書こう

番

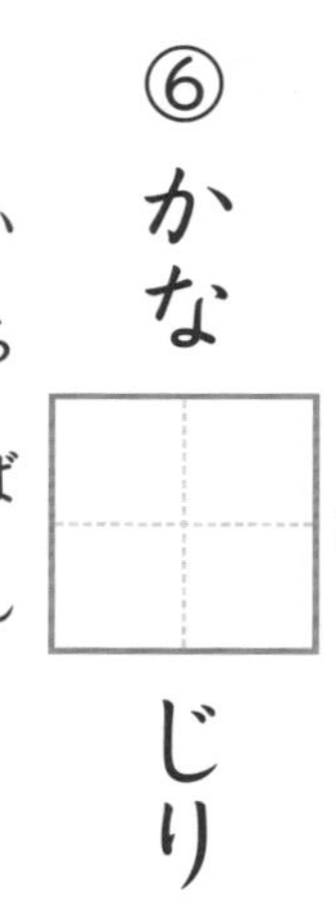

12かく

読みかた　おん　バン　くん　―

つかいかた　一番（いちばん）　番号（ばんごう）　じゅん番　門番（もんばん）　当番（とうばん）　るす番（ばん）

書こう

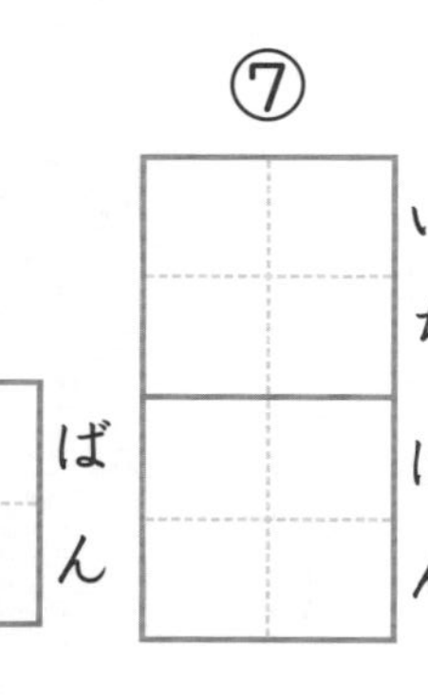

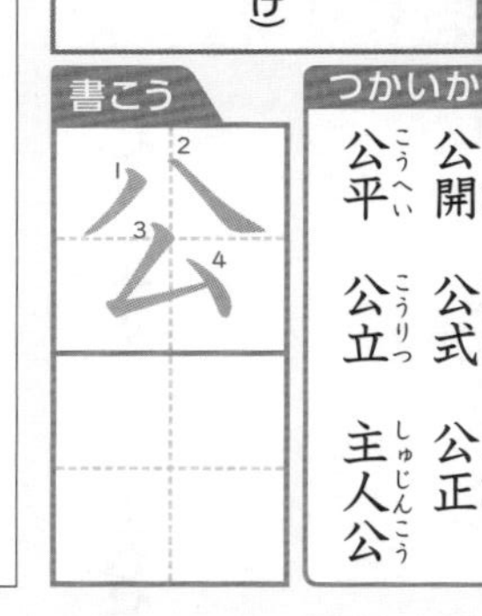

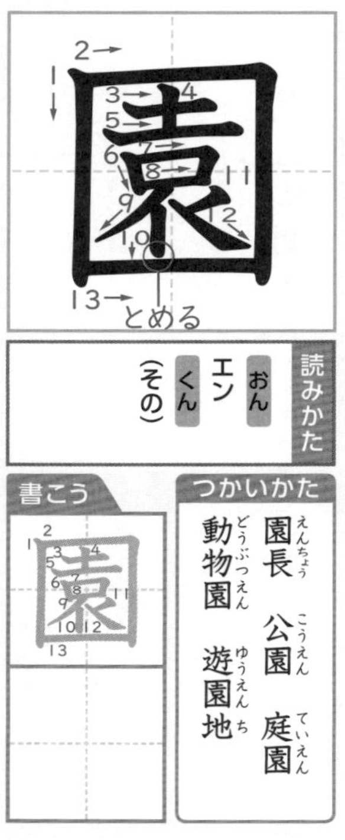

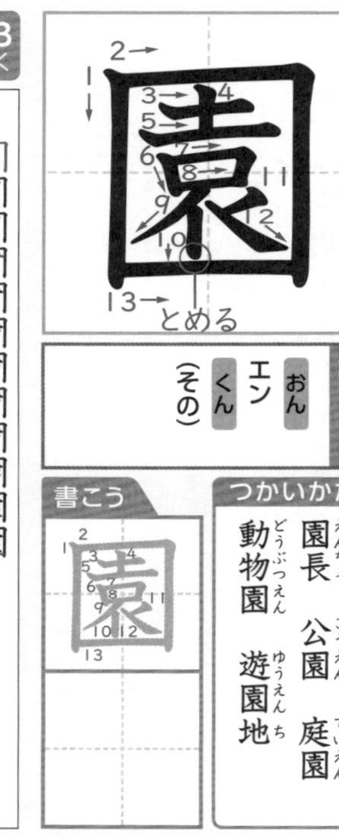

1 □にかん字を書（か）きましょう。　一つ5点【40点】

① 内部（ないぶ）の □（こう）開（かい）。

② □（こう）平（へい）に分（わ）ける。

③ 庭（てい）□（えん）

④ 動物（どうぶつ）□（えん）

⑤ せん手の □（こう）代（たい）。

⑥ かな □（ま）じり

⑦ □□（いちばん）

⑧ るす □（ばん）

2 □に あてはまる かん字を 書きましょう。

一つ5点【60点】

① 行列(ぎょうれつ)に □□(ま)ざる。

② □□(こうえん)に 行(い)く。

③ しろの □□(もんばん)。

④ 主(しゅ)□□(じんこう)

⑤ □□(えんちょう)先生

⑥ 町の □□(こうばん)。

⑦ □□(こうせい)に 行(おこな)う。

＊こうせい…かたよりが なくて ただしい こと。

⑧ 遊(ゆう)□地(えんち)

⑨ じゅん □(ばん) まち

⑩ 道(みち)が □(まじ)わる。

⑪ □通(こうつう)じこを ふせぐ。

⑫ □□(こうりつ)の 小学校。

＊こうりつ…都道(とどう)ふ県(けん)や 市町村(しちょうそん)などが つくって うんえいして いく こと。

「まじわる」を かん字と ひらがなで 正しく 書いた ものは どれかな？

① 交じわる ② 交わる ③ 交る

答え ▶ 108ページ

31 寺・里・京・室

もくひょう 10分

月　日　とく点　点

寺（6かく）

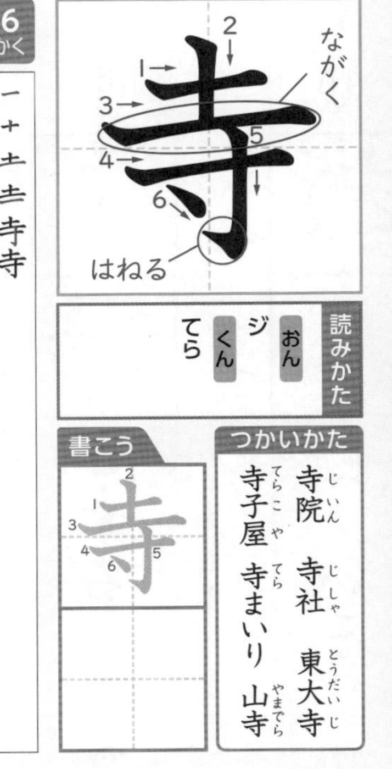

一 十 土 𡈽 寺 寺

読みかた　おん ジ　くん てら

つかいかた　寺院（じいん）　寺社（じしゃ）　東大寺（とうだいじ）　寺子屋（てらこや）　寺まいり（てらまいり）　山寺（やまでら）

書こう　寺

里（7かく）

丨 冂 日 日 甲 甲 里

読みかた　おん リ　くん さと

つかいかた　きょう里（り）　千里（せんり）　里いも（さといも）　里帰り（さとがえり）　人里（ひとざと）　村里（むらざと）

書こう　里

京（8かく）

丶 亠 亠 亡 古 亨 亨 京

読みかた　おん キョウ（ケイ）　くん ―

つかいかた　京都（きょうと）　京人形（きょうにんぎょう）　東京（とうきょう）　京風（きょうふう）　上京（じょうきょう）

書こう　京

室（9かく）

丶 丶 宀 宀 宀 宏 宏 室 室

読みかた　おん シツ　くん (むろ)

つかいかた　温室（おんしつ）　客室（きゃくしつ）　教室（きょうしつ）　室内（しつない）　図書室（としょしつ）　理科室（りかしつ）

書こう　室

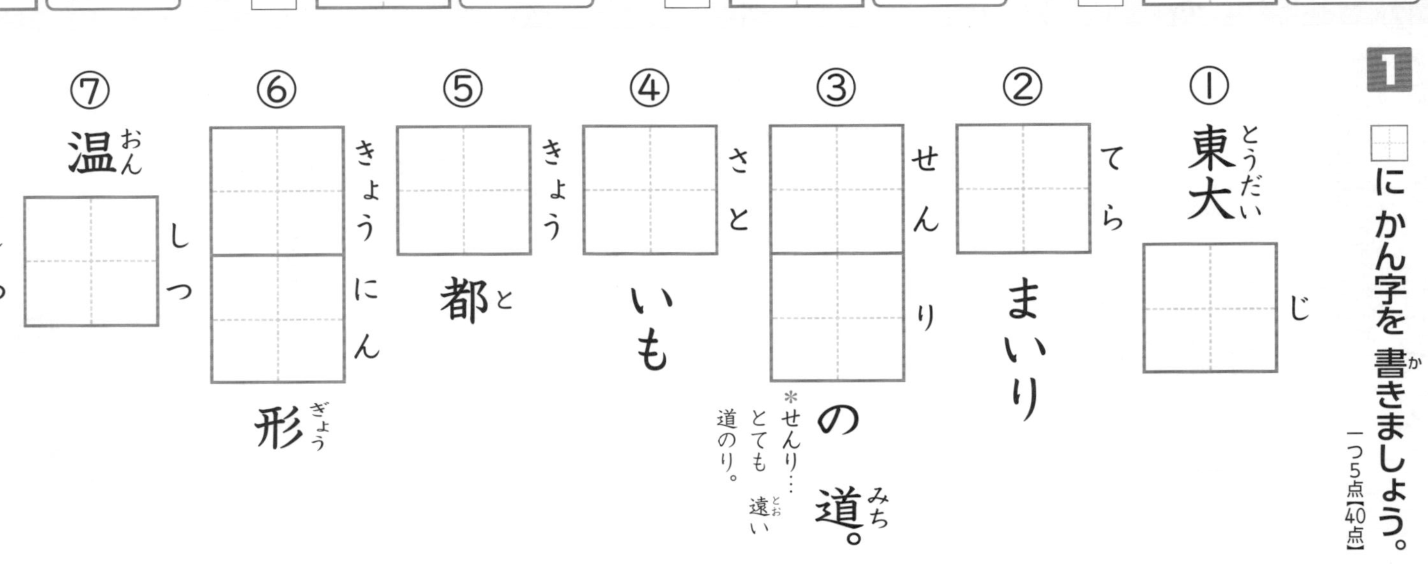

1 □にかん字を書きましょう。　一つ5点【40点】

① 東大（とうだい）□（じ）

② □（てら）まいり

③ □□（せんり）の道（みち）。
＊せんり…とても遠（とお）い道のり。

④ □（さと）いも

⑤ □（きょう）都と

⑥ □□（きょうにん）形（ぎょう）

⑦ 温（おん）□（しつ）

⑧ 客（きゃく）□（しつ）

2 □に あてはまる かん字を 書きましょう。

一つ5点【60点】

① □□（てらこ）屋で 学ぶ。

＊てらこ屋…えど時代の 文字や そろばんを 教える ところ。

② しずかな □□（むらざと）。

③ □□（しつない）に 入る。

④ □□（とうきょう）に 行く。

⑤ □（じ）院の 見学。

⑥ 母の きょう □（り）。

＊きょうり…ふるさと。

⑦ □書□（としょしつ）

⑧ □風（きょうふう）の あじ。

⑨ □帰（さとがえ）りする

⑩ 古い □□（やまでら）

⑪ 教□（きょうしつ）に いる。

⑫ □□（じょうきょう）する

＊じょうきょう…地方から とうきょうに 行く こと。

「てらこ屋」は、今の 学校のような 場所だよ。

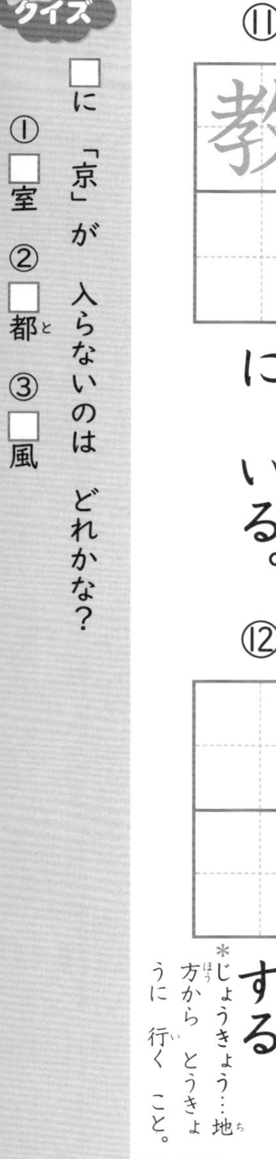

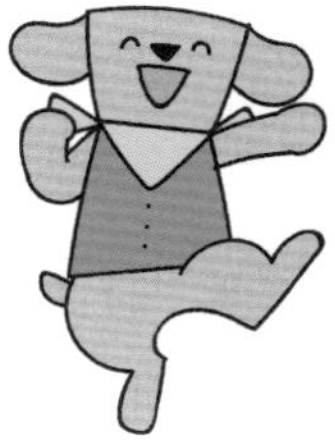

□に 「京」が 入らないのは どれかな？

① □室 ② □都 ③ □風

答え ▶ 108ページ

32 かくにんテスト⑤

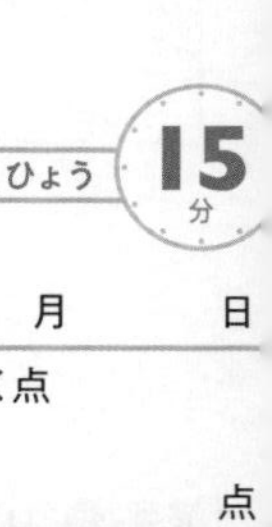

1 □に あてはまる かん字を 書(か)きましょう。 一つ4点【28点】

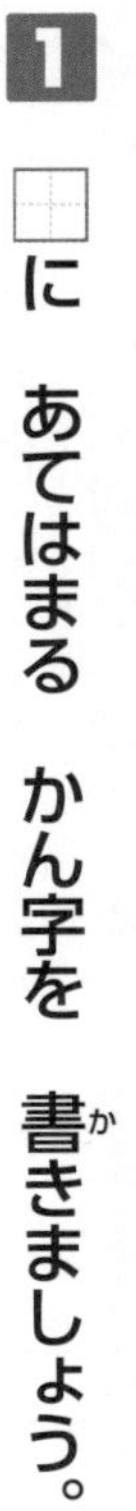

① □□（ひとざと） を はなれて くらす。

② □□□（りかしつ）

③ □□（とうきょう） の みやげ。

④ □□（とうばん） に なる。

⑤ □□（えんちょう） 先生

⑥ □□（じしゃ） めぐり

※じしゃ…てらや じんじゃ。

⑦ □（こう） 式(しき)の 記(き)ろく。

※こう式…ある だん体などに よって みとめられて いる こと。

2 ——の ことばを、かん字と ひらがなで（ ）に 書きましょう。 一つ4点【12点】

① お楽(たの)しみ会(かい)を __おこなう__。（ ）

② 風(かぜ)が __よわまる__。（ ）

③ __したしい__ 友(とも)だち。（ ）

3 ――の かん字の 読(よ)みがなを 書(か)きましょう。 一つ2点【12点】

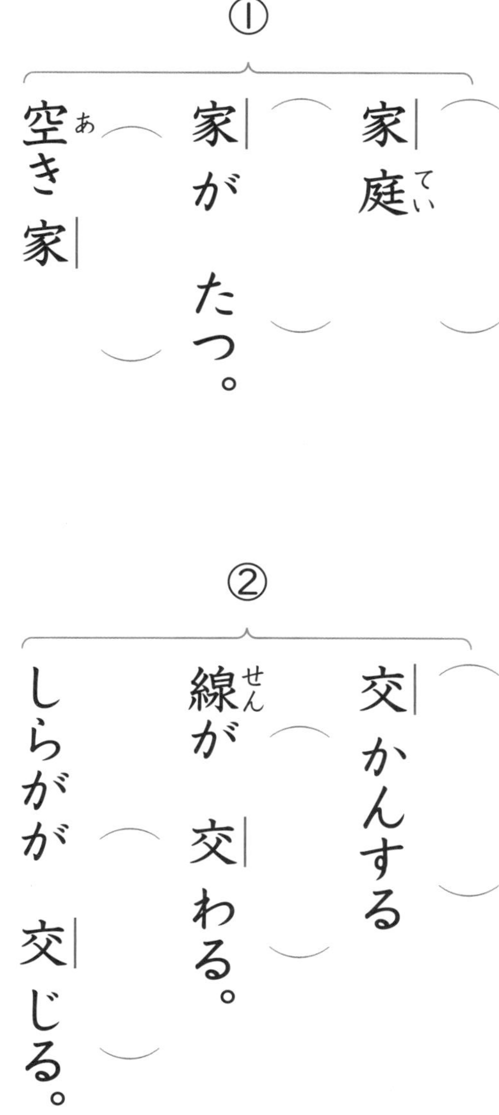

① 家(　)庭(てい)(　)　家(　)が たつ。　空(あ)き家(　)

② 交(　)かんする　線(せん)が 交(　)わる。　しらがが 交(　)じる。

4 上下が はんたいの いみに なるように、□に かん字を 書きましょう。 一つ3点【18点】

① □(おや) ↔ □(こ)

② □(つよ)い ↔ □(よわ)い

③ □(い)く ↔ □(く)る

5 □に ①・②の なかまの かん字を 書きましょう。 一つ3点【30点】

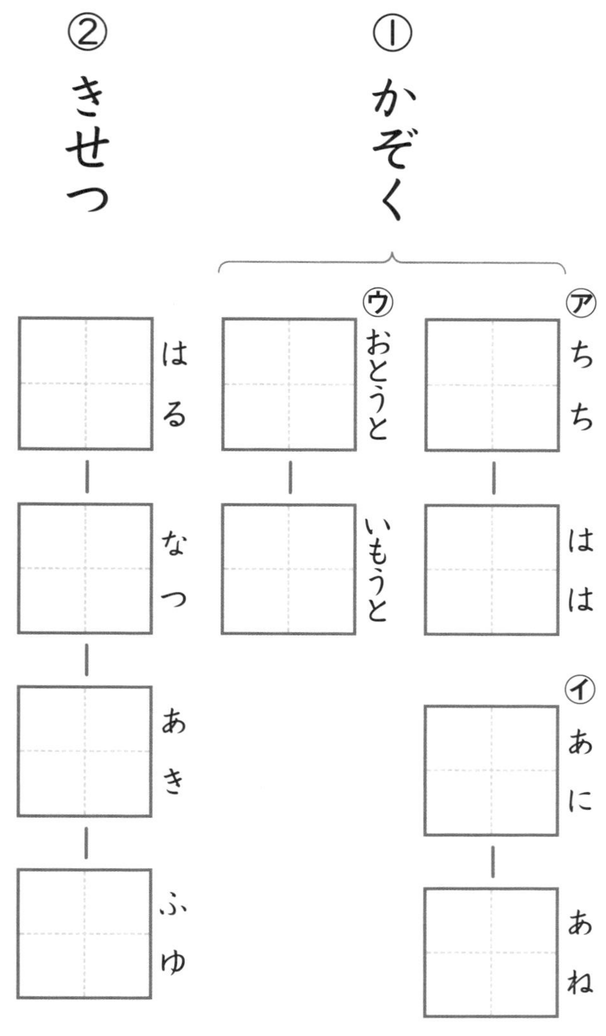

① かぞく

㋐ □(ちち)―□(はは)

㋑ □(あに)―□(あね)

㋒ □(おとうと)―□(いもうと)

② きせつ

□(はる)―□(なつ)―□(あき)―□(ふゆ)

答え ▶ 108ページ

33 色・黄・黒・茶

もくひょう 10分

月　日

とく点　　点

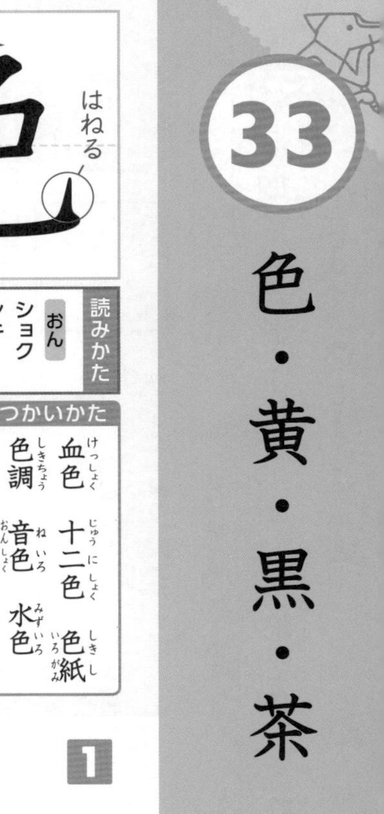

色（6かく）

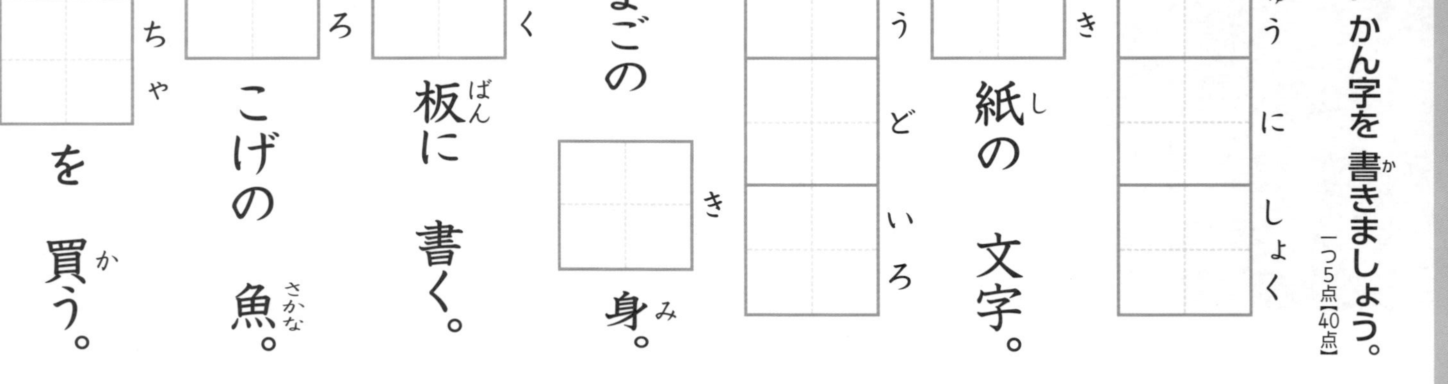

読みかた　おん：シキ・ショク　くん：いろ

つかいかた：血色（けっしょく）　十二色（じゅうにしょく）　色紙（しきし）　色調（しきちょう）　音色（ねいろ）　水色（みずいろ）

黄（11かく）

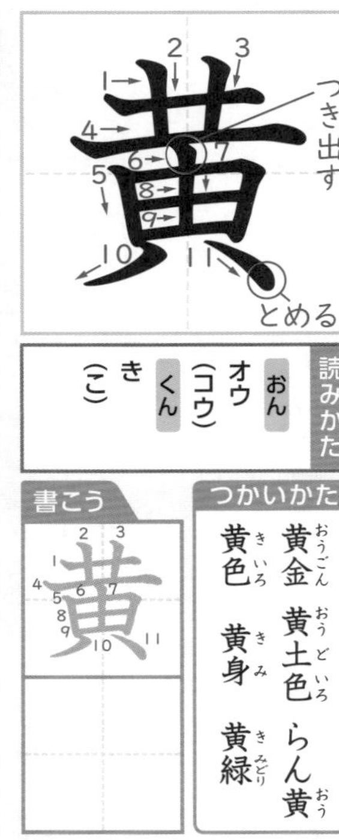

読みかた　おん：オウ・（コウ）　くん：き・（こ）

つかいかた：黄金（おうごん）　黄土色（おうどいろ）　らん黄（おう）　黄色（きいろ）　黄身（きみ）　黄緑（きみどり）

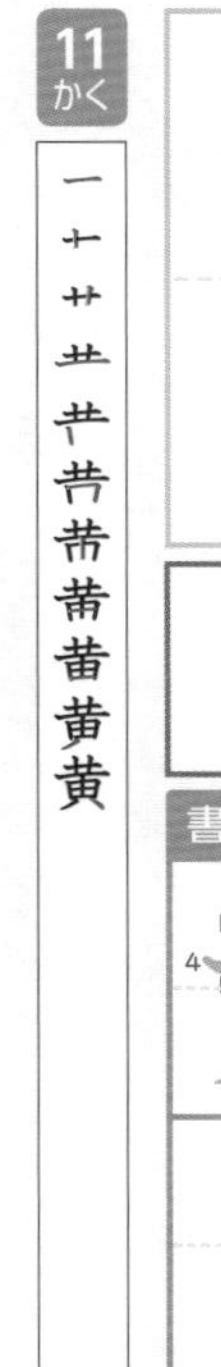

黒（11かく）

読みかた　おん：コク　くん：くろ・くろい

つかいかた：暗黒（あんこく）　黒板（こくばん）　黒こげ（くろこげ）　黒豆（くろまめ）　黒山（くろやま）　真っ黒（まっくろ）

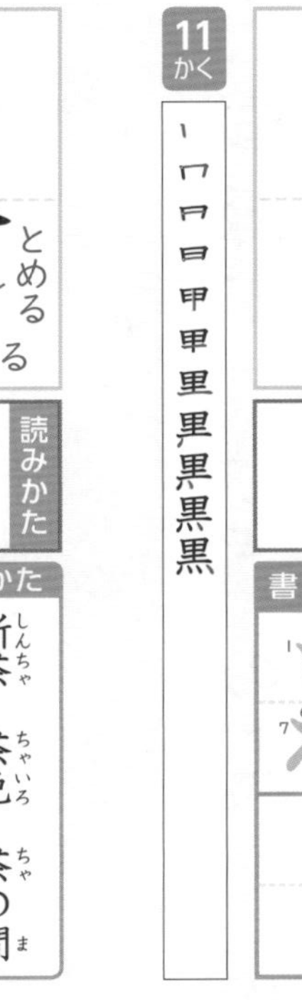

茶（9かく）

読みかた　おん：チャ・（サ）　くん：―

つかいかた：新茶（しんちゃ）　茶色（ちゃいろ）　茶の間（ちゃのま）　茶畑（ちゃばたけ）　茶わん（ちゃわん）　緑茶（りょくちゃ）

1 □にかん字を書きましょう。　一つ5点【40点】

① □□□（じゅうにしょく）

② □（しき）紙（し）の　文字。

③ □□□（おうどいろ）

④ たまごの　□（き）身（み）。

⑤ □（こく）板（ばん）に　書く。

⑥ □（くろ）こげの　魚（さかな）。

⑦ 新（しん）□（ちゃ）を　買（か）う。

⑧ □（ちゃ）畑（ばたけ）

2 □に　あてはまる　かん字を　書きましょう。（一つ5点【60点】）

① ［みずいろ］の　ふく。

② ［くろ］い　シャツ。

③ 緑（りょく）［ちゃ］を　のむ。

④ ［きいろ］の　花。

⑤ 真（ま）っ［くろ］に　ぬる。

⑥ ［ちゃ］わんと　はし。

⑦ ［おうごん］の　はこ。

⑧ ［き］緑（みどり）の　はっぱ。

⑨ ［ちゃ］の間（ま）で　休む。

⑩ 明（あか）るい　［しき］調（ちょう）。

＊しき調（ちょう）…いろの　調子（ちょうし）。いろあい。

⑪ 暗（あん）［こく］の　うちゅう。

＊暗こく…まっくらな　こと。くらやみ。

⑫ 血（けっ）［しょく］の　よい　ほお。

＊血しょく…顔（かお）の　いろつや。

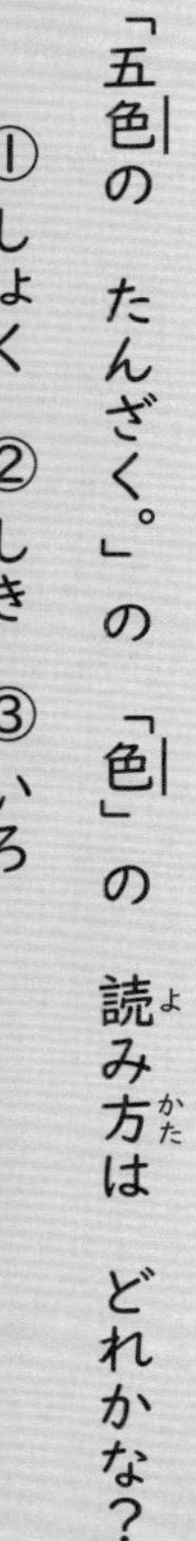

クイズ

「五色の　たんざく。」の　「色」の　読（よ）み方（かた）は　どれかな？

①しょく　②しき　③いろ

答え ▶ 109ページ

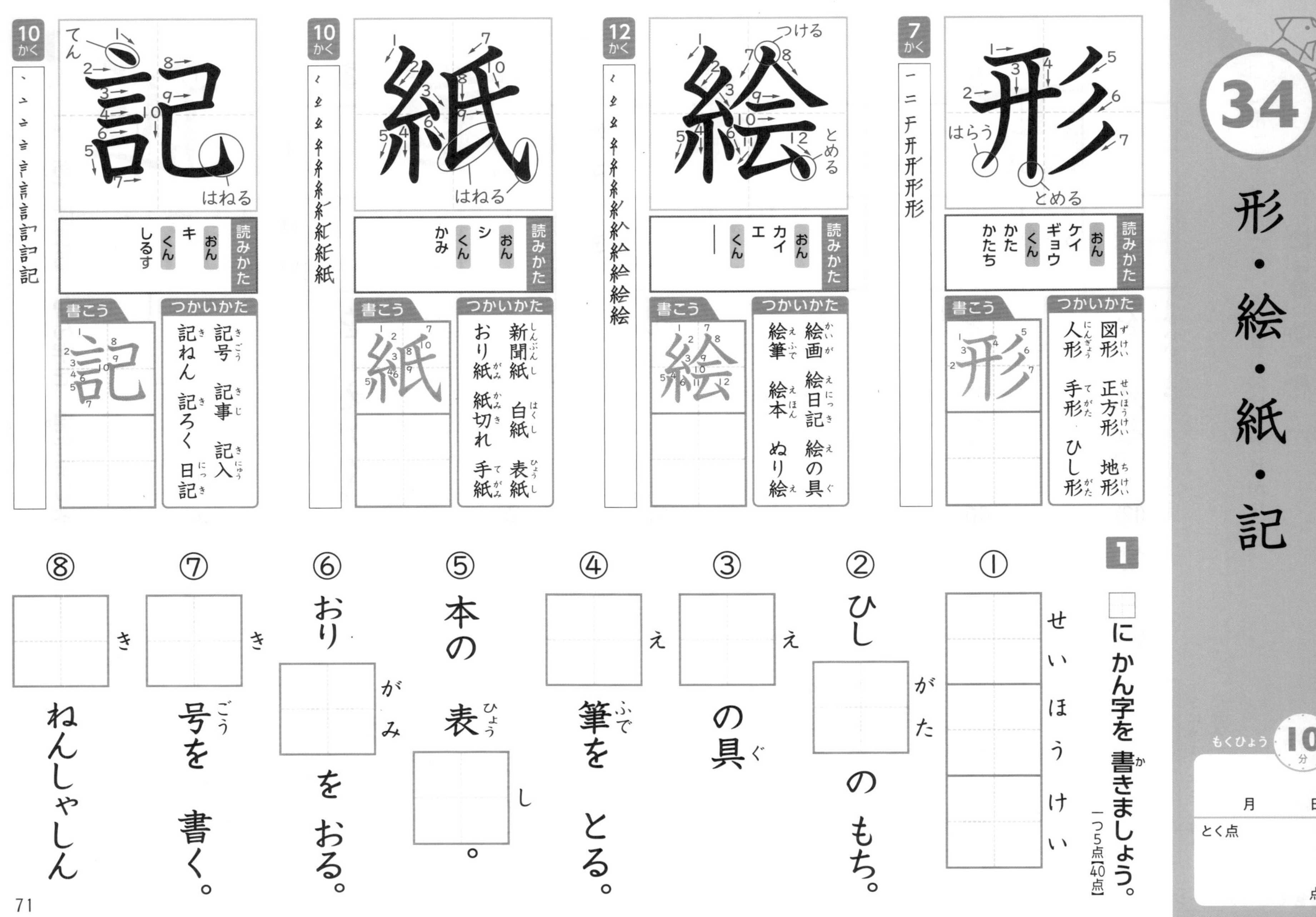

34 形・絵・紙・記

もくひょう 10分　　月　日　とく点　点

形

7かく　一 ニ 于 开 开 形 形

読みかた：おん ケイ・ギョウ　くん かた・かたち

つかいかた：図形（ずけい）　正方形（せいほうけい）　地形（ちけい）　人形（にんぎょう）　手形（てがた）　ひし形（がた）

はらう　とめる

書こう

絵

12かく　く 幺 幺 糸 糸 糸 糸 紒 紒 絵 絵 絵

読みかた：おん カイ・エ　くん ―

つかいかた：絵画（かいが）　絵日記（えにっき）　絵の具（えのぐ）　絵筆（えふで）　絵本（えほん）　ぬり絵（え）

つける　とめる

書こう

紙

10かく　く 幺 幺 糸 糸 糸 糸 紅 紙 紙

読みかた：おん シ　くん かみ

つかいかた：新聞紙（しんぶんし）　白紙（はくし）　表紙（ひょうし）　おり紙（がみ）　紙切れ（かみきれ）　手紙（てがみ）

はねる

書こう

記

10かく　、 亠 ニ ニ 言 言 言 言 記 記

読みかた：おん キ　くん しるす

つかいかた：記号（きごう）　記事（きじ）　記入（きにゅう）　記ねん（きねん）　記ろく（きろく）　日記（にっき）

てん　はねる

書こう

1　□にかん字を書きましょう。　一つ5点【40点】

① □□□（せいほうけい）

② ひし□（がた）のもち。

③ □（え）の具（ぐ）。

④ □（え）筆（ふで）をとる。

⑤ 本の表（ひょう）□（し）。

⑥ おり□（がみ）をおる。

⑦ □（き）号（ごう）を書く。

⑧ □（き）ねんしゃしん

2 □に あてはまる かん字を 書きましょう。

一つ6点【42点】

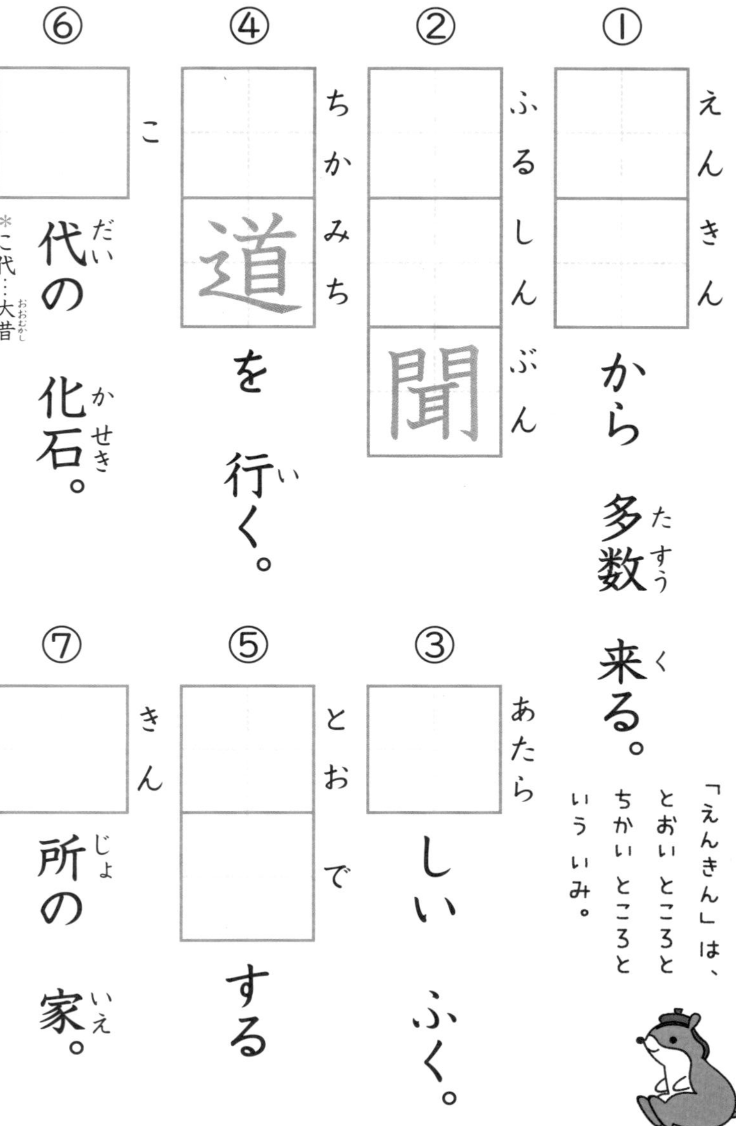

① □□(えんきん)から 多数(たすう)来(く)る。

② □□(ふるしん)聞(ぶん)

③ □(あたら)しい ふく。

④ □(ちか)道(みち)を 行(い)く。

⑤ □□(とおで)する

⑥ □(こ)代(だい)の 化石(かせき)。

＊こ代…大昔(おおむかし)

⑦ □(きん)所(じょ)の 家(いえ)。

3 ――の ことばを、かん字と おくりがなで （　）に 書きましょう。

一つ6点【18点】

① 気もちを あらたに する。（　　）

② えきまでは とおい。（　　）

③ すっかり つかいふるす。（　　）

クイズ つぎの うち、正しい ことばは どれかな？

① 近遠　② 古新　③ 遠近

答え ▶ 109ページ

36 市・場・店・道

もくひょう 10分

月　日　とく点　点

市

5かく

丶 亠 亣 市 市

はねる

読みかた おん：シ　くん：いち

つかいかた 市長（しちょう）　市町村（しちょうそん）　市内（しない）　都市（とし）　朝市（あさいち）　市場（いちば・しじょう）

書こう

場

12かく

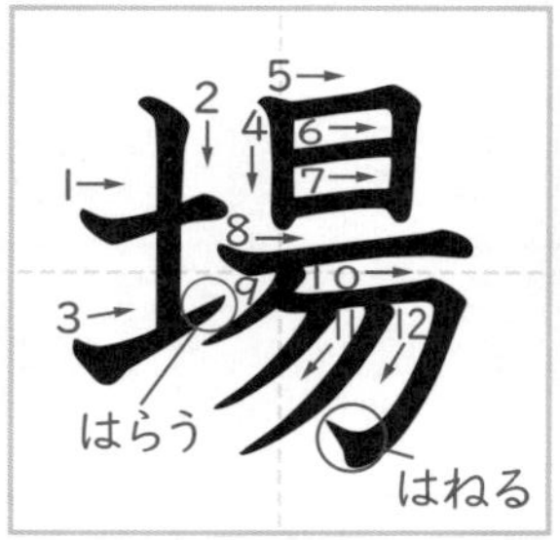

一 十 土 扌 圠 坦 坦 坦 塌 場 場 場

はらう　はねる

読みかた おん：ジョウ　くん：ば

つかいかた 運動場（うんどうじょう）　出場（しゅつじょう）　入場（にゅうじょう）　場合（ばあい）　場所（ばしょ）　広場（ひろば）

書こう

店

8かく

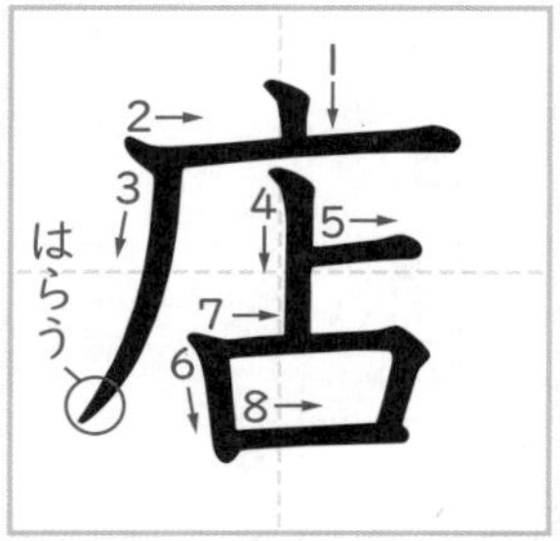

丶 亠 广 广 庁 庁 店 店

はらう

読みかた おん：テン　くん：みせ

つかいかた 開店（かいてん）　商店（しょうてん）　店員（てんいん）　店先（みせさき）　店番（みせばん）　夜店（よみせ）

書こう

道

12かく

丶 丷 䒑 䒑 丫 前 首 首 首 首 道 道

ながく　一かくでかく

読みかた おん：ドウ（トウ）　くん：みち

つかいかた 書道（しょどう）　道具（どうぐ）　道路（どうろ）　歩道（ほどう）　坂道（さかみち）　より道（よりみち）

書こう

1 □にかん字を書きましょう。 一つ5点【40点】

① □□□（しちょうそん）

② □□（あさいち）の日。

③ 運動（うんどう）□（じょう）

④ 雨の□□（ばあい）。

⑤ □（てん）員（いん）に聞（き）く。

⑥ □□（みせばん）

⑦ 広（ひろ）い□（どう）路（ろ）。

⑧ 坂（さか）□（みち）を上る。

2 □に　あてはまる　かん字を　書きましょう。

一つ5点【60点】

① 都□（し）に　すむ。

② □□（にゅうじょう）行進。

③ 書□（しょどう）を　学ぶ。

④ □（ば）所を　きめる。

⑤ 開□（てん）の　時間だ。

⑥ より□（みち）を　する。

⑦ □□（よみせ）で　買う。

⑧ □□（いちば）に　行く。

⑨ □□（しゅつじょう）せん手

⑩ □（どう）具を　つかう。

⑪ 商□（てん）が　立ちならぶ。

⑫ □□（しない）へ　手紙を　出す。

＊しない…しの　中。

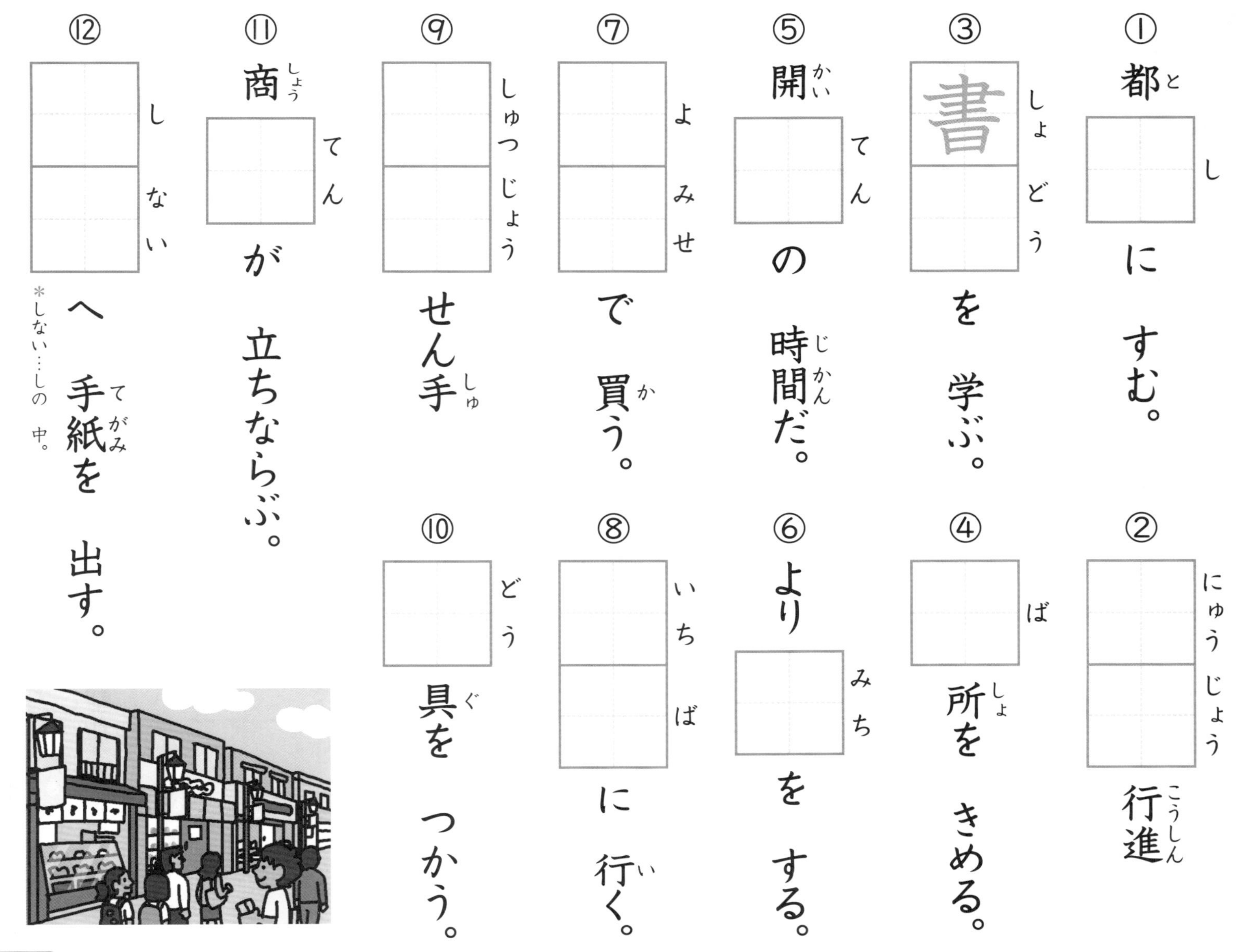

クイズ

「場」を　「ば」と　読むのは　どれかな？

① 入場　② 広場　③ 出場

答え ▶ 109ページ

37 売・買・聞・話

7かく

読みかた　おん バイ　くん うる うれる

つかいかた　商売（しょうばい）　売店（ばいてん）　発売（はつばい）　売り切れ　売り場

書こう

12かく

読みかた　おん バイ　くん かう

つかいかた　買しゅう（ばいしゅう）　売買（ばいばい）　買い手　買い物

書こう

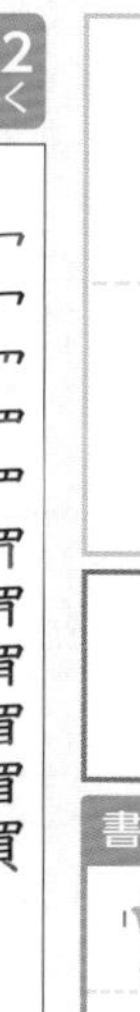

14かく

読みかた　おん ブン（モン）　くん きく きこえる

つかいかた　外聞（がいぶん）　見聞（けんぶん）　新聞（しんぶん）　聞き手　立ち聞き

書こう

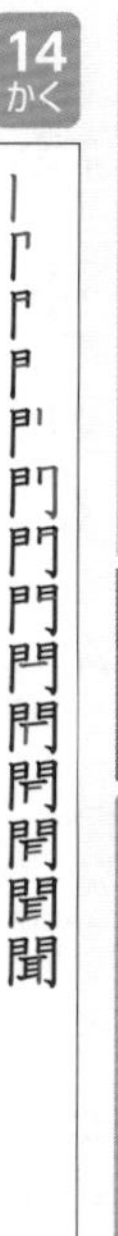

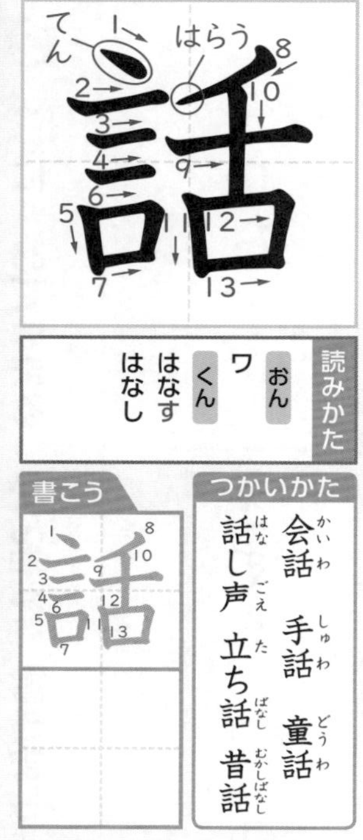

13かく

読みかた　おん ワ　くん はなす はなし

つかいかた　会話（かいわ）　手話（しゅわ）　童話（どうわ）　話し声　立ち話　昔話

書こう

1 □にかん字を書きましょう。　一つ5点【40点】

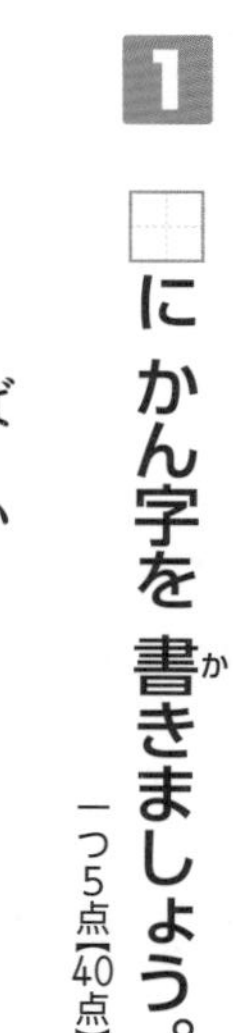

① 商□（しょう ばい）

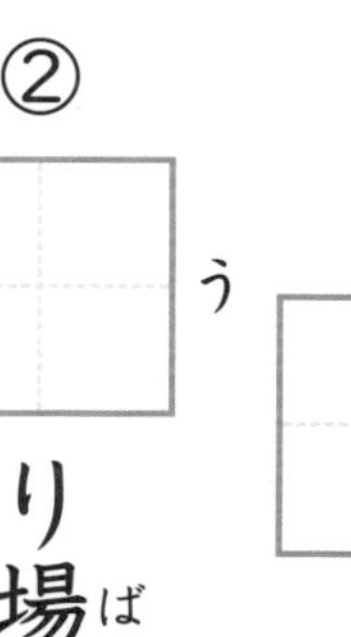
② □り場（う・ば）

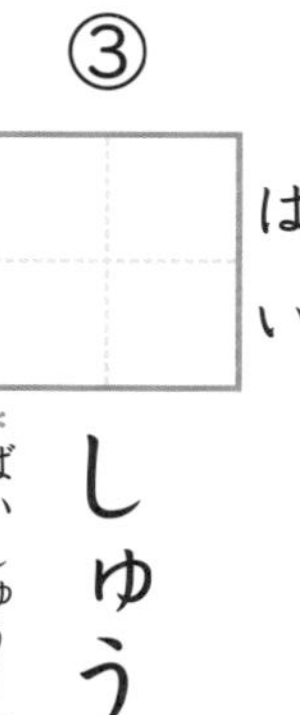
③ □しゅう（ばい）

＊ばいしゅう…かいとること。

④ □い物（か・もの）

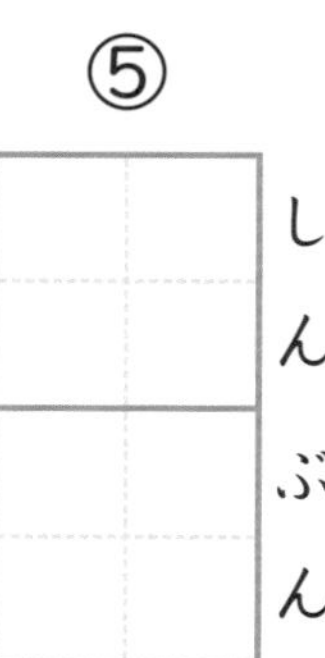
⑤ □□（しんぶん）

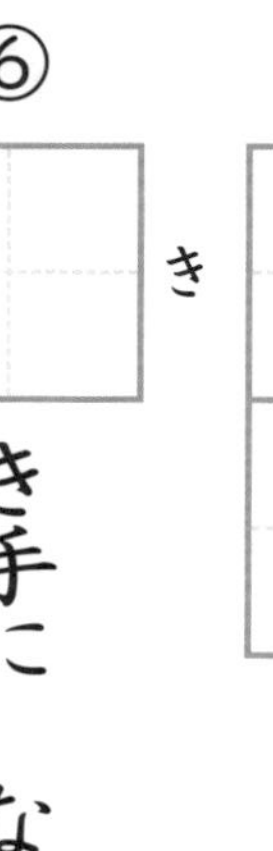
⑥ □き手になる。（き）

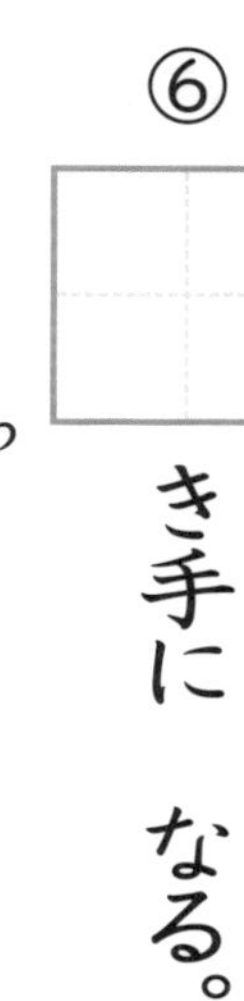

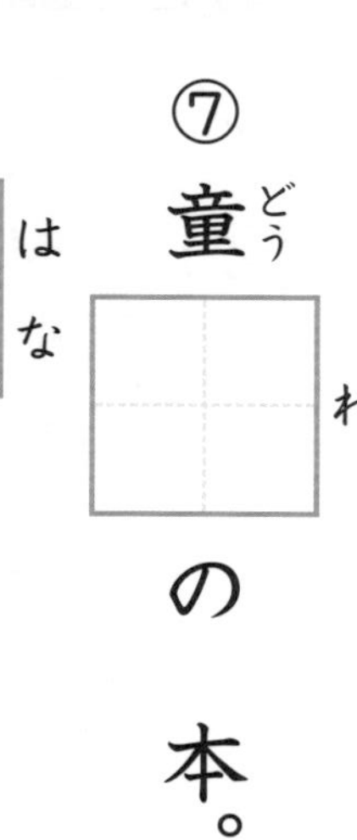
⑦ 童□の本。（どう わ）

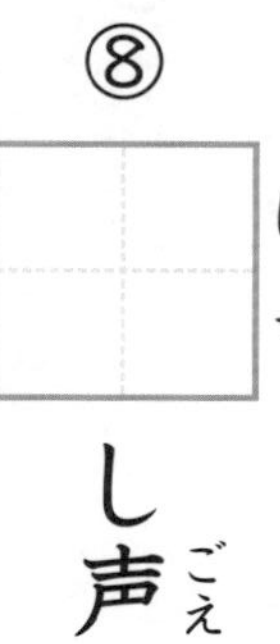
⑧ □し声（はな・ごえ）

2 □に あてはまる かん字を 書きましょう。

一つ6点【42点】

① 立ち□（ぎ）きする

② えきの□□（ばいてん）。

③ 土地の□□（ばいばい）。

＊ばいばい…うったりかったりすること。

④ 昔の□（ばなし）をきく。

⑤ □□（かいわ）をする。

⑥ □（か）い手がつく。

⑦ □□（けんぶん）を広める。

＊けんぶん…みたりきいたりすること。

二年生の かん字も だいぶ おぼえたね。

3 ――の ことばを、かん字と ひらがなで（　）に 書きましょう。

一つ6点【18点】

① 先生と はなす。（　　）

② 虫の 音が きこえる。（　　）

③ 古い 本が うれる。（　　）

クイズ

つぎの うち、かん字の 書き方が 正しい ものは どれかな？

① 買売　② 商買　③ 発売

答え ▶ 109ページ

38 食・通・帰・教

もくひょう 10分　月　日　とく点　点

食

9かく

丿 人 𠆢 今 今 今 食 食 食

つける　はらう

読みかた　おん　ショク　(ジキ)　くん　く(う)　た(べる)　(く(らう))

つかいかた　きゅう食(しょく)　食事(しょくじ)　朝食(ちょうしょく)　和食(わしょく)　大食(おおぐ)い　食(た)べ物(もの)

書こう

通

10かく

フ マ 乛 乃 月 甬 甬 涌 通 通

一かくでかく　はねる

読みかた　おん　ツウ　(ツ)　くん　とお(る)　とお(す)　かよ(う)

つかいかた　交通(こうつう)　直通(ちょくつう)　通学(つうがく)　通行(つうこう)　風通(かぜとお)し　通(とお)り道(みち)

書こう

帰

10かく

丨 リ リ 归 归 归 归 帰 帰 帰

はらう　はねる

読みかた　おん　キ　くん　かえ(る)　かえ(す)

つかいかた　帰国(きこく)　帰(き)せい　帰(き)たく　ふっ帰(き)　帰(かえ)り道(みち)　日帰(ひがえ)り

書こう

教

11かく

一 十 土 耂 耂 孝 孝 孝 孝 教 教

はねる　はらう

読みかた　おん　キョウ　くん　おし(える)　おそ(わる)

つかいかた　教育(きょういく)　教科(きょうか)　教室(きょうしつ)　教頭(きょうとう)　教(おし)え方(かた)　教(おし)え子(ご)

書こう

1 □にかん字を書(か)きましょう。

一つ5点【40点】

① きゅう□(しょく)

② □(た)べ物(もの)

③ □□(つうがく)

④ 風(かぜ)□(とお)しがよい。

⑤ □□(きこく)

⑥ □(かえ)り道(みち)

⑦ □(きょう)育(いく)をうける。

⑧ □(おし)え子

2 □に あてはまる かん字を 書(か)きましょう。

一つ6点【42点】

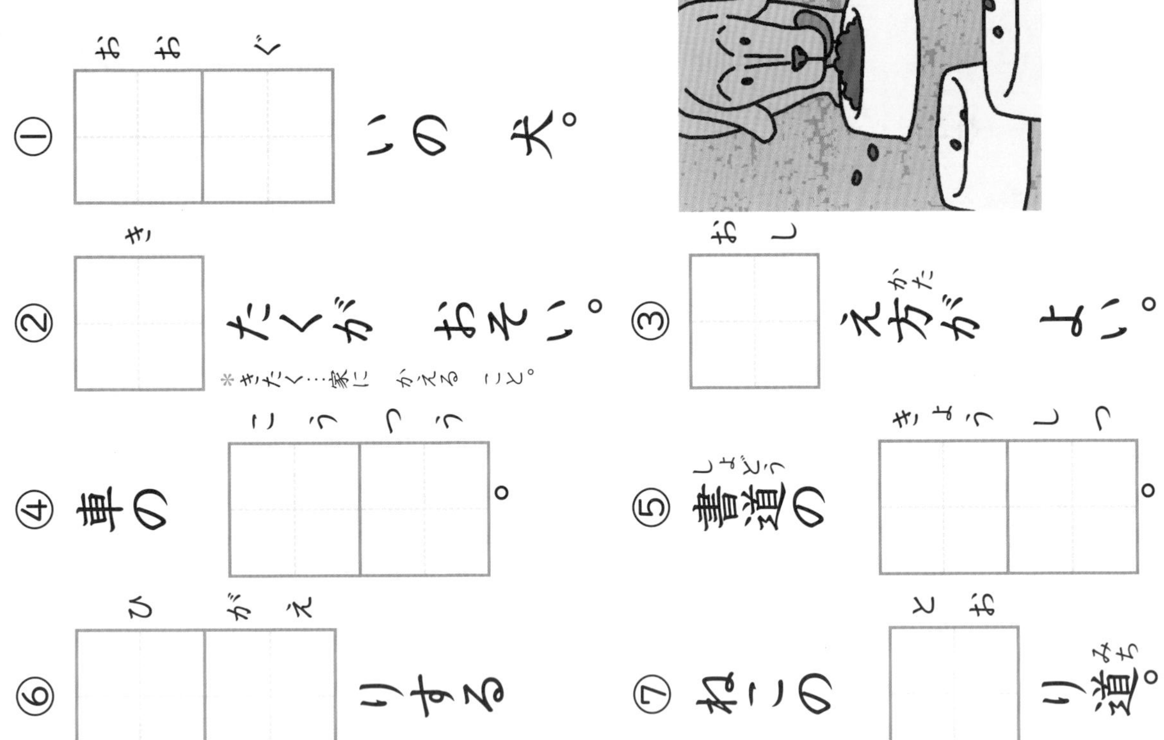

① □□(おお) □□(ぐ)いの 犬。

② □(き)たくが おそい。
＊きたく…家に かえる こと。

③ □(おし)え方(かた)が よい。

④ 車の □□(こうつう)。

⑤ 書道(しょどう)の □□(きょうしつ)。

⑥ □□(ひがえ)りする

⑦ ねこの □(とお)り道(みち)。

3 ――の ことばを、かん字と ひらがなで （　）に 書きましょう。

一つ6点【18点】

① 勉強(べんきょう)を おそわる。（　　　）

② ならいごとに かよう。（　　　）

③ ごはんを たべる。（　　　）

クイズ

「おしえる」を かん字と ひらがなで 正しく 書いた ものは どれかな？

① 教しえる　② 教える　③ 教る

答え ▶ 109ページ

39 かくにんテスト⑥

名前

もくひょう 15分　月　日　とく点　点

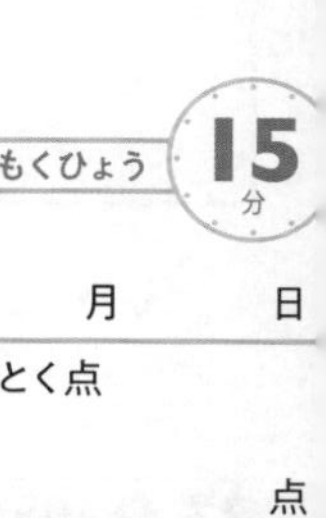

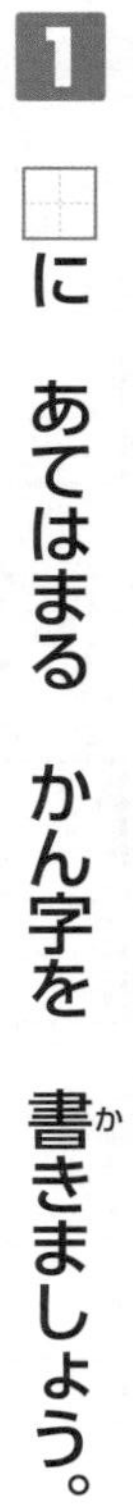

1 □に あてはまる かん字を 書(か)きましょう。　一つ3点【24点】

① ぬり□(え)の 本。

② □□(ひろば)で あそぶ。

③ □□(みせさき)で まつ。
＊みせさき…みせの いり口 あたり。

④ □□□(しんにゅうせい)

⑤ えい□(えん)に つづく。

⑥ 歩(ほ)□(どう)を 行(い)く。

⑦ □□(はくし)で 出す。
＊はくし…何(なに)も 書いて いない かみ。

⑧ □□(しちょう)せんきょ
＊しちょう…しの だいひょうしゃ。

2 ――の ことばを、かん字と ひらがなで（　）に 書きましょう。　一つ4点【12点】

① くろい くつを はく。（　　）

② 五時(ごじ)までに かえる。（　　）

③ 日づけを しるす。（　　）

3 ――の　かん字の　読(よ)みがなを　書(か)きましょう。

一つ3点【36点】

①
- すきな　教科。
- 道(みち)を　教える。
- 勉強(べんきょう)を　教わる。

②
- 通行の　きん止(し)。
- あなに　通す。
- 学校に　通う。

③
- 朝食を　とる。
- 時間(じかん)を　食う。
- パンを　食べる。

④
- 図形を　かく。
- 人形を　だく。
- 形を　ととのえる。

4 □に　いろの　なかまの　かん字を　書きましょう。

一つ4点【12点】

① □（くろ）

② □□（きいろ）

③ □□（ちゃいろ）

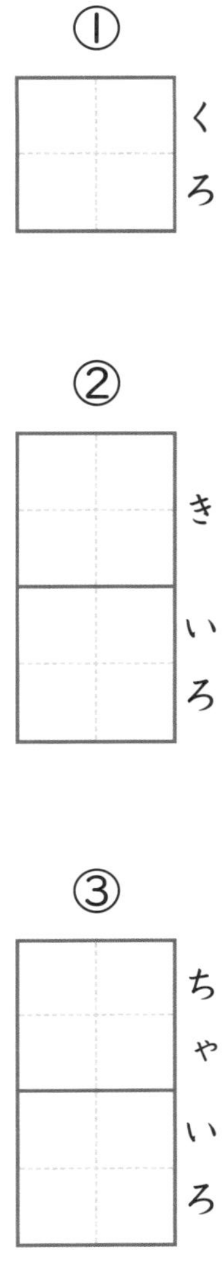

5 上下が　はんたいの　いみに　なるように、かん字を　書きましょう。

一つ2点【16点】

① □（う）る ↔ □（か）う

② □（ふる）い ↔ □（あたら）しい

③ □（き）く ↔ □（はな）す

④ □（とお）い ↔ □（ちか）い

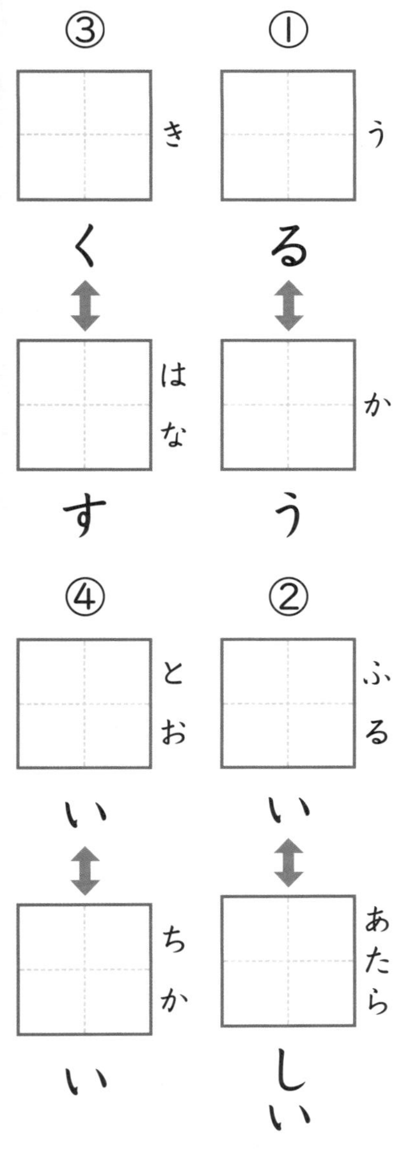

答え ▶ 109ページ

40 地・海・野・原

もくひょう 10分　月　日　とく点　点

地（6かく）

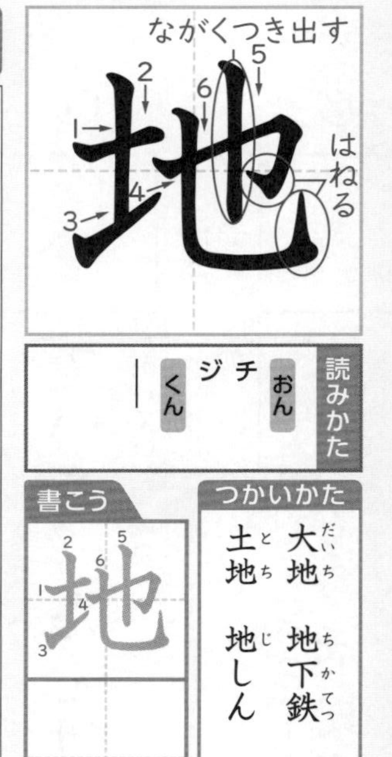

一 十 土 扣 圳 地

読みかた　おん：チ・ジ　くん：—

つかいかた：大地（だいち）　土地（とち）　地下鉄（ちかてつ）　地しん（じしん）　地球（ちきゅう）　地面（じめん）

書こう

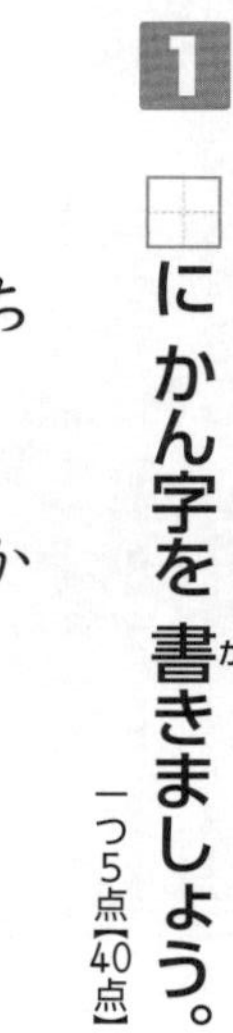
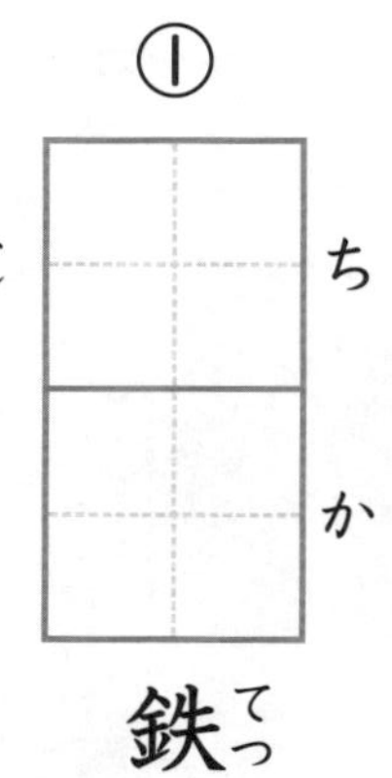

海（9かく）

丶 冫 氵 氵 汇 汇 海 海 海

読みかた　おん：カイ　くん：うみ

つかいかた：海外（かいがい）　海てい（かいてい）　海岸（かいがん）　海開き（うみびらき）　海水よく（かいすいよく）　海べ（うみべ）

書こう

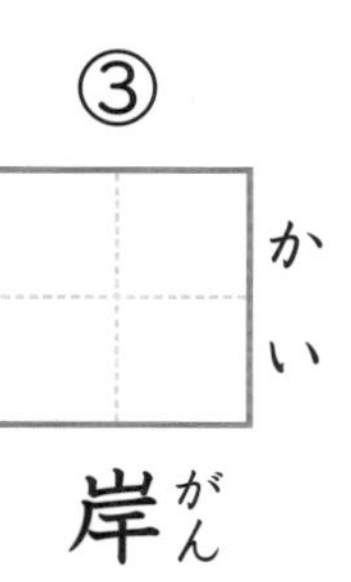
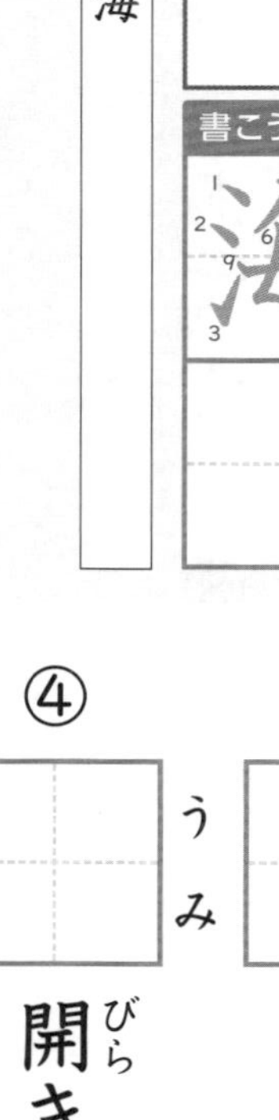

野（11かく）

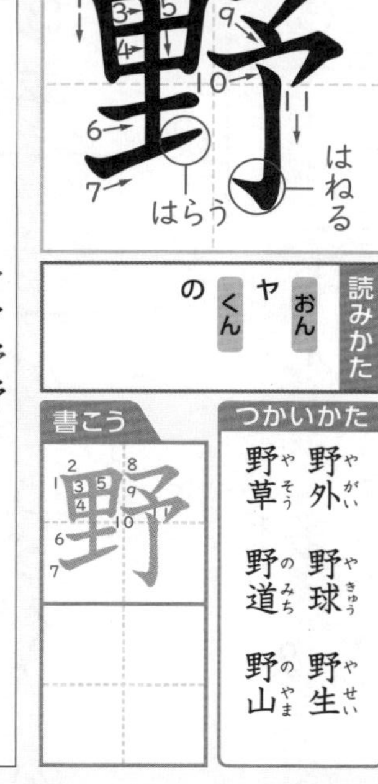

丨 冂 日 日 甲 甲 里 里 野 野 野

読みかた　おん：ヤ　くん：の

つかいかた：野外（やがい）　野草（やそう）　野球（やきゅう）　野道（のみち）　野生（やせい）　野山（のやま）

書こう

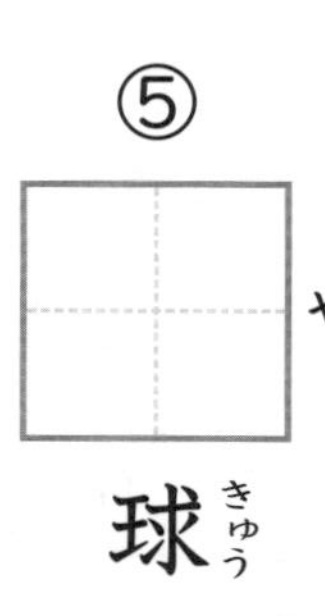

原（10かく）

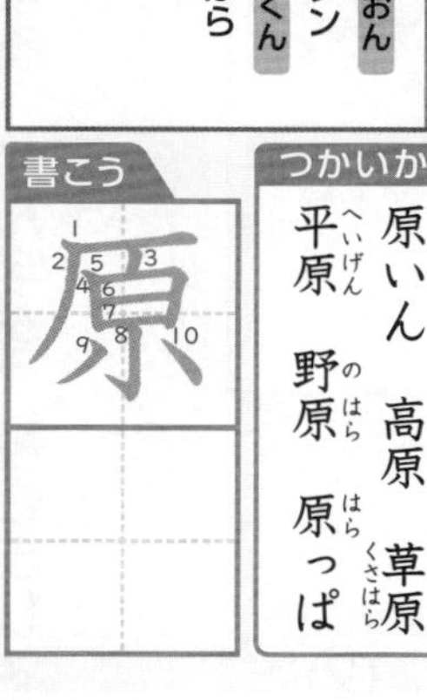

一 厂 厂 戶 戶 戶 庐 原 原 原

読みかた　おん：ゲン　くん：はら

つかいかた：原いん（げんいん）　平原（へいげん）　高原（こうげん）　野原（のはら）　草原（そうげん・くさはら）　原っぱ（はらっぱ）

書こう

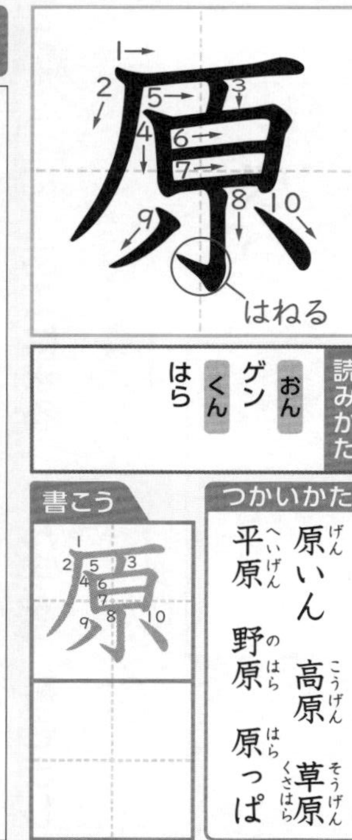

1 □にかん字を書きましょう。　一つ5点【40点】

① ちか鉄（てつ）
② じ面（めん）
③ かい岸（がん）
④ うみ開（びら）き
⑤ や球（きゅう）
⑥ のみち
⑦ こうげんの花。
⑧ はらっぱ

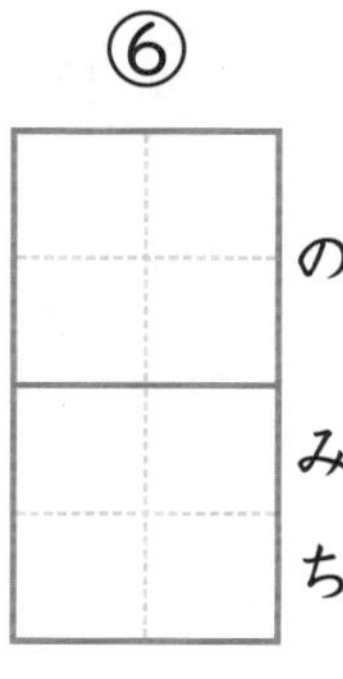
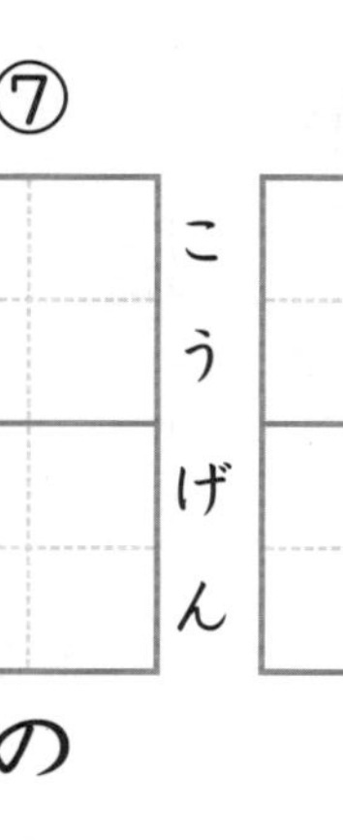

2 □に あてはまる かん字を 書きましょう。

一つ5点【60点】

① 広い□□（と ち）。

② □□（や せい）の 鳥。

③ 平□（げん）が つづく。

④ □□（かい がい）に 行く。

⑤ □（じ）しんが 多い。

⑥ □□（の はら）を 走る。

⑦ □（うみ）べで あそぶ。

⑧ □□（や そう）を つむ。

⑨ □（ち）球は 青い。

⑩ □（げん）いんが 分かる。

＊げんいん…ある ものごとや じょうたいを おこした もと。

⑪ □（かい）ていを たんけんする。

＊かいてい…うみの そこ。

⑫ □□（や がい）で 活動する。

＊やがい…たてものの そと。

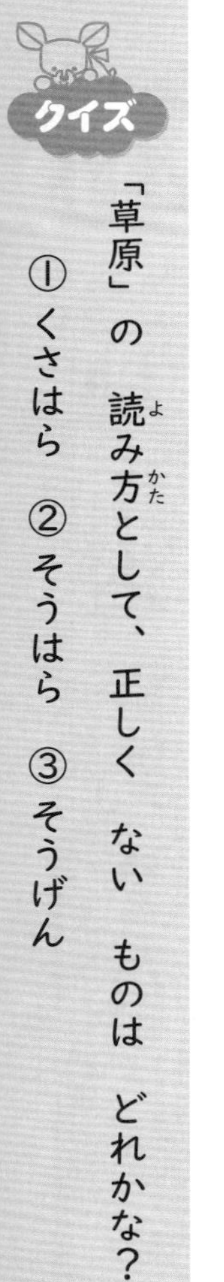

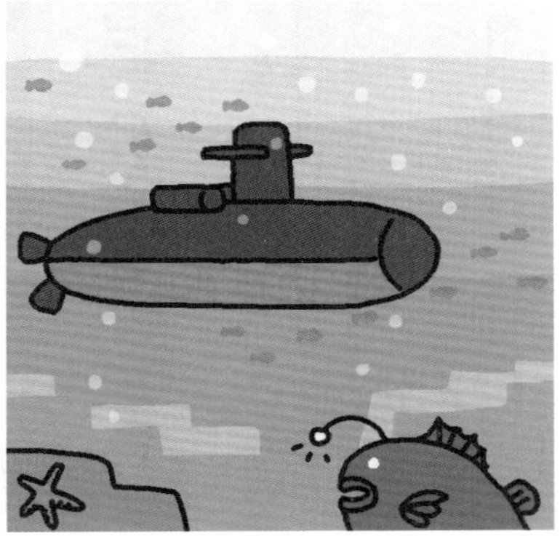

「草原」の 読み方として、正しく ない ものは どれかな？

① くさはら ② そうはら ③ そうげん

答え ▷ 109ページ

41 池・谷・岩・星

もくひょう 10分

月　日

とく点　　点

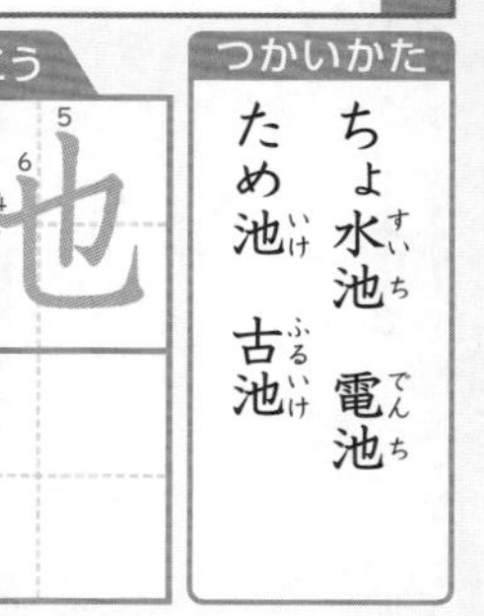
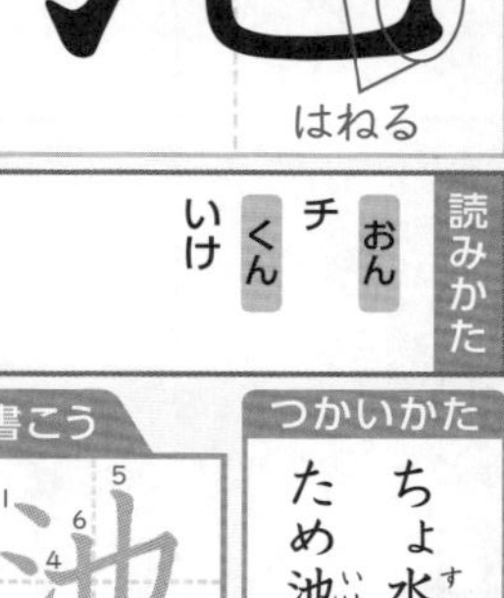

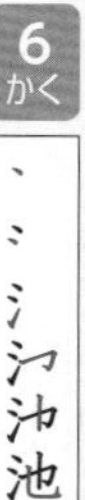

池

6かく　、 ⺀ 氵 汋 汕 池

読みかた　おん チ　くん いけ

つかいかた　ちょ水池（ちょすいち）　電池（でんち）　ため池（ためいけ）　古池（ふるいけ）

書こう

谷

7かく　ノ ハ 㕣 父 谷 谷 谷

読みかた　おん （コク）　くん たに

つかいかた　谷あい（たにあい）　谷おり（たにおり）　谷川（たにがわ）　谷そこ（たにそこ）　谷間（たにま）

書こう

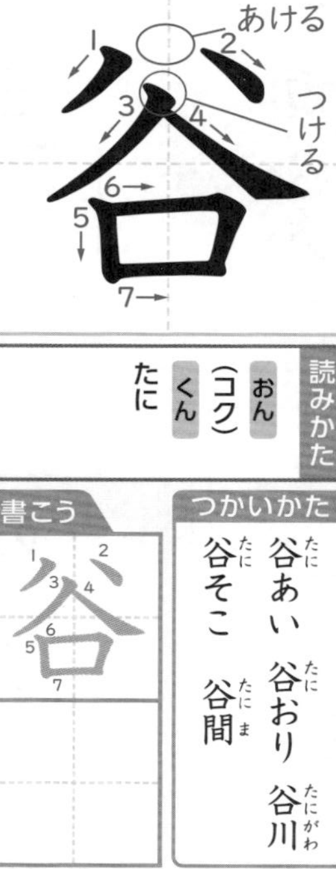
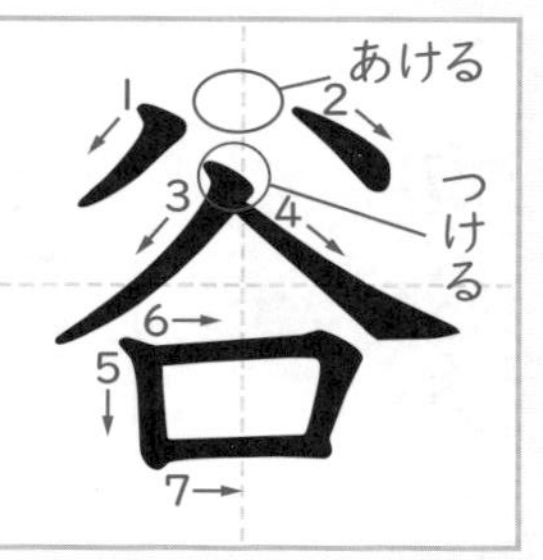

岩

8かく　丨 山 山 屮 岂 岩 岩 岩

読みかた　おん ガン　くん いわ

つかいかた　火山岩（かざんがん）　岩石（がんせき）　よう岩（ようがん）　岩かげ（いわかげ）　岩場（いわば）　岩山（いわやま）

書こう

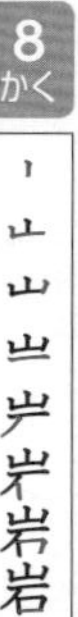

星

9かく　丨 冂 冃 日 戸 旦 星 星 星

読みかた　おん セイ （ショウ）　くん ほし

つかいかた　火星（かせい）　星ざ（せいざ）　わく星（わくせい）　一番星（いちばんぼし）　流れ星（ながれぼし）　星空（ほしぞら）

書こう

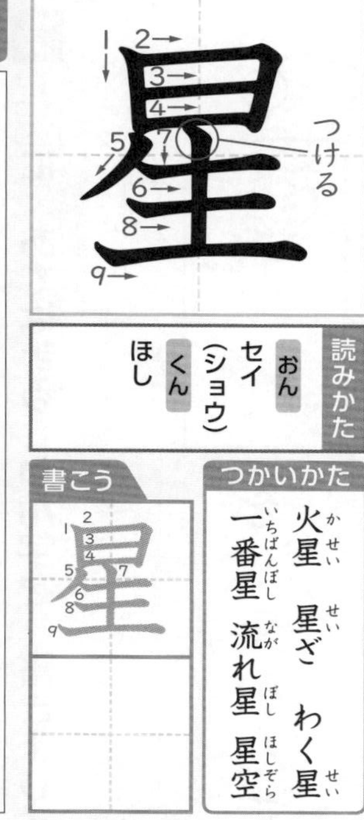

1 □にかん字を書きましょう。　一つ5点【40点】

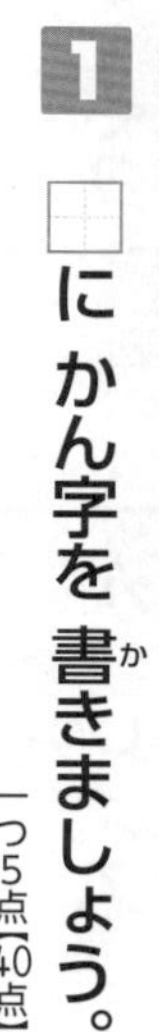
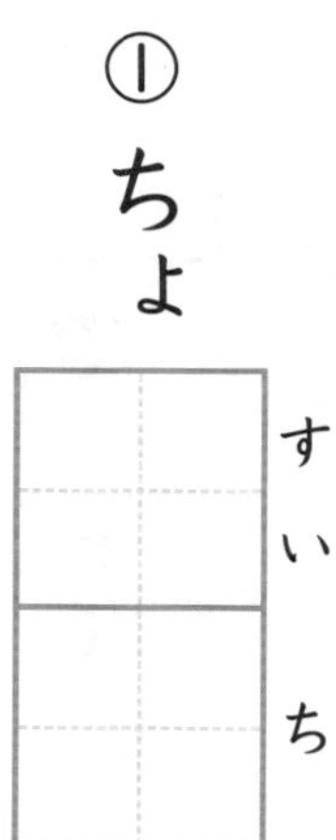
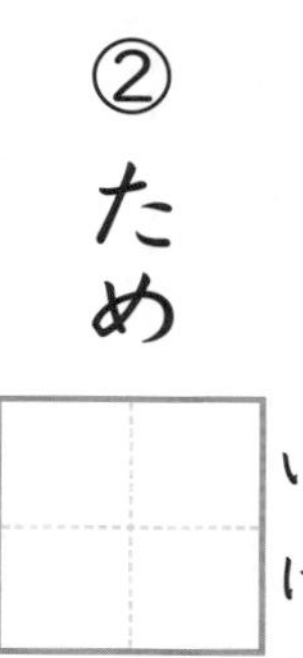
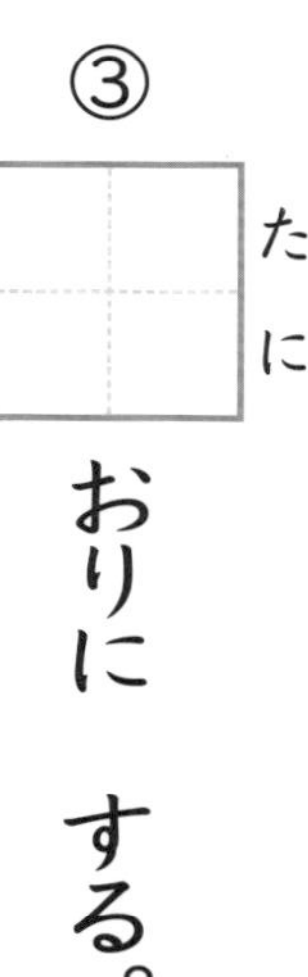

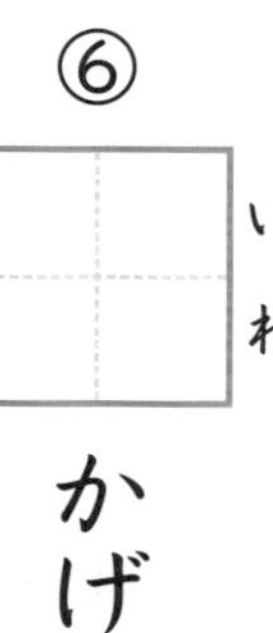
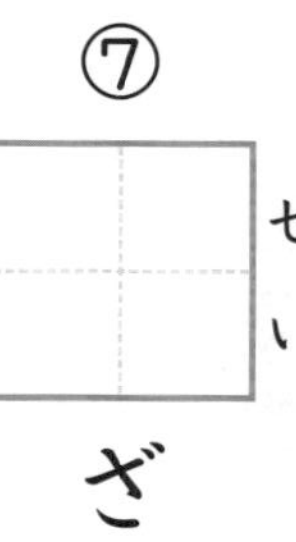
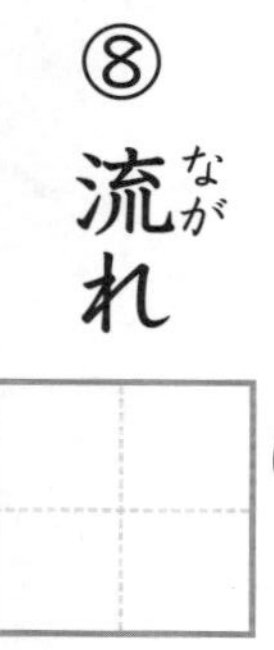

① ちょ□□（すいち）

② ため□（いけ）

③ □（たに）おりにする。

④ □□（たにがわ）

⑤ □□□（かざんがん）

⑥ □（いわ）かげ

⑦ □（せい）ざ

⑧ 流（なが）れ□（ぼし）

2 □に　あてはまる　かん字を　書（か）きましょう。

一つ5点【60点】

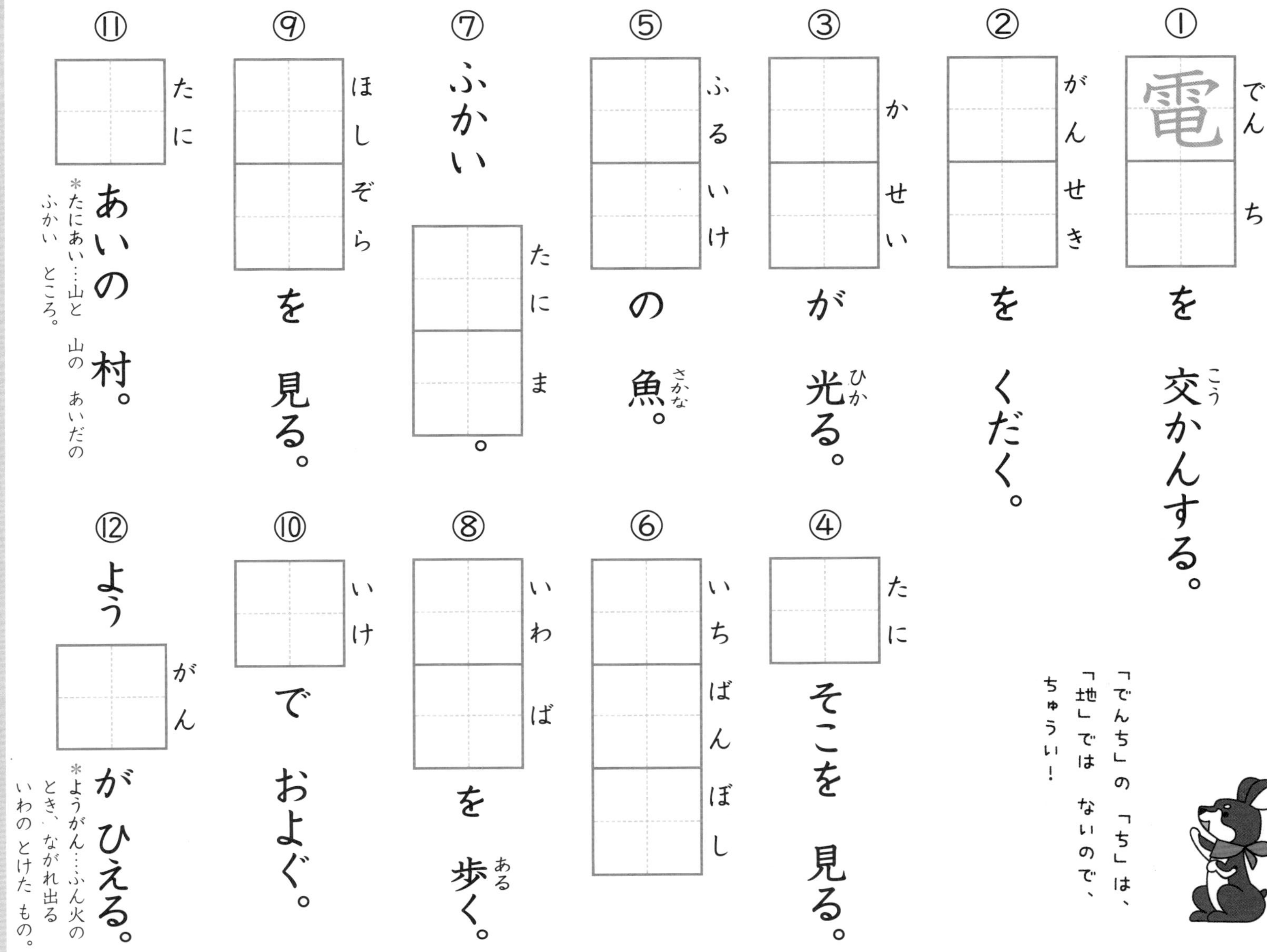

① □□（でんち）を　交（こう）かんする。　〔□の一つめに「電」と書いてあります〕

② □□（がんせき）を　くだく。

③ □□（かせい）が　光（ひか）る。

④ □（たに）そこを　見る。

⑤ □□（ふるいけ）の　魚（さかな）。

⑥ □□□（いちばんぼし）

⑦ ふかい　□□（たにま）。

⑧ □□（いわば）を　歩（ある）く。

⑨ □□（ほしぞら）を　見る。

⑩ □（いけ）で　およぐ。

⑪ □（たに）あいの　村。

＊たにあい…山と　山の　あいだの　ふかい　ところ。

⑫ よう□（がん）が　ひえる。

＊ようがん…ふん火の　とき、ながれ出る　いわの　とけた　もの。

「でんち」の　「ち」は、「地」では　ないので、ちゅうい！

クイズ

「山」と　「石」を　組（く）み合（あ）わせて　できた　かん字の　読（よ）み方（かた）は　どれかな？

①たに　②いわ　③ほし

答え ▶ 110ページ

42 晴・雲・雪・風

もくひょう 10分

月　日

とく点　　点

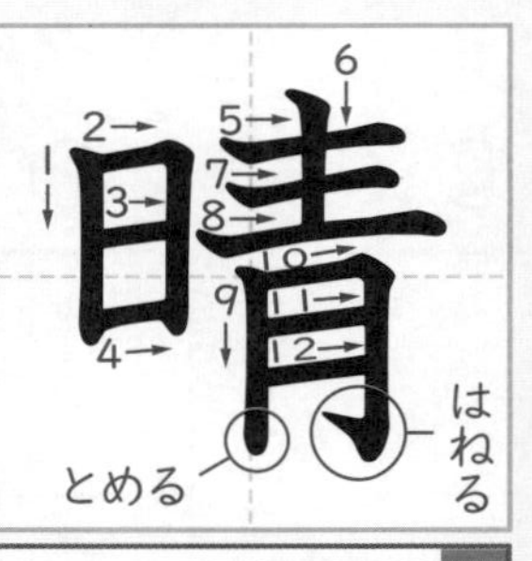

晴　12かく

丨 ⺆ 冂 日 日一 旪 旪 旪 晴 晴 晴 晴

読みかた　おん セイ　くん はれる はらす

つかいかた　かい晴（せい）　晴（せい）雨（う）　晴（せい）天（てん）　晴（は）れ間（ま）　気（き）晴（ば）らし

書こう

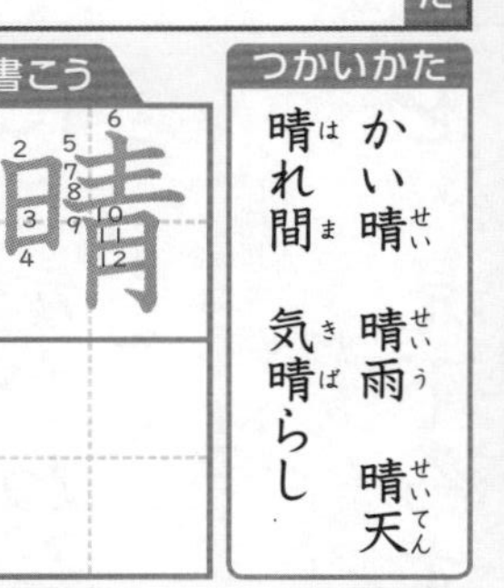

雲　12かく

一 ㇐ 𠂉 币 币 币 币 币 雨 雨 雲 雲

読みかた　おん ウン　くん くも

つかいかた　暗雲（あんうん）　雲海（うんかい）　星雲（せいうん）　雨雲（あまぐも）　雲間（くもま）　入道雲（にゅうどうぐも）

書こう

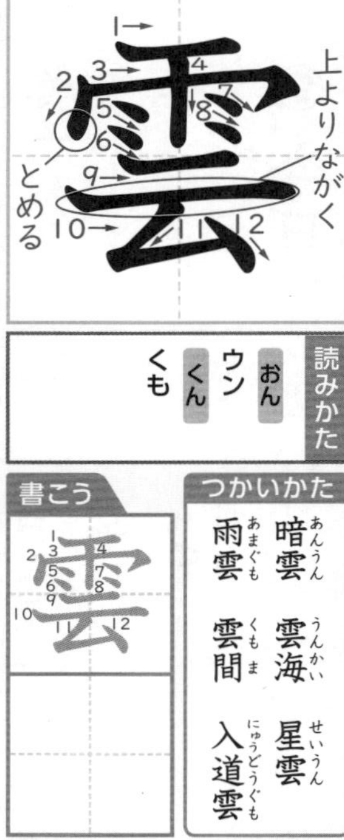

雪　11かく

一 ㇐ 𠂉 币 币 币 币 币 雪 雪 雪

読みかた　おん セツ　くん ゆき

つかいかた　新雪（しんせつ）　雪原（せつげん）　風雪（ふうせつ）　大雪（おおゆき）　はつ雪（ゆき）　雪山（ゆきやま）

書こう

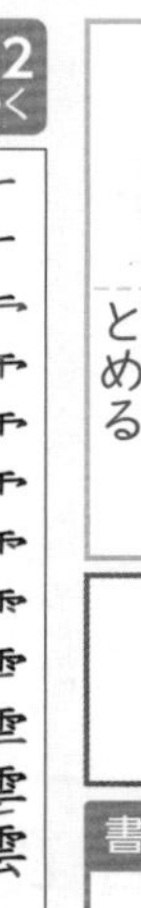

風　9かく

丿 几 凡 凡 凬 凬 風 風 風

読みかた　おん フウ（フ）　くん かぜ かざ

つかいかた　台風（たいふう）　風雨（ふうう）　風船（ふうせん）　そよ風（かぜ）　風車（かざぐるま・ふうしゃ）　風下（かざしも）

書こう

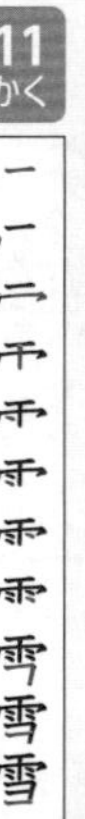

1 □にかん字を書（か）きましょう。　一つ5点【40点】

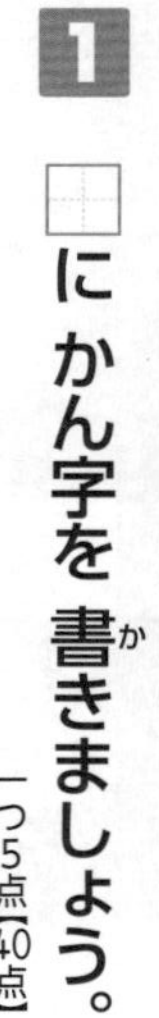

① せいてんの空。

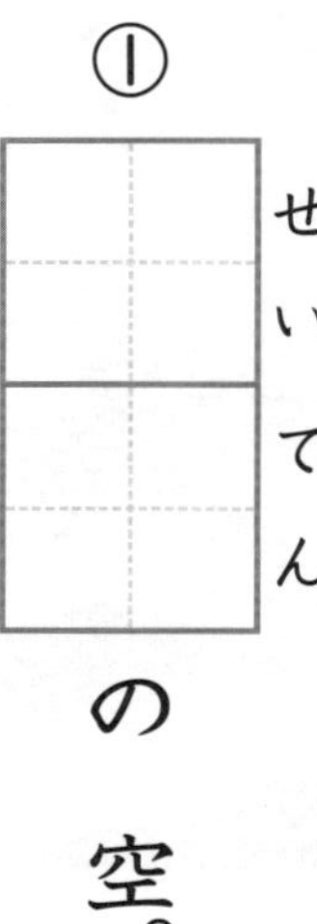

② きばらし

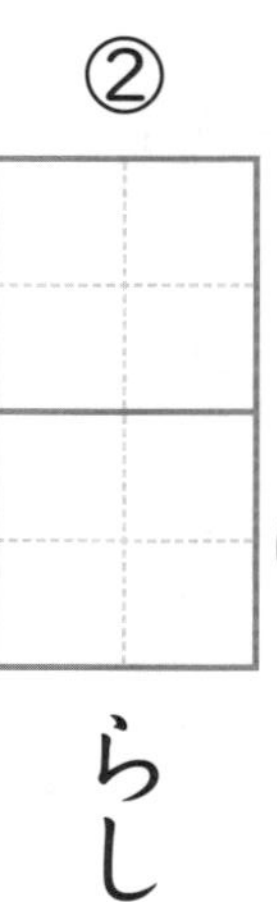

③ せいうん

＊せいうん…くものように見える多（おお）くのほしのあつまり。

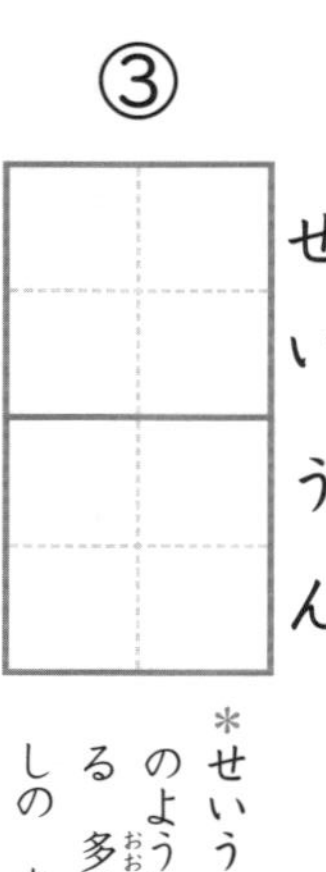

④ くもまの月。

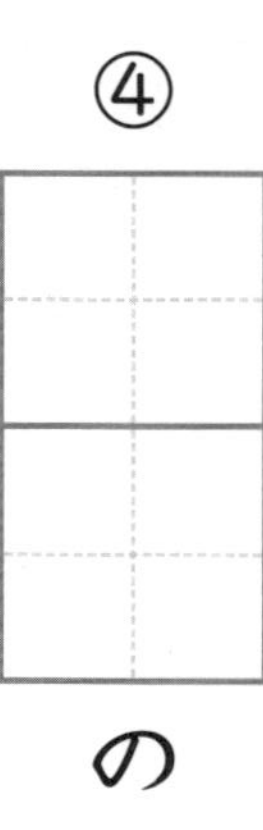

⑤ せつげん

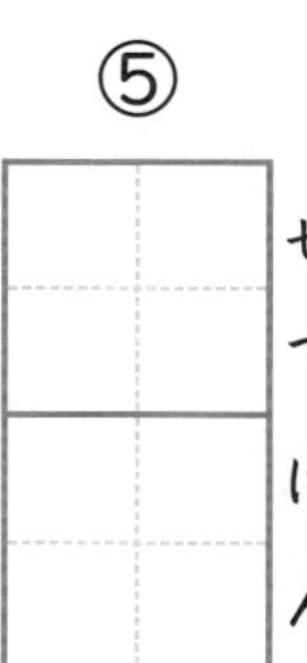

⑥ はつゆき

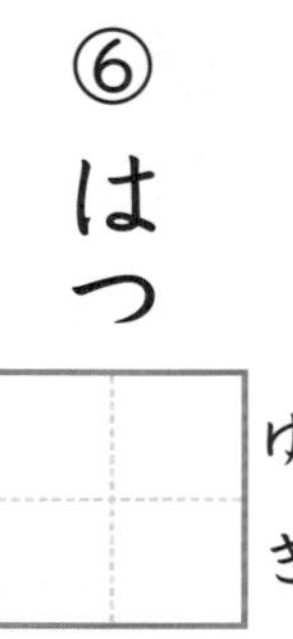

⑦ ふうう

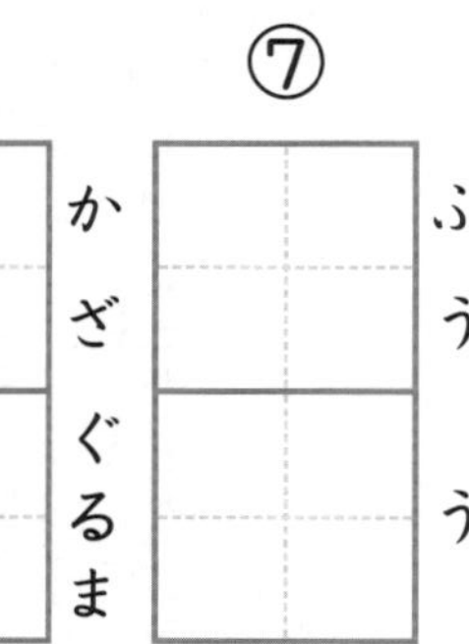

⑧ かざぐるま

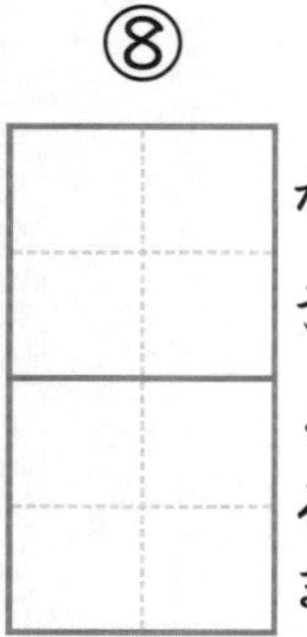

2 □に あてはまる かん字を 書(か)きましょう。

一つ5点【60点】

① □□(おおゆき)が ふる。

② □□(たいふう)が 来(く)る。

③ 黒(くろ)い □□(あまぐも)。

④ ひどい □□(ふうせつ)。

⑤ そよ □(かぜ)が ふく。

⑥ □(は)れ間(ま)が 出(で)る。

⑦ □□(ゆきやま)登(と)ざん

⑧ □□(かざしも)に 立つ。

⑨ 今日(きょう)は かい □(せい)だ。

⑩ □□□(にゅうどうぐも)

＊にゅうどうぐも…もり上がった 夏(なつ)の くも。

⑪ □□(せいう)に かかわらない。

＊せいう…はれと あめ。

⑫ □□(うんかい)を 見下ろす。

＊うんかい…うみのように 広(ひろ)がって 見える くも。

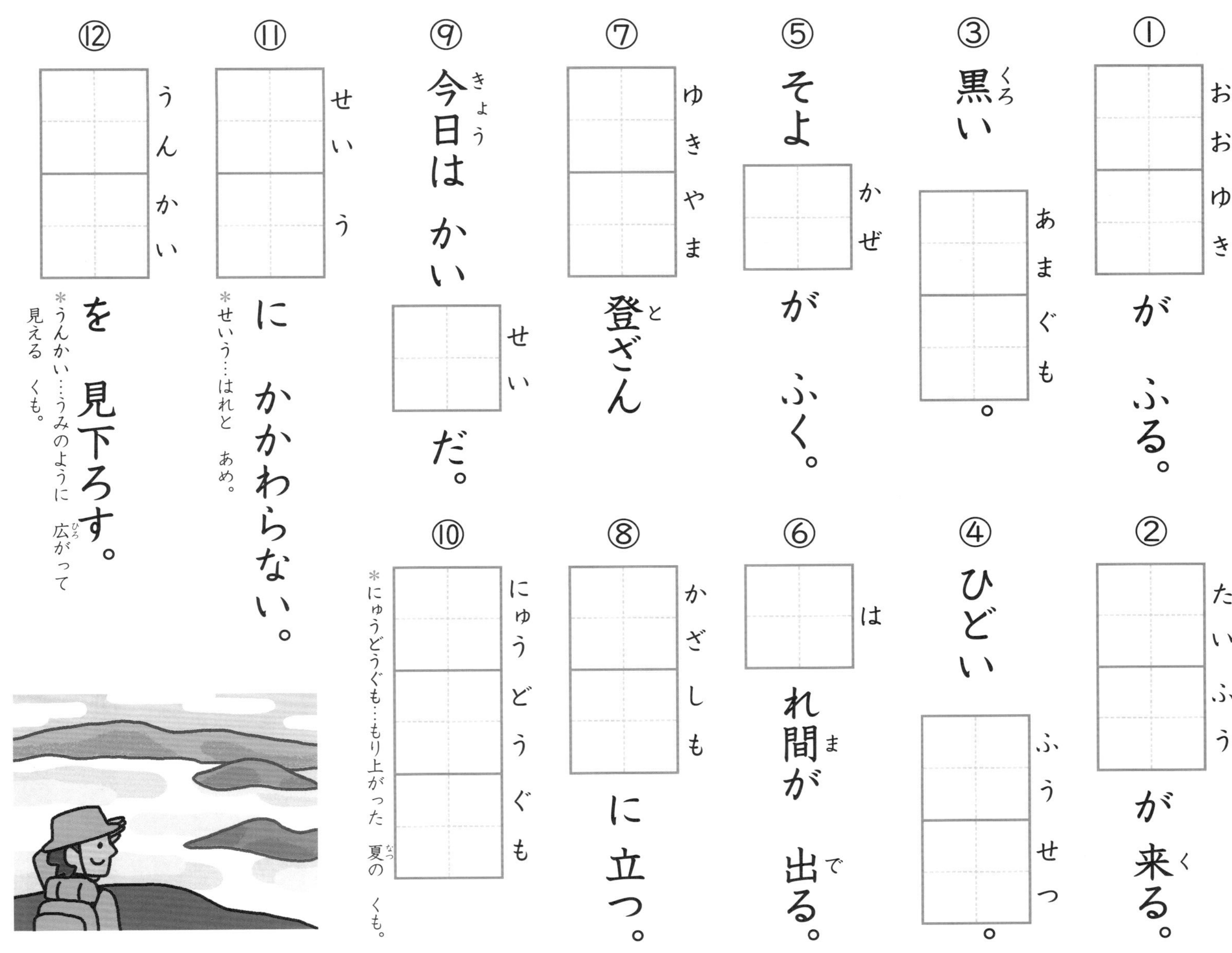

クイズ

「風車」の 読(よ)み方(かた)で 正しく ない ものは どれかな？

① かぜぐるま ② ふうしゃ ③ かざぐるま

答え ▶ 110ページ

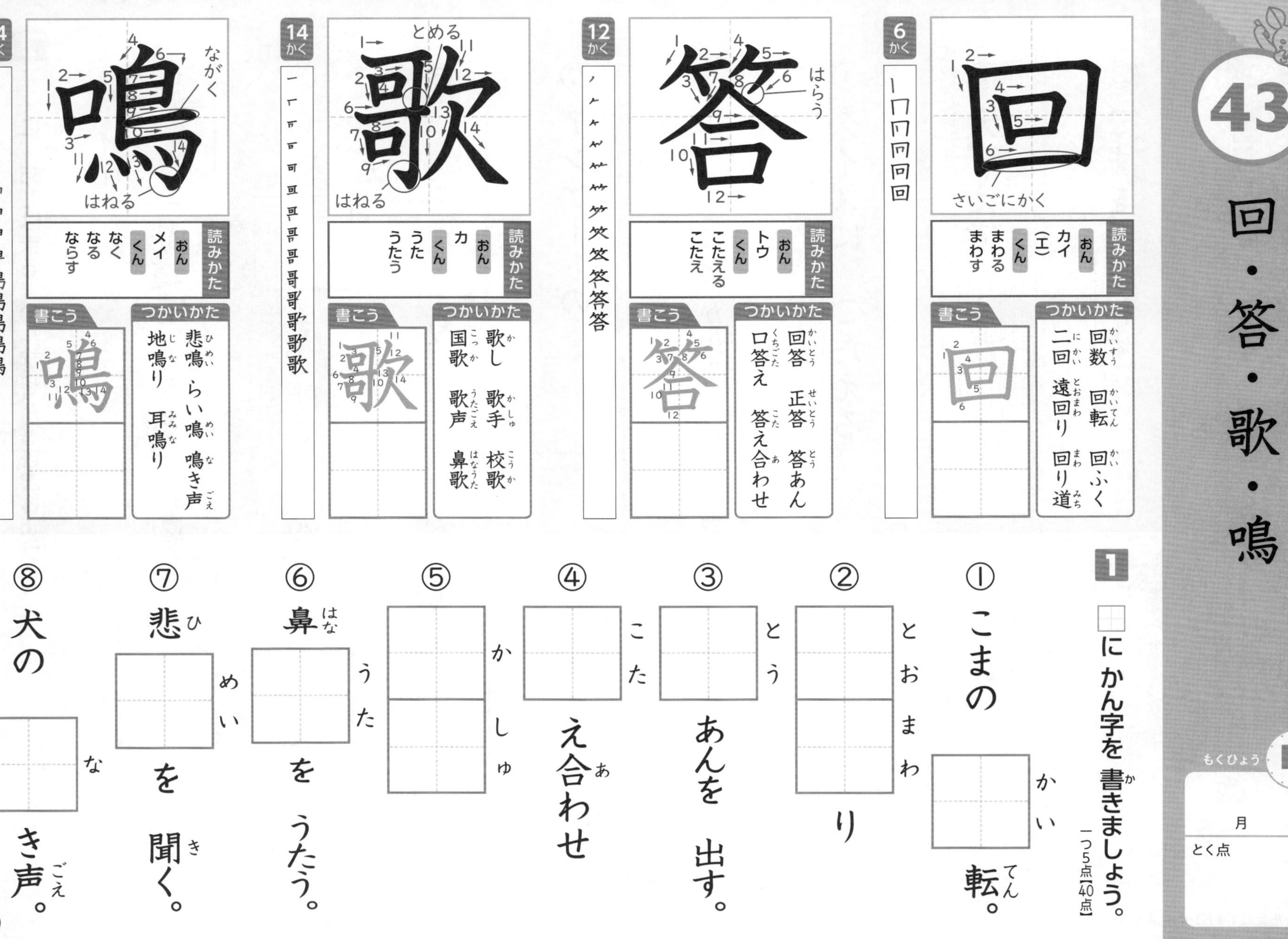

43 回・答・歌・鳴

もくひょう 10分

月　日

とく点　　点

回

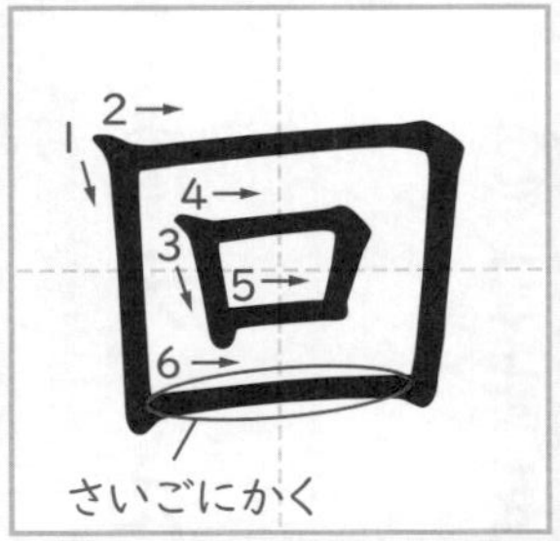

さいごにかく

6かく
丨 冂 冋 冋 回 回

読みかた
おん　カイ　(エ)
くん　まわる　まわす

つかいかた
回数（かいすう）　回転（かいてん）　回ふく（かいふく）
二回（にかい）　遠回り（とおまわり）　回り道（まわりみち）

書こう

答

はらう

12かく
丿 𠂉 𠂉 𥫗 𥫗 𥫗 𥫗 竺 笶 笞 答 答

読みかた
おん　トウ
くん　こたえる　こたえ

つかいかた
回答（かいとう）　正答（せいとう）　答あん（とうあん）
口答え（くちごたえ）　答え合わせ（こたえあわせ）

書こう

歌

とめる
はねる

14かく
一 ｢ ｢ ｢ 可 可 叧 哥 哥 哥 哥 歌 歌 歌

読みかた
おん　カ
くん　うた　うたう

つかいかた
歌し（かし）　歌手（かしゅ）　校歌（こうか）
国歌（こっか）　歌声（うたごえ）　鼻歌（はなうた）

書こう

鳴

ながく
はねる

14かく
丨 口 口 口' 叮 叩 咱 咱 咱 鳴 鳴 鳴 鳴 鳴

読みかた
おん　メイ
くん　なく　なる　ならす

つかいかた
悲鳴（ひめい）　らい鳴（らいめい）　鳴き声（なきごえ）
地鳴り（じなり）　耳鳴り（みみなり）

書こう

1　□にかん字を書（か）きましょう。　一つ5点【40点】

① こまの □（かい）転（てん）。

② □□（とおまわ）り

③ □（とう）あんを出す。

④ □（こた）え合（あ）わせ

⑤ □□（かしゅ）

⑥ 鼻（はな）□（うた）をうたう。

⑦ 悲（ひ）□（めい）を聞（き）く。

⑧ 犬の□（な）き声（ごえ）。

2 □に あてはまる かん字を 書(か)きましょう。 一つ6点【42点】

① □(まわ)り道(みち)を する。

② □□(こうか)を うたう。

③ らい□(めい)を 聞(き)く。
*らいめい…かみなりの 音。

④ □□(くちごた)えする

⑤ □□(みみな)り

⑥ 大きな □□(うたごえ)。

⑦ アンケートの □□(かいとう)。
「かいとう」は しつもんに こたえる ことだよ。

3 ――の ことばを、かん字と ひらがなで （　）に 書きましょう。 一つ6点【18点】

① クイズに こたえる。（　）

② 大ごえで うたう。（　）

③ こまを まわす。（　）

クイズ

「なく」を 「鳴く」と 書く ものは どれかな？

① 友(とも)だちが なく。 ② 犬が なく。 ③ 弟(おとうと)が なく。

こたえ ▶ 110ページ

44 読・書・走・歩

もくひょう 10分

月　日

とく点　　点

14かく　読

筆順：、 ニ ニ 言 言 言 言 言 言 言 訁 詰 読 読

読みかた
- おん：ドク　トク　トウ
- くん：よむ

つかいかた：音読（おんどく）　読者（どくしゃ）　ろう読（どく）　読本（とくほん）　読点（とうてん）　読み物（よみもの）

書こう

10かく　書

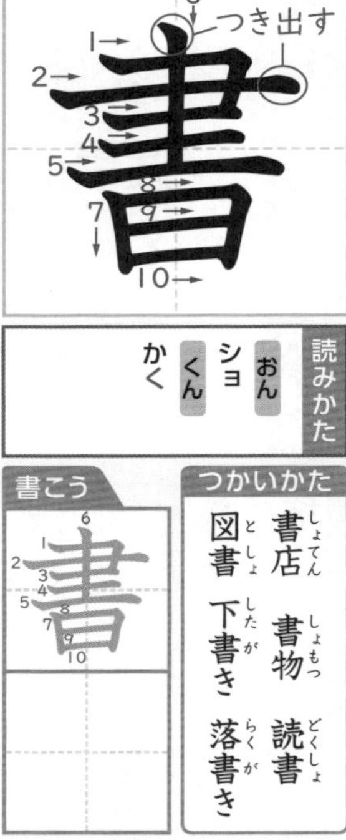

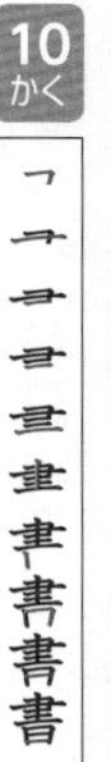

筆順：フ コ ヨ ヨ 글 글 聿 聿 書 書 書

読みかた
- おん：ショ
- くん：かく

つかいかた：書店（しょてん）　書物（しょもつ）　読書（どくしょ）　図書（としょ）　下書き（したがき）　落書き（らくがき）

書こう

7かく　走

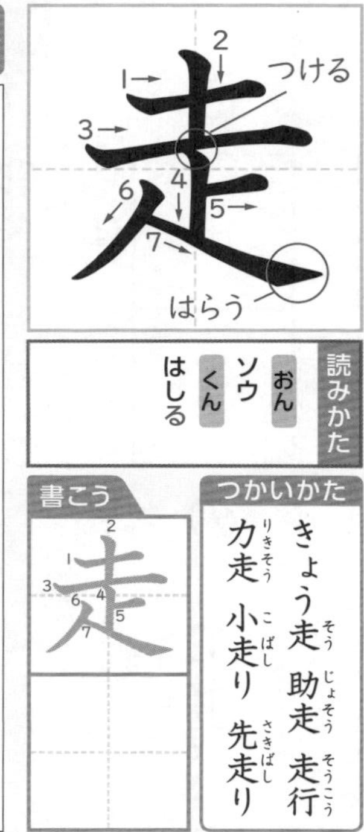

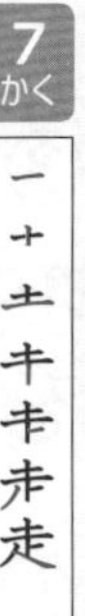

筆順：一 十 土 キ 丰 未 走

読みかた
- おん：ソウ
- くん：はしる

つかいかた：きょう走（そう）　助走（じょそう）　走行（そうこう）　力走（りきそう）　小走り（こばしり）　先走り（さきばしり）

書こう

8かく　歩

筆順：丨 ト 止 止 牛 步 歩 歩

読みかた
- おん：ホ　（ブ）　（フ）
- くん：あるく　あゆむ

つかいかた：さん歩（ぽ）　進歩（しんぽ）　歩行者（ほこうしゃ）　歩道（ほどう）　歩みより（あゆみより）

書こう

1 □にかん字を書きましょう。 一つ5点【40点】

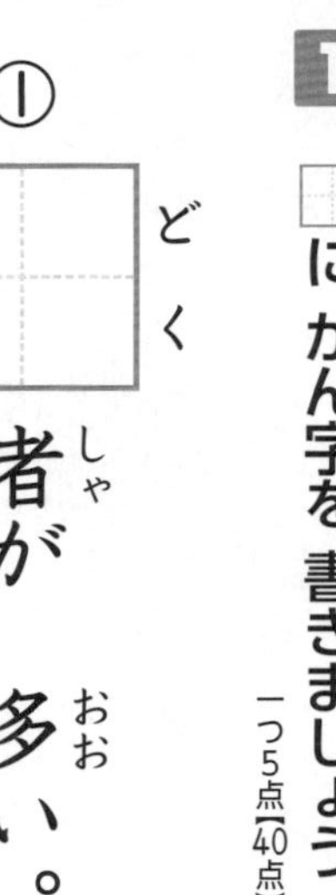

① □（どく）者（しゃ）が　多（おお）い。

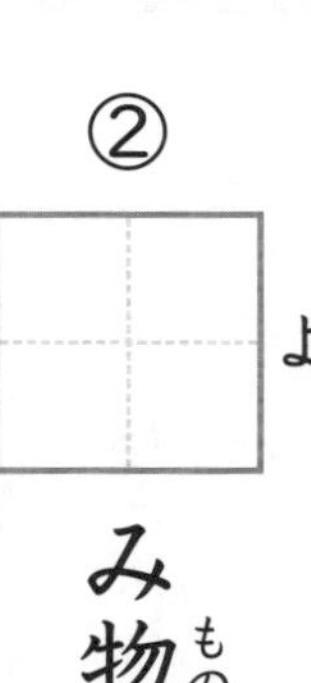

② □（よ）み物（もの）

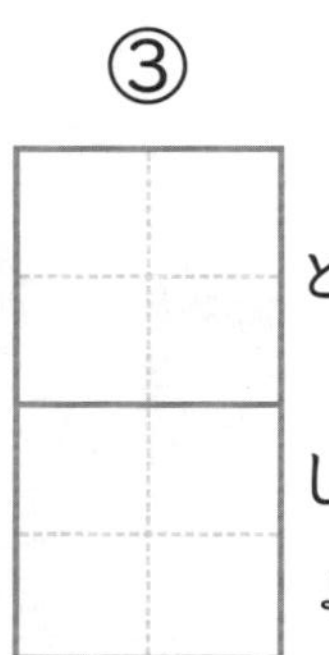

③ □□（としょ）

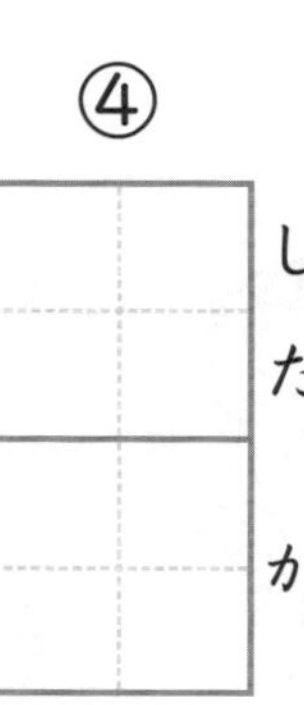

④ □□（したが）き

⑤ 馬（うま）の　きょう□（そう）。

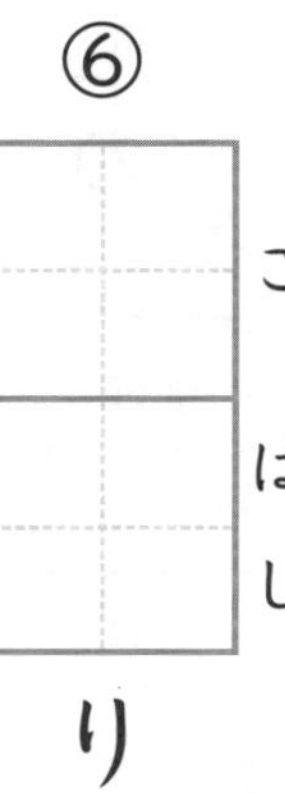

⑥ □□（こばし）り

⑦ さん□（ぽ）

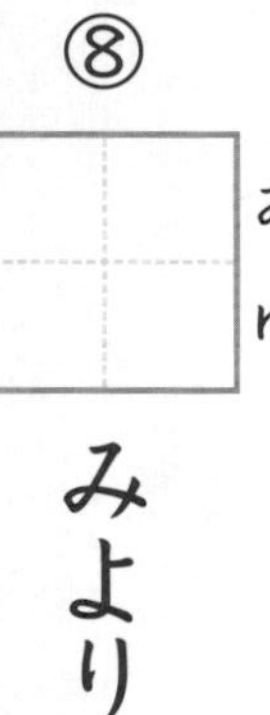

⑧ □（あゆ）みより

2 □に　あてはまる　かん字を　かきましょう。　一つ6点【48点】

① 落(らく)[が]きを　けす。

② [どくしょ]の　時間(じかん)。

③ 町を　[ある]く。

④ 車の　[そうこう]。

⑤ [ほどう]の　工事(こうじ)。

⑥ 文章(ぶんしょう)[とくほん]

＊とくほん…やさしく　かいた　ほん。

⑦ [しょてん]に　入る。

⑧ 兄(あに)が　[りきそう]する。

＊りきそう…ちからいっぱい　はしること。

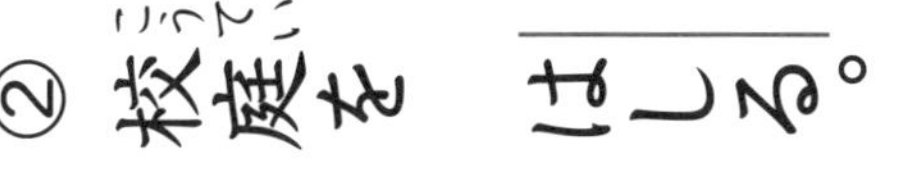

3 ――の　ことばを、かん字と　ひらがなで（　　）に　かきましょう。　一つ6点【12点】

① ゆっくりと　あゆむ。（　　　）

② 校庭(こうてい)を　はしる。（　　　）

クイズ　「書」の　かきじゅんで　正しい　ものは　どれかな？

① ㇕ ⺕ ⺕ 聿 聿 聿 書　② ｜ 十 ⺕ 聿 聿 聿 書　③ ㇕ ⺕ ⺕ 聿 聿 聿 書

答え▶110ページ

45 首・毛・頭・顔

首（9かく）

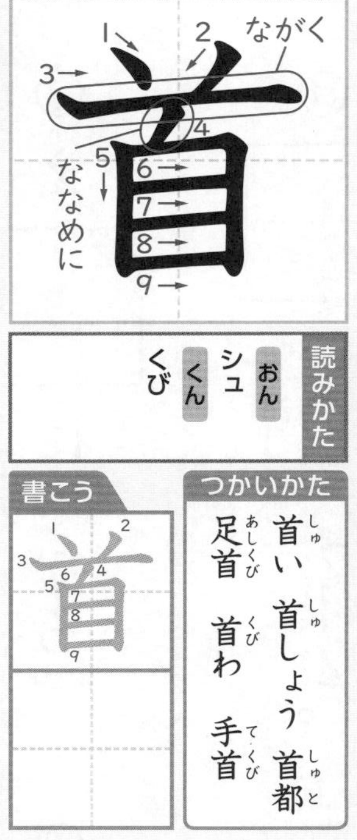

丶 丷 䒑 䒒 产 首 首 首 首

読みかた　おん：シュ　くん：くび

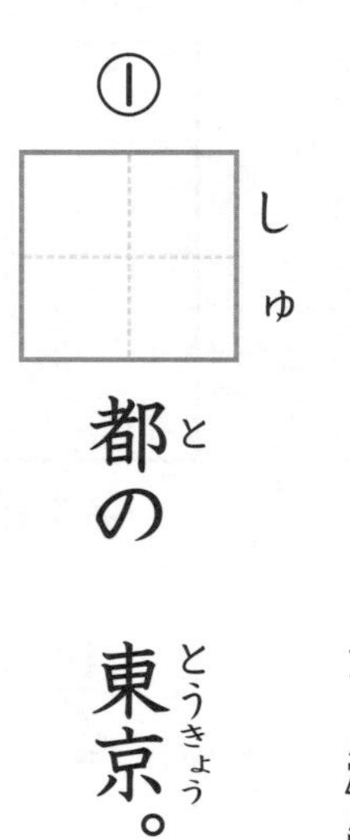

つかいかた　首（しゅ）い　首（しゅ）しょう　首都（しゅと）　足首（あしくび）　首（くび）わ　手首（てくび）

毛（4かく）

丿 二 三 毛

読みかた　おん：モウ　くん：け

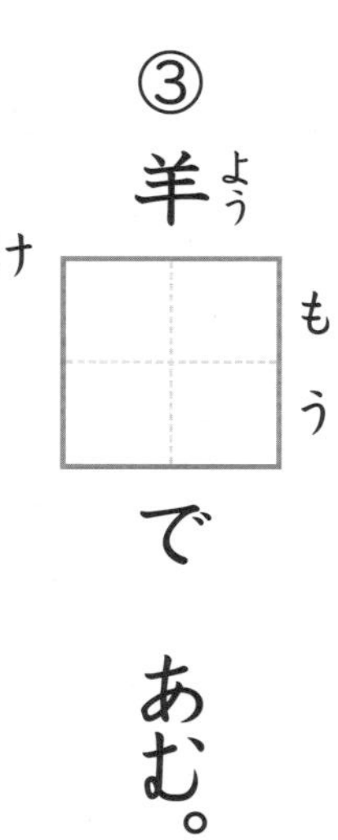

つかいかた　毛筆（もうひつ）　毛（もう）ふ　羊毛（ようもう）　毛糸（けいと）　毛皮（けがわ）　毛虫（けむし）

頭（16かく）

一 丆 冂 口 戸 豆 豆 豆 豇 豇 頭 頭 頭 頭 頭 頭

読みかた　おん：トウ　ズ　（ト）　くん：あたま　（かしら）

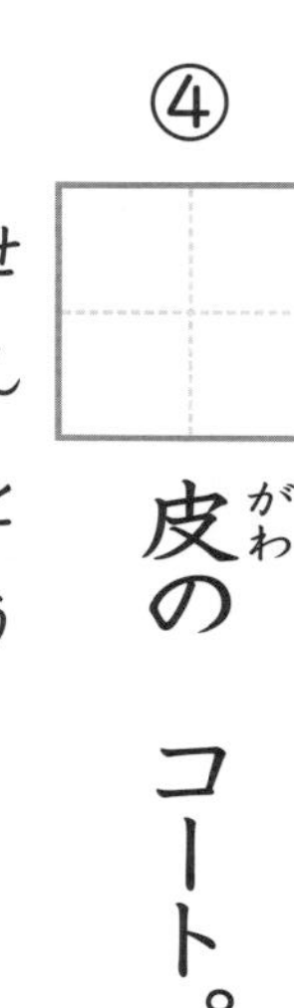

つかいかた　先頭（せんとう）　船頭（せんどう）　店頭（てんとう）　二頭（にとう）　頭上（ずじょう）　頭（ず）つう

顔（18かく）

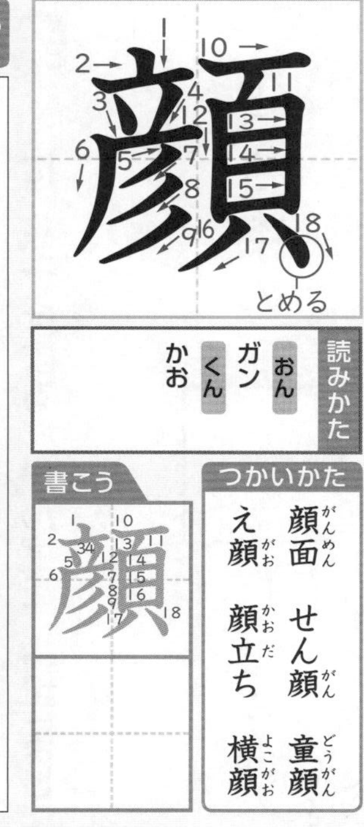

丶 亠 亣 立 产 产 彦 彦 彦 彦 彦 顏 顏 顏 顏 顏 顏 顔

読みかた　おん：ガン　くん：かお

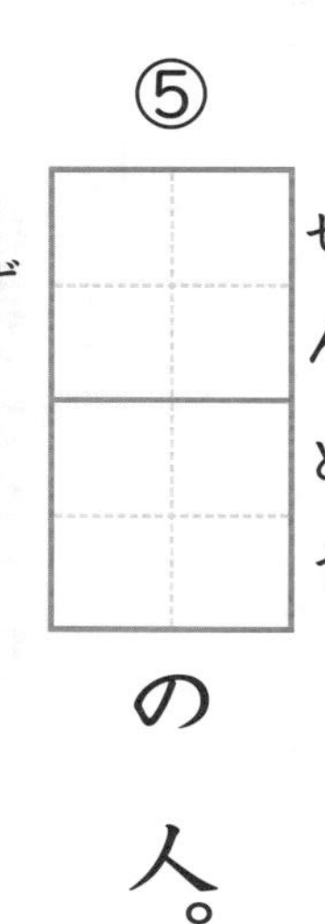

つかいかた　顔面（がんめん）　せん顔（がん）　童顔（どうがん）　え顔（がお）　顔立（かおだ）ち　横顔（よこがお）

1 □にかん字を書（か）きましょう。　一つ5点【40点】

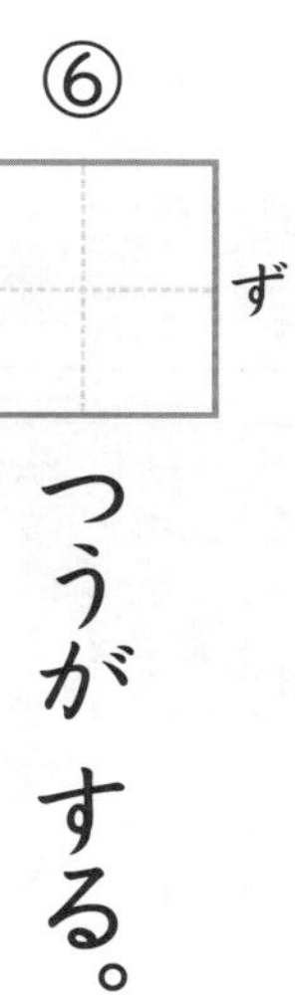

① （しゅ）都（と）の東京（とうきょう）。

② （あしくび）

③ 羊（よう）（もう）であむ。

④ （け）皮（がわ）のコート。

⑤ （せんとう）の人。

⑥ （ず）つうがする。

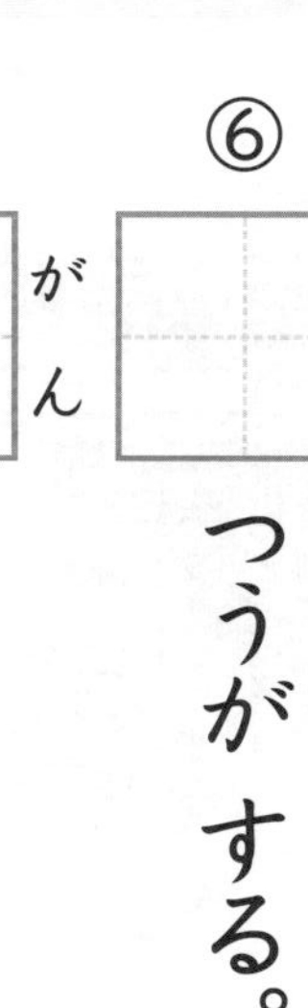

⑦ （がん）面（めん）

⑧ （かおだ）ち

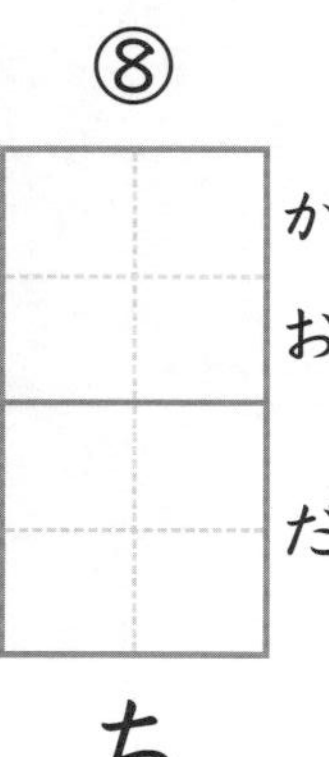

2 □に あてはまる かん字を 書き(か)ましょう。

【一つ5点/60点】

① 日本の □(しゅ) しょう。
＊しゅしょう…内(ない)かくそう理(り)大じんの こと。

② □□(てんとう) の しなもの。

③ 横(よこ) □(がお) を 見る。

④ □□(けいと) を あむ。

⑤ □(くび) わを つける。

⑥ せん □(がん) 石けん

⑦ □(もう) ふを かける。

⑧ □(あたま) が いたい。

⑨ え □(がお) に なる。

⑩ □□(けむし) が 出る。

⑪ □(しゅ) いの チーム。
＊しゅい…第一(だいいち)い。

⑫ □□(ずじょう) を 見る。
＊ずじょう…あたまの うえ。

クイズ

「頁」の ▯に どの かん字の 部分(ぶぶん)を 入れたら 「かお」の かん字に なるかな？

① 豆 ② 言 ③ 彦

答え ▶ 110ページ

46 自・汽・船・電

もくひょう 10分

月　日

とく点　　点

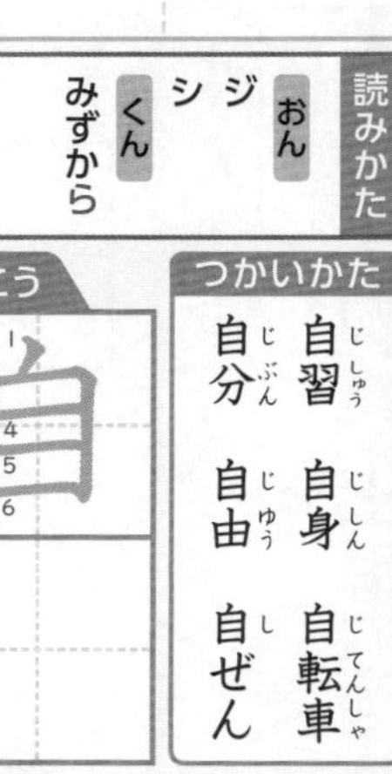

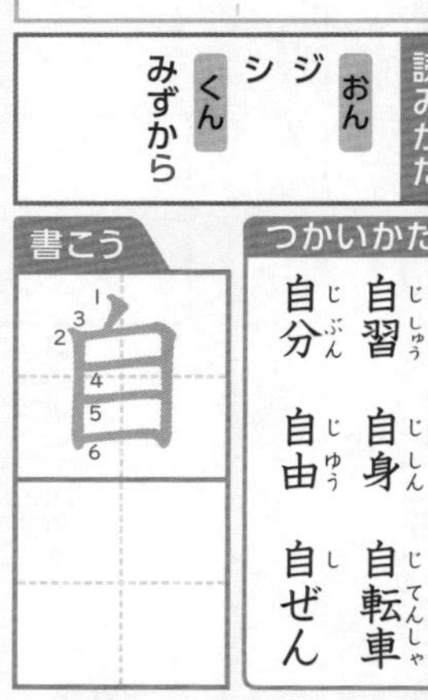
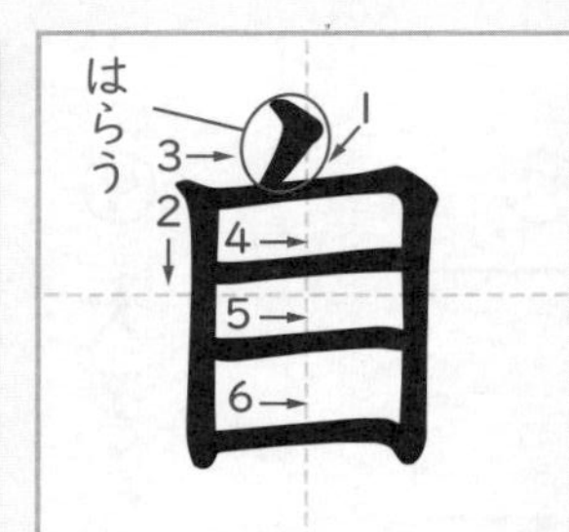

6かく

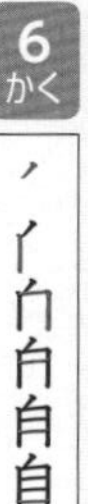

読みかた
おん　ジ　シ
くん　みずから

つかいかた
自習(じしゅう)　自分(じぶん)
自身(じしん)　自由(じゆう)
自転車(じてんしゃ)　自(し)ぜん

書こう

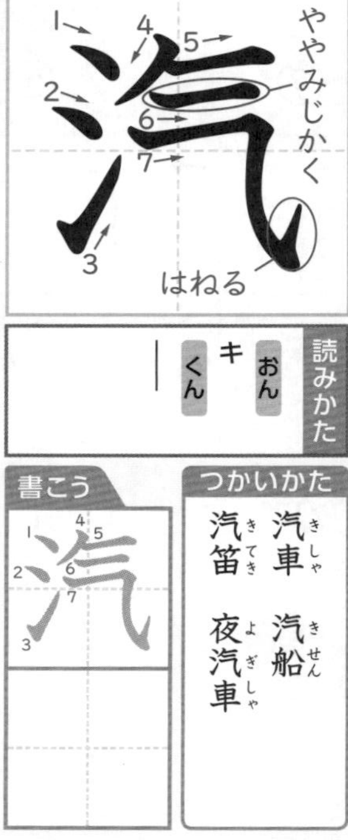
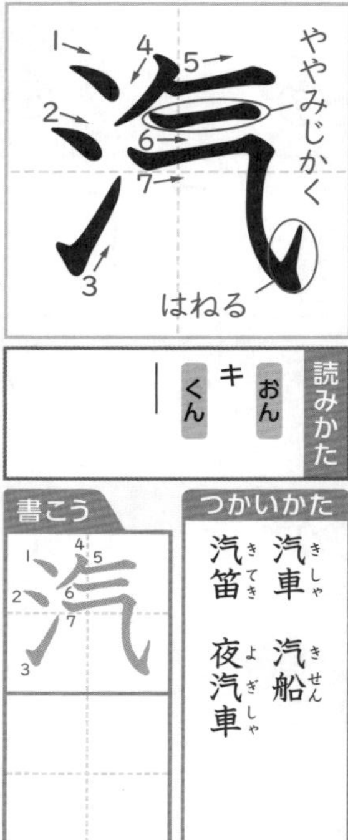

7かく

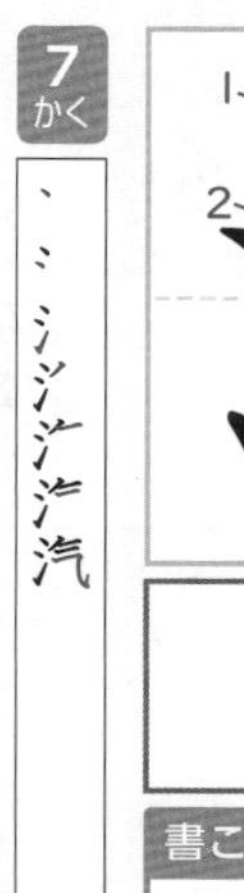

読みかた
おん　キ
くん　―

つかいかた
汽車(きしゃ)　汽笛(きてき)
汽船(きせん)　夜汽車(よぎしゃ)

書こう

11かく

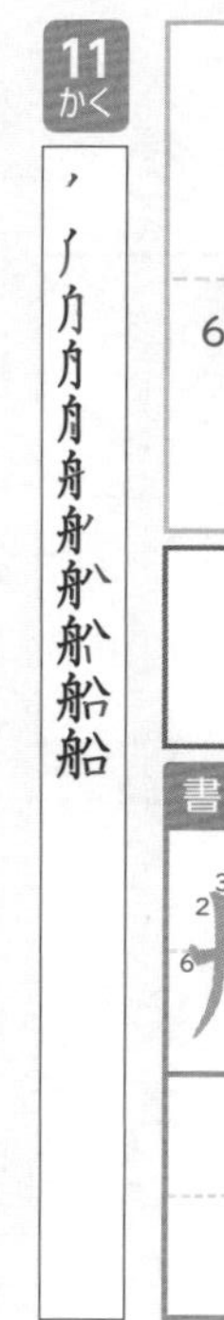

読みかた
おん　セン
くん　ふね　ふな

つかいかた
客船(きゃくせん)　船旅(ふなたび)
船長(せんちょう)　船出(ふなで)
風船(ふうせん)　船乗(ふなの)り

書こう

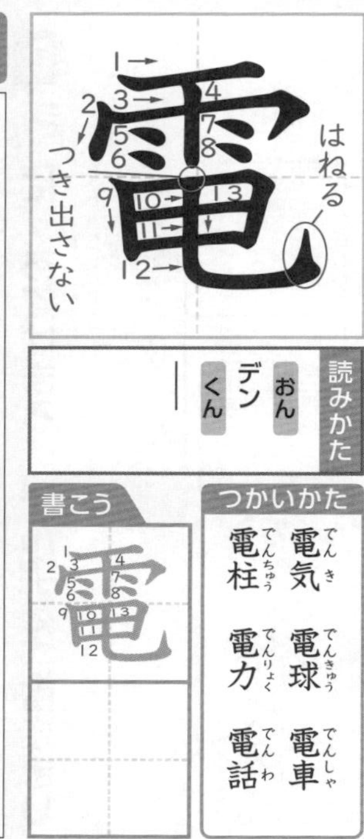

13かく

読みかた
おん　デン
くん　―

つかいかた
電気(でんき)　電柱(でんちゅう)
電球(でんきゅう)　電力(でんりょく)
電車(でんしゃ)　電話(でんわ)

書こう

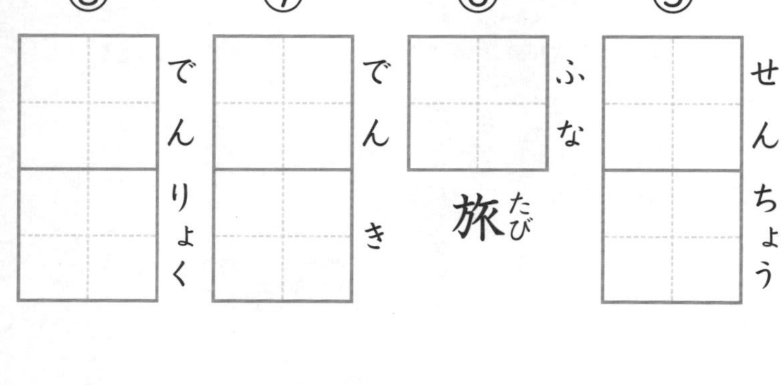

1 □にかん字を書(か)きましょう。　一つ5点【40点】

① □(じ)習(しゅう)の 時間(じかん)。

② □(し)ぜんの 中。

③ 下りの □□(きしゃ)。

④ □(き)笛(てき)が 鳴(な)る。

⑤ □□(せんちょう)

⑥ □(ふな)旅(たび)

⑦ □□(でんき)

⑧ □□(でんりょく)

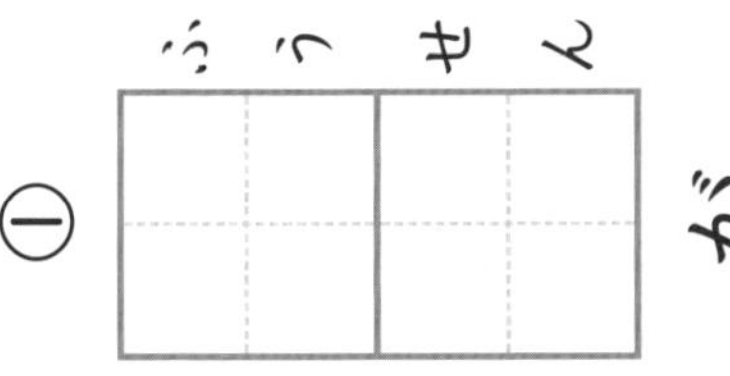

2 □に　あてはまる　かん字を　書(か)きましょう。　一つ5点【60点】

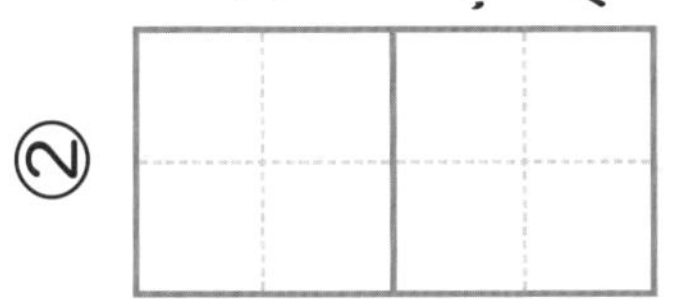

① □□（ふうせん）が　われる。

② □□（じぶん）で　やる。

③ □□□（よぎしゃ）

④ □□（でんしゃ）に　のる。

⑤ □（みずか）ら　はなす。

⑥ □（じ）由(ゆう)に　あそぶ。

⑦ □□（でんわ）が　鳴(な)る。

⑧ □□（ふなで）の　時間(じかん)。

⑨ 大きな　□（ふね）。

⑩ 球(きゅう)の　交(こう)かん。□（でん）

⑪ □□（きせん）の　出港(しゅっこう)。

⑫ 転(てん)しゃに　のる。□（じ）

※きせん…じょう気の　力で　うごく（大がたの）ふね。

これで　二年生で　ならう
かん字は、すべて　出て　きたよ。
がんばったね！

クイズ
「□电」「□云」「□ヨ」の　どの　□にも　入る　かん字の　部分(ぶぶん)は　どれかな？
① 目　② ⻗　③ 宀

答え ▶ 110ページ

47 かくにんテスト⑦

名前

もくひょう 15分

月　日

とく点　　点

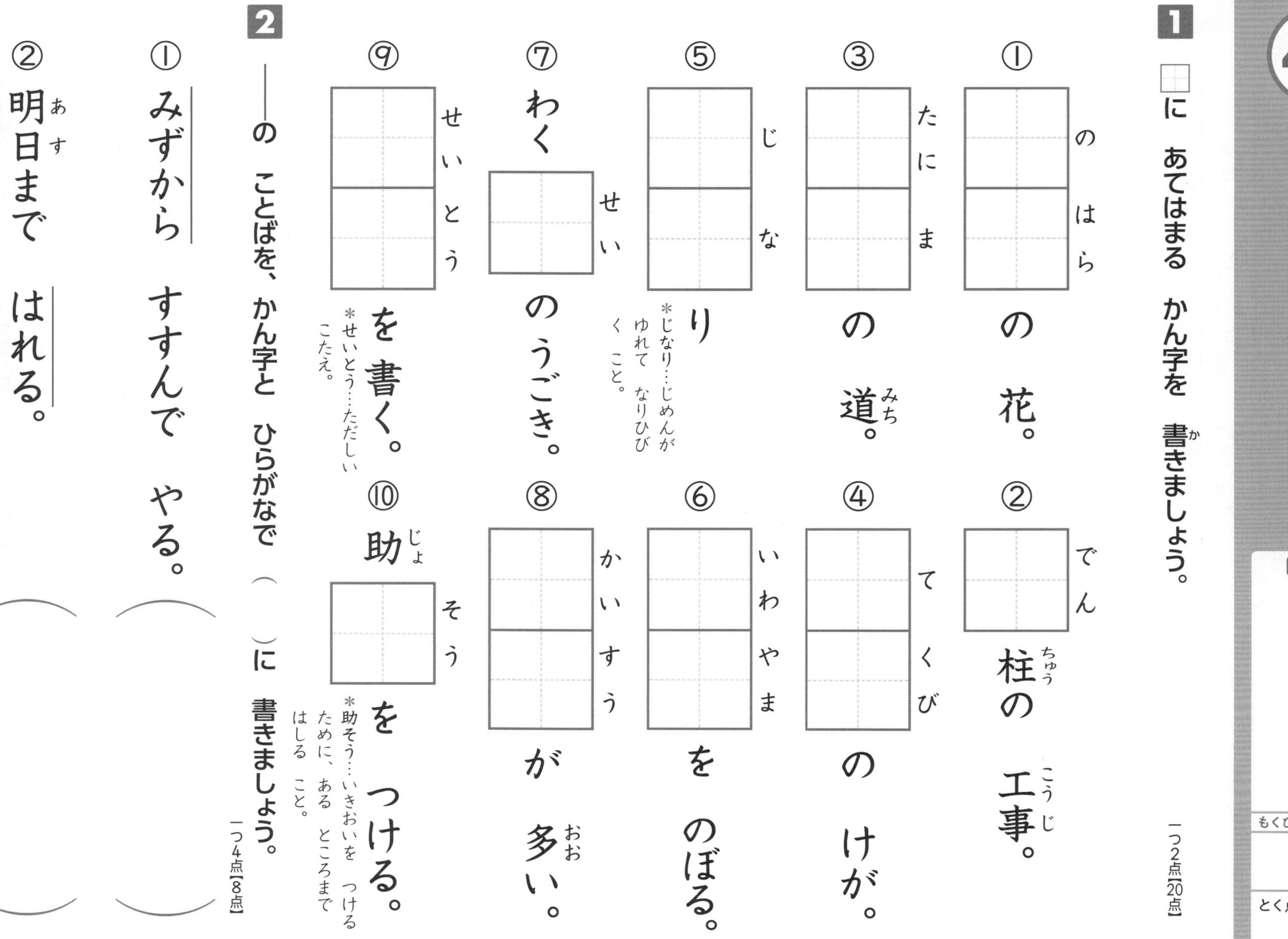

1 □に　あてはまる　かん字を　書(か)きましょう。　一つ2点【20点】

① □□(のはら)の　花。

② □(でん)柱(ちゅう)の　工事(こうじ)。

③ □□(たにま)の　道(みち)。

④ □□(てくび)の　けが。

⑤ □□(じな)り
＊じなり…じめんが　ゆれて　なりひびく　こと。

⑥ □□(いわやま)を　のぼる。

⑦ わく□(せい)の　うごき。

⑧ □□(かいすう)が　多(おお)い。

⑨ □□(せいとう)を　書く。
＊せいとう…ただしい　こたえ。

⑩ 助(じょ)□(そう)を　つける。
＊助そう…いきおいを　つける　ために、ある　ところまで　はしる　こと。

2 ――の　ことばを、かん字と　ひらがなで　(　　)に　書きましょう。　一つ4点【8点】

① みずから　すすんで　やる。（　　　）

② 明日(あす)まで　はれる。（　　　）

3 ――の　かん字の　よみがなを　書（か）きましょう。　一つ3点【36点】

①
- 風船が　とぶ。（　）
- 風が　ふく。（　）
- 風下に　立つ。（　）

②
- 国歌せいしょう（　）
- 歌声が　ひびく。（　）
- しずかに　歌う。（　）

③
- 読書の　秋（あき）。（　）
- 読点を　うつ。（　）
- 本を　読む。（　）

④
- 歩行者（しゃ）（　）
- 歩いて　行（い）く。（　）
- かめの　歩み。（　）

4 □に　形（かたち）の　にて　いる　かん字を　書きましょう。　一つ3点【36点】

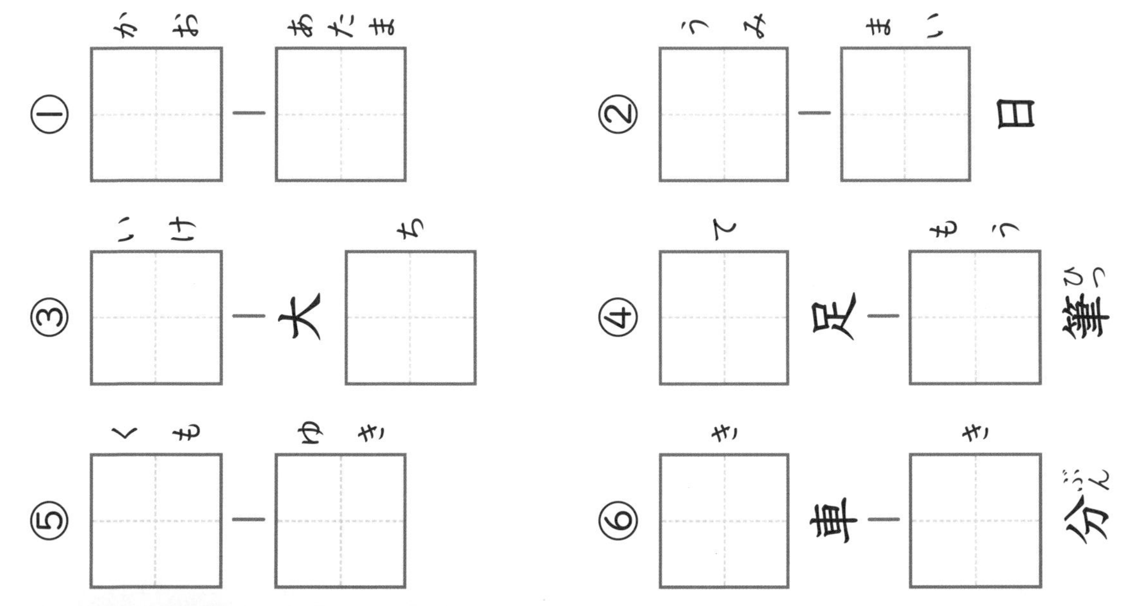

答え ▶ 110ページ

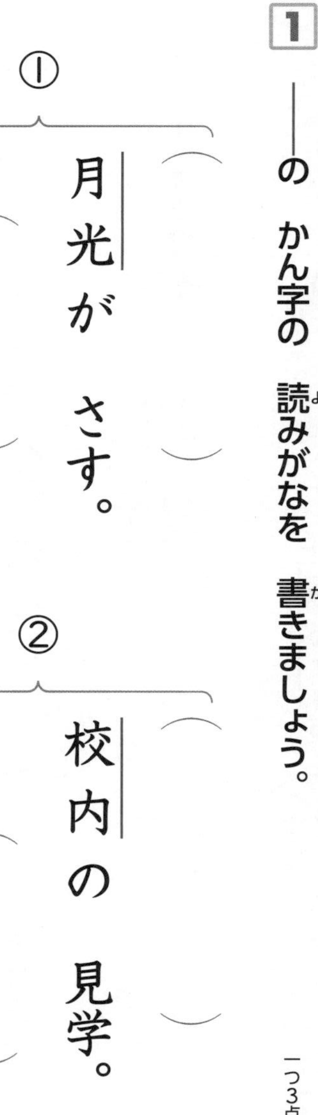
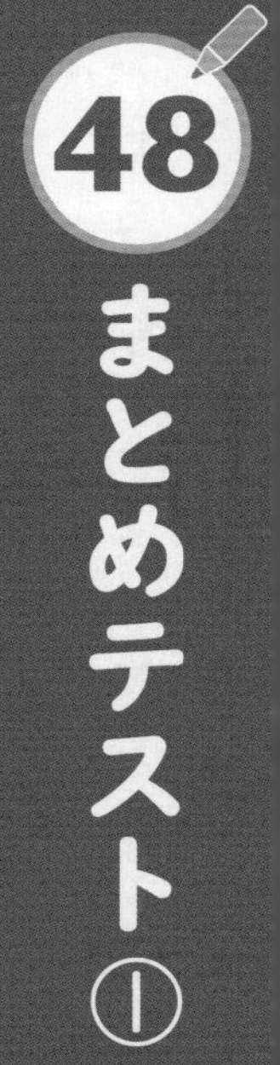

48 まとめテスト①

名前

もくひょう 15分

月　日

とく点　点

1 ――の　かん字の　読み（よ）がなを　書（か）きましょう。　一つ3点【12点】

① 月光（　　）が　さす。
　 月の　光（　　）。

② 校内（　　）の　見学。
　 ふくは　内（　　）。

2 つぎの　かん字の　太（ふと）い　画（かく）は、何画目（なんかくめ）に　書きますか。数字（すうじ）で　書きましょう。　一つ4点【16点】

① 図（　　）画目　② 馬（　　）画目

③ 角（　　）画目　④ 何（　　）画目

3 □に　①・②の　なかまの　かん字を　書きましょう。　一つ4点【28点】

①〈体（からだ）の　部分（ぶぶん）〉
け□ー あたま□ー かお□ー くび□

②〈一日の　時間（じかん）〉
あさ□ー ひる□ー よる□

4 ——のかん字の読み(よ)がなを書(か)きましょう。 一つ4点【16点】

① 今月(こんげつ)の半ば。（　　）

② まつりを行う。（　　）

③ 道(みち)が交わる。（　　）

④ 自ら とり組(く)む。（　　）

5 四つのかん字でできたことばを書きましょう。 一つ6点【12点】

① しゅんかしゅうとう（□□□□）おりおりの絵画(かいが)。

② とうざいなんぼく（□□□□）から人があつまる。

6 ——のことばを、かん字とひらがなで（　）に書きましょう。 一つ4点【16点】

① じっくりかんがえる。（　　）

② よそうがあたる。（　　）

③ むかしのことをかたる。（　　）

④ 夕方(ゆうがた)には家にかえる。（　　）

答え ▶ 111ページ

49 まとめテスト②

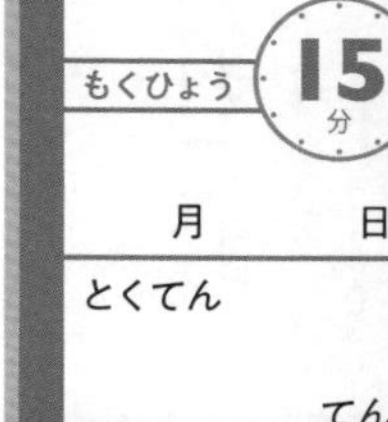

1 ——の かん字の 読み(よ)がなを 書き(か)ましょう。 一つ3点【12点】

① 外(　　)に 出る。 思(おも)いの 外(　　)。

② 晴(は)れ 後(　　)、くもり。 後(　　)から 行(い)く。

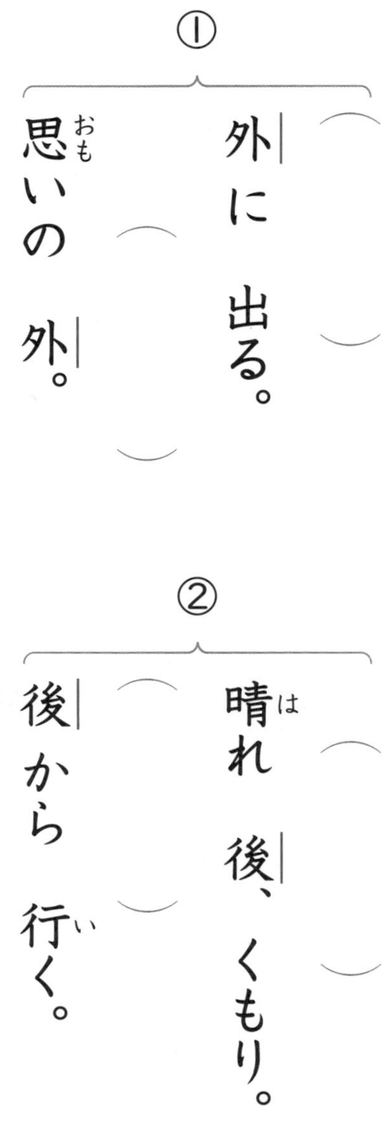

2 つぎの かん字は、何画(なんかく)で 書きますか。数字(すうじ)で 書きましょう。 一つ3点【12点】

① 門(　　)画　② 弓(　　)画

③ 近(　　)画　④ 教(　　)画

3 □に 同じ(おな) 読み方(かた)を する かん字を、書き分(わ)けましょう。 一つ3点【12点】

① 人に □(あ)う。 気が □(あ)う。

② 夜(よ)が □(あ)ける。 せきを □(あ)ける。

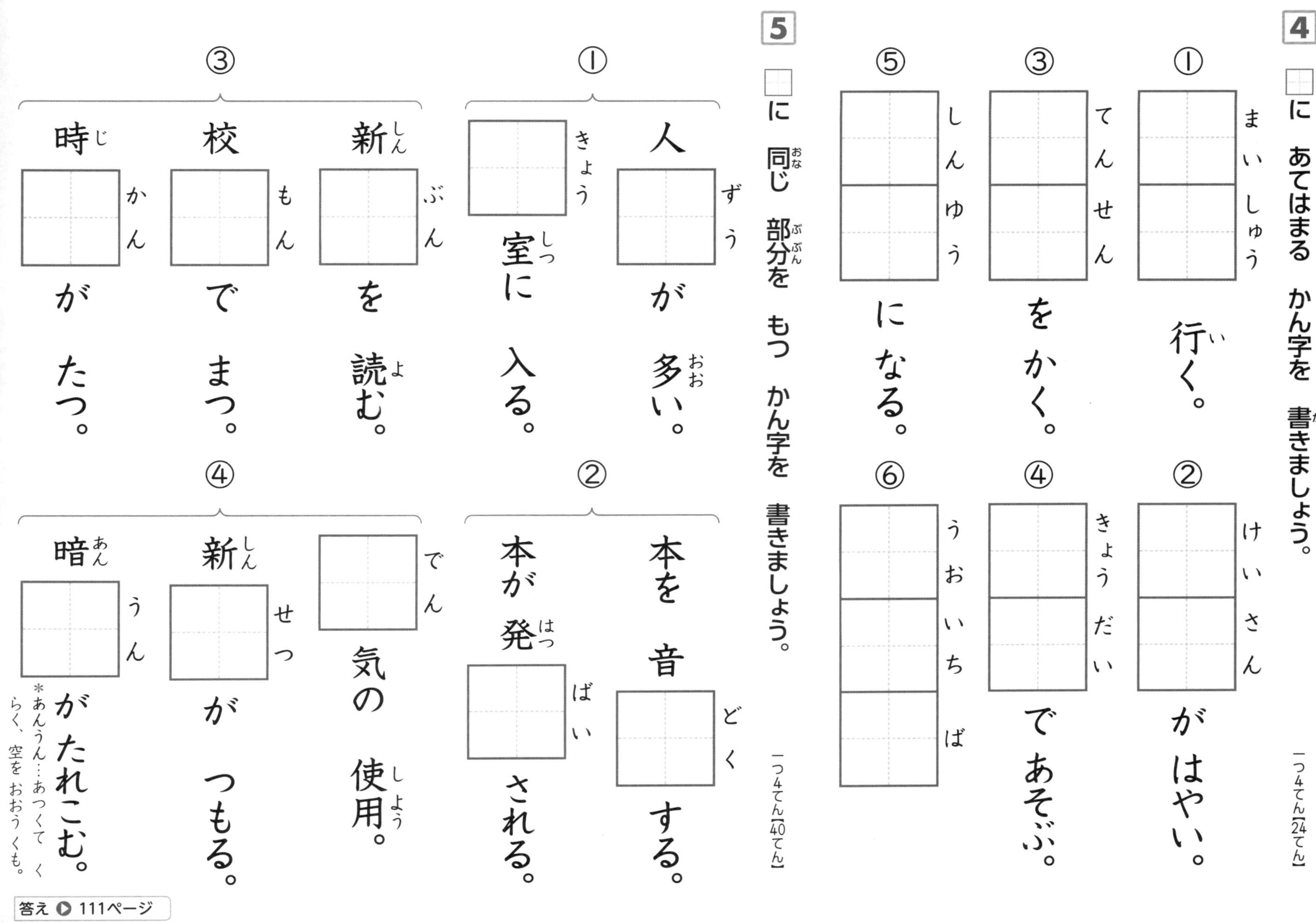

4 □に あてはまる かん字を 書き(か)ましょう。 一つ4てん【24てん】

① □□(まいしゅう) 行(い)く。

② □□(けいさん) が はやい。

③ □□(てんせん) を かく。

④ □□(きょうだい) で あそぶ。

⑤ □□(しんゆう) に なる。

⑥ □□□(うおいちば)

5 □に 同(おな)じ 部分(ぶぶん)を もつ かん字を 書きましょう。 一つ4てん【40てん】

① 人 □(ずう) が 多(おお)い。 □(きょう) 室(しつ) に 入る。

② 本を 音 □(どく) する。 本が 発(はっ) □(ばい) される。

③ 新(しん) □(ぶん) を 読(よ)む。 校 □(もん) で まつ。 時(じ) □(かん) が たつ。

④ □(でん) 気の 使用(しよう)。 新(しん) □(せつ) が つもる。 暗(あん) □(うん) が たれこむ。

＊あんうん…あつくて くらく、空を おおう くも。

答え ▶ 111ページ

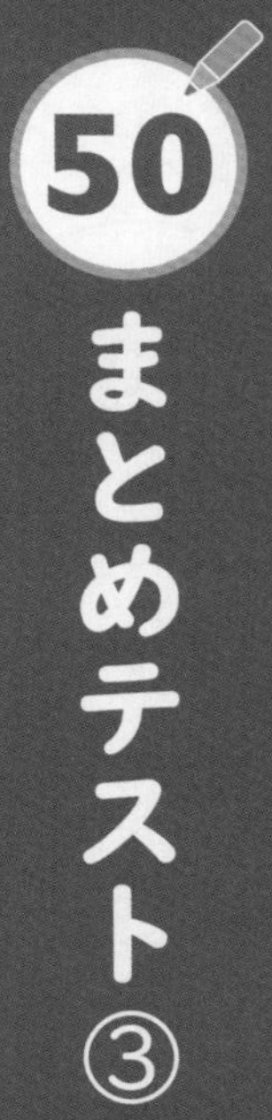

50 まとめテスト③

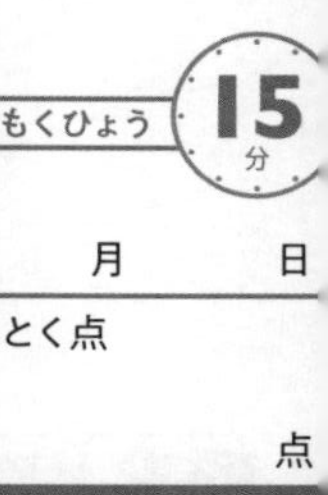

1 ——の ことばの 読み(よ)がなを 書き(か)ましょう。 一つ3点【12点】

① らん黄（　　）　※らん黄…たまごの きみ。
　黄色（　　）の ふく。

② 細工（　　）を ほどこす。
　紙(かみ)の 工作（　　）。

2 書きじゅんが 正しい ものを 二つ えらんで、○を 書きましょう。 一つ4点【8点】

ア（　　）乙九丸　　イ（　　）｜ㄏ FFE 王 手 長長

ウ（　　）丶丷丷半米米　　エ（　　）ㄥ口母母母

3 形(かたち)の ちがいに 気を つけて、□に かん字を 書きましょう。 一つ4点【28点】

① □□(おお)きな □□(いぬ)が □□(ふと)い 声(こえ)で 鳴(な)く。

② 三□□(かく)じょうぎを □□(よう)意(い)する。

③ かぜで □□(たい)そう教室(きょうしつ)を □□(やす)む。

4 同じ 読み方を もつ かん字を、□に 書きましょう。 一つ4点【32点】

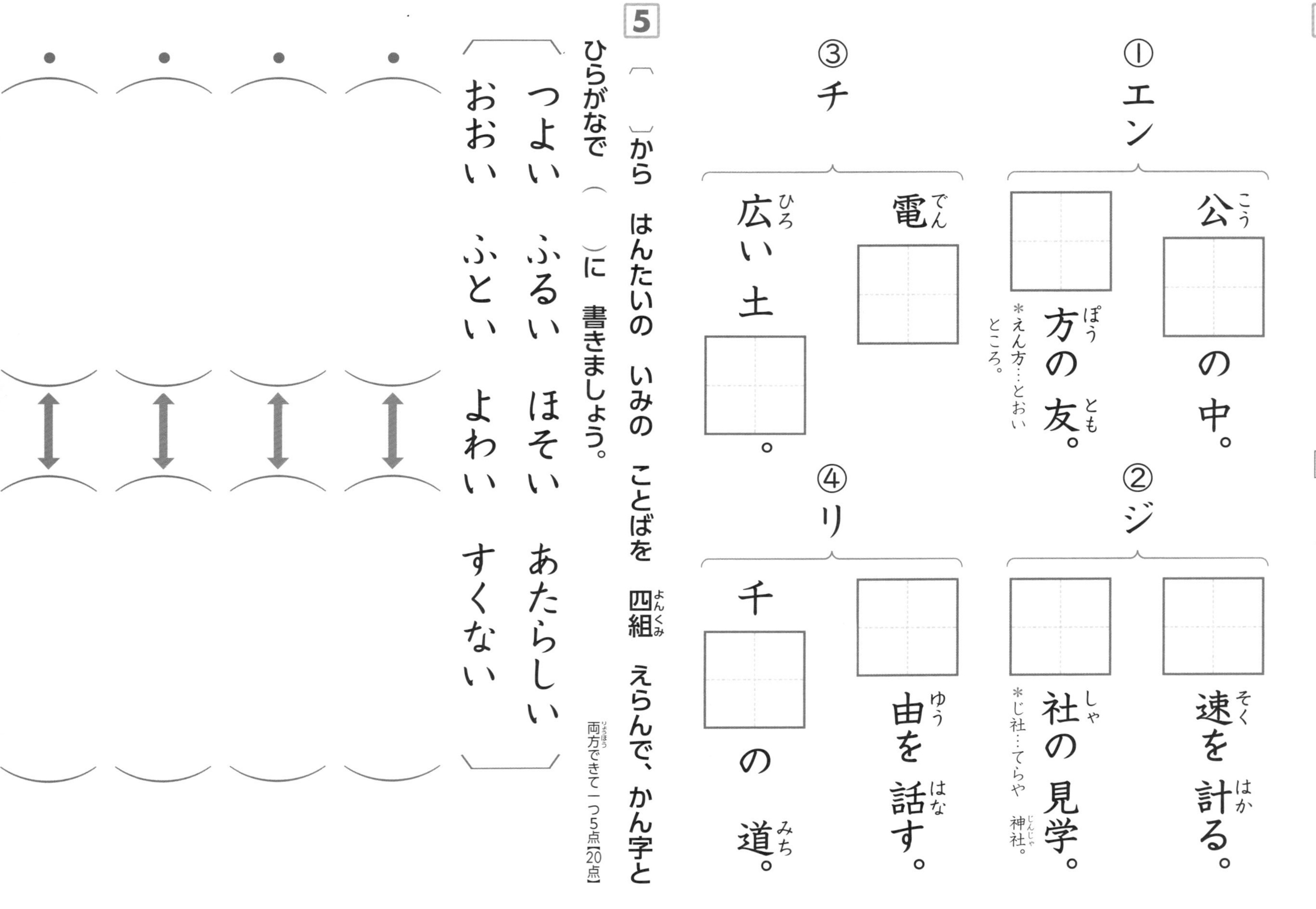

① エン
公□の 中。
□方の 友。
＊えん方…とおい ところ。

② ジ
速を 計る。
社の 見学。
＊じ社…てらや 神社。

③ チ
電□
広い 土□。

④ リ
由を 話す。
千□の 道。

5 〔 〕から はんたいの いみの ことばを 四組 えらんで、かん字と ひらがなで （ ）に 書きましょう。 両方できて一つ5点【20点】

〔 つよい　ふるい　ほそい　あたらしい
おおい　ふとい　よわい　すくない 〕

（　）↔（　）
（　）↔（　）
（　）↔（　）
（　）↔（　）

答え ▶ 111ページ

答えとアドバイス

おうちの方へ

▼まちがえた問題は、何度も練習させましょう。
▼アドバイスも参考に、お子さまに指導してあげてください。

1 才・心・光・同　5～6ページ

1 ①才　②文才　③心　④心　⑤月光　⑥光　⑦同　⑧同

2 ①同時　②多才　③光　④心　⑤天才　⑥日光　⑦心　⑧同点

3 ①同じ　②光る

クイズ ③（①「一十才」、②「丨⺌⺌光」が正しい。）

2 刀・弓・矢・台　7～8ページ

1 ①刀　②小刀　③弓　④弓矢　⑤矢　⑥矢　⑦土台　⑧台

2 ①弓　②刀　③矢　④名刀　⑤台風　⑥矢　⑦弓　⑧三台　⑨台　⑩矢先　⑪日本刀　⑫矢

クイズ ①（「ㄱㅋ弓」と三画で書く。）

3 門・戸・用・何　9～10ページ

1 ①門　②門　③戸　④戸口　⑤用　⑥用　⑦何　⑧何

2 ①校門　②用心　③雨戸　④戸外　⑤何人　⑥用　⑦入門　⑧何回　⑨戸　⑩名門　⑪何　⑫画用紙

クイズ ③（①・②は「こ」と読む。）

4 万・方・元・友　11～12ページ

1 ①百万円　②万年　③方　④夕方　⑤元日　⑥元　⑦友　⑧友

2 ①万一　②方角　③元来　④方　⑤万　⑥親友　⑦元気　⑧地方　⑨友　⑩元　⑪一万年　⑫友人

クイズ ③

アドバイス

1 「万」と「方」は、形が似ているので、しっかり区別して覚えさせましょう。

5 かくにんテスト①　13～14ページ

1 ①弓矢　②元気　③才　④何台　⑤夕方　⑥用　⑦木刀　⑧正門

2 ①用いる　②光る　③同じ

3 ①ゆう・とも　②なに・なんにち　③だい・たい　④いっこ・あまど　⑤がんじつ・あしもと　⑥ちゅうしん・こころ

4 ①万・方　②力・刀

アドバイス

2 ①送り仮名を「用る」と間違えやすいので注意させましょう。②「光る」は、「月の光」のように物の名前を表すときは漢字一字で「ひかり」と読みます。

3 ⑤「元」には、「元気」の「げん」という読み方もあります。

6 多・少・太・細　15～16ページ

1 ①多　②多　③年少　④少　⑤太　⑥太　⑦細　⑧細

2 ①細道　②多用　③太古　④丸太　⑤多少　⑥多大　⑦細工

3 ①少し　②太い　③細かい

クイズ ③（①「大きい（おお）」、②「犬（いぬ）」。）

アドバイス

1 「細い」と「細かい」という二つの訓読みと、送り仮名の違いに注意させましょう。

7 外・内・前・後　17～18ページ

1 ①外　②町外　③内外　④内　⑤前日　⑥手前　⑦前後　⑧後

2 ①前足　②後回　③内　④外国　⑤前方　⑥後　⑦外　⑧内気

3 ①外れる　②後ろ

クイズ ②（「前後左右」で「四方」の意味。）

8 東・西・南・北　19〜20ページ

1 ①東　②東口　③西　④西　⑤南　⑥南
⑦北上　⑧北

2 ①東西南北　②西日　③南半　④東日本
⑤北風　⑥西　⑦南　⑧北国　⑨東京　⑩西
⑪南下　⑫東北

クイズ ②（①「せい」、③「にし」と読む。）

9 知・合・思・考　21〜22ページ

1 ①知人　②知　③合　④合　⑤思　⑥思
⑦考　⑧考

2 ①思　②合　③合　④知　⑤思考力　⑥知
⑦考　⑧合

3 ①考える　②思う

クイズ ①（②「がっ」、③「ごう」と読む。）

10 切・引・止・言　23〜24ページ

1 ①切　②切　③引　④引　⑤中止　⑥止
⑦言　⑧言

2 ①言　②止　③大切　④止　⑤言　⑥引
⑦引力　⑧方言

3 ①切れる　②止まる

クイズ ③

11 かくにんテスト②　25〜26ページ

1 ①言　②北　③知　④細　⑤後　⑥目前
⑦切　⑧引用

2 ①止める　②思う　③考える

3 ①ごう・がっ　②げん・ごん

4 ①北　②東　③西　④南

5 ①細↕太　②少↕多　③内↕外　④前↕後

アドバイス

4 「東西南北（とうざいなんぼく）」という四字熟語の読み方もおさえさせましょう。

5 ①「細いひも」と「太いひも」のように文の形で確認して、理解を深めるのも有効です。

12 米・麦・肉・魚　27〜28ページ

1 ①白米　②米　③麦　④麦　⑤肉　⑥肉
⑦金魚　⑧魚

2 ①新米　②小魚　③麦　④肉　⑤魚市場
⑥米　⑦肉食　⑧小麦　⑨人魚　⑩米作
⑪麦茶　⑫肉体

クイズ ②（①「べい」、③「こめ」と読む。）

13 牛・馬・鳥・羽　29〜30ページ

1 ①牛　②牛　③馬車　④子馬（小馬）
⑤白鳥　⑥鳥　⑦羽　⑧羽子

2 ①三羽　②馬力　③子牛　④鳥　⑤羽音
⑥牛肉　⑦馬　⑧羽　⑨小鳥　⑩牛小
⑪絵馬　⑫野鳥

クイズ ②（①「頭」、③「こ」などを用いる。）

14 時・間・分・半　31〜32ページ

1 ①八時　②一時　③空間　④人間　⑤水分
⑥二分　⑦半日　⑧半

2 ①時間　②半分　③時　④半年　⑤間
⑥日時　⑦五分　⑧間

3 ①半ば　②分ける

クイズ ③

15 午・毎・曜・週　33〜34ページ

1 ①午後　②正午　③毎　④毎月　⑤火曜日
⑥曜日　⑦週　⑧週

2 ①毎年　②曜日　③正午　④毎　⑤一週間
⑥先週　⑦午後　⑧水曜日　⑨毎回　⑩週休
⑪午前　⑫金曜日

クイズ ②（「毎日」「毎年」「毎月」となる。）

アドバイス

1 「午」は、⑬で学習した「牛」との形の違いをしっかりおさえさせましょう。

16 今・朝・昼・夜　35〜36ページ

1 ①今月　②今　③早朝　④朝日　⑤昼
⑥昼間　⑦夜　⑧夜中

2 ①白昼　②十五夜　③毎朝　④今週　⑤今時
⑥夜　⑦昼休　⑧朝食　⑨朝夕　⑩昼
⑪月夜　⑫今後

クイズ ③（①「や」、②「よ」と読む。）

17 広・明・長・高 37〜38ページ

1 ①広 ②広間 ③明 ④夜明 ⑤長 ⑥気長 ⑦高 ⑧高台

2 ①広場 ②明朝 ③明 ④校長 ⑤高音 ⑥高 ⑦広大

3 ①明ける ②長い ③広い

クイズ ①（②「みじかい」、③「ひくい」または「やすい」が反対の意味の言葉。）

18 かくにんテスト③ 39〜40ページ

1 ①毎週 ②麦 ③小鳥 ④木馬 ⑤白魚 ⑥今時 ⑦曜日 ⑧昼夜 ⑨明朝 ⑩羽

2 ①半ば ②分かれる

3 ①べい・まい ②くうかん・けん

4 ①午・牛 ②肉・内

5 ①高い ②長い ③広い ④明るい

アドバイス

2 ②送り仮名を「分れる」と間違えやすいので、注意させましょう。

3 このほかに、①「米」には「米作り」の「こめ」、②「間」には「間がら」の「あいだ」と、「客間」の「ま」の読み方もあります。

5 ①三年で習う漢字の「安い」の反対の意味の言葉も、「高い」になります。

19 国・語・算・数 41〜42ページ

1 ①国王 ②国 ③語 ④語 ⑤算 ⑥算 ⑦数字 ⑧数

2 ①国語 ②語 ③口数 ④算数 ⑤国 ⑥算 ⑦外国 ⑧算

3 ①数える ②語る

クイズ ②

20 理・科・社・会 43〜44ページ

1 ①理 ②理 ③科学 ④科 ⑤社 ⑥社 ⑦会 ⑧出会（出合）

2 ①会 ②理科 ③社会 ④理 ⑤理 ⑥社長 ⑦大会 ⑧理 ⑨社 ⑩会話 ⑪教科書 ⑫内科

クイズ ①

アドバイス

2 ③「社会」の上下の漢字を入れ替えると、「会社」という別の言葉になります。

21 図・画・工・作 45〜46ページ

1 ①図 ②図 ③画 ④画数 ⑤工 ⑥大工 ⑦作 ⑧作

2 ①図画工作 ②図 ③手作 ④工 ⑤計画 ⑥作 ⑦地図 ⑧画 ⑨工場 ⑩合図 ⑪作文 ⑫人工

クイズ ③（①・②は「さく」と読む。）

22 体・活・楽・声 47〜48ページ

1 ①体 ②体 ③活 ④活 ⑤楽 ⑥楽 ⑦音声 ⑧大声

2 ①体 ②生活 ③音楽 ④声 ⑤体 ⑥活気 ⑦気楽 ⑧声 ⑨体力 ⑩活 ⑪楽 ⑫声

クイズ ③

23 丸・角・点・線 49〜50ページ

1 ①丸 ②丸 ③角 ④角 ⑤点字 ⑥百点 ⑦線 ⑧白線

2 ①丸 ②角 ③点線 ④方角 ⑤丸太 ⑥点 ⑦町角 ⑧点 ⑨同点 ⑩直線 ⑪線 ⑫一丸

クイズ ①

24 当・直・計・組 51〜52ページ

1 ①当日 ②手当 ③直前 ④正直 ⑤会計 ⑥計 ⑦組 ⑧赤組

2 ①直 ②計算 ③組 ④番組 ⑤本当 ⑥直 ⑦合計

3 ①直す ②当たる ③計る

クイズ ①（②・③は「ちょく」と読む。）

アドバイス

1 「直」は「チョク・ジキ」「ただ（ちに）・なお（す）」と読み方がたくさんある漢字なので、注意させましょう。

25 かくにんテスト④ 53～54ページ

1 ①線 ②組 ③当 ④計画 ⑤体 ⑥点数
⑦理 ⑧入社

2 ①作る ②楽しい ③丸める

3 ①かい・しゃ・あ
②せい・こえ
③さんかく・かど・つの
④ちょく・しょうじき・ただ

4 ①国語 ②算数 ③生活科 ④音楽
⑤図画工作 ⑥体

アドバイス

3 ④「直」には、ほかに「直す」の「なお(す)」という読み方もあります。

4 三年生で教科に加わる「理科」「社会」の漢字も二年生で習います。

26 父・母・家・親 55～56ページ

1 ①父 ②父 ③母 ④母親 ⑤家 ⑥家
⑦親 ⑧親

2 ①親 ②家来 ③父親 ④母 ⑤家 ⑥家
⑦親切 ⑧父母 ⑨父 ⑩親心 ⑪作家
⑫母校

クイズ ②（①「か」、③「いえ」と読む。）

27 兄・姉・弟・妹 57～58ページ

1 ①兄弟 ②兄 ③姉 ④姉 ⑤兄弟 ⑥弟分
⑦妹思 ⑧妹分

2 ①弟思 ②妹 ③姉 ④兄 ⑤兄弟 ⑥妹分
⑦姉 ⑧弟 ⑨妹思 ⑩兄 ⑪姉 ⑫兄弟

クイズ ①

28 春・夏・秋・冬 59～60ページ

1 ①春分 ②春 ③夏 ④夏 ⑤秋 ⑥秋空
⑦冬 ⑧冬

2 ①夏休 ②秋風 ③冬 ④春先 ⑤秋分
⑥夏 ⑦早春 ⑧秋晴 ⑨冬山 ⑩夏
⑪春一番 ⑫春夏秋冬

クイズ ①（②「真夏」、③「真冬」は正しい。）

29 行・来・強・弱 61～62ページ

1 ①行 ②行 ③来月 ④来 ⑤強 ⑥強
⑦弱点 ⑧弱気

2 ①強弱 ②来 ③行 ④強気 ⑤来週
⑥通行 ⑦弱音

3 ①行う ②弱い ③強い

クイズ ③（①「こ」、②「く」と読む。）

30 公・園・交・番 63～64ページ

1 ①公 ②公 ③園 ④園 ⑤交 ⑥交
⑦一番 ⑧番

2 ①交 ②公園 ③門番 ④人公 ⑤園長
⑥交番 ⑦公正 ⑧園地 ⑨番 ⑩交 ⑪交通
⑫公立

クイズ ②

31 寺・里・京・室 65～66ページ

1 ①寺 ②寺 ③千里 ④里 ⑤京 ⑥京人
⑦室 ⑧室

2 ①寺子 ②村里 ③室内 ④東京 ⑤寺
⑥里 ⑦図書室 ⑧京風 ⑨里帰 ⑩山寺
⑪教室 ⑫上京

クイズ ①（①「教」が入るのが正しい。）

32 かくにんテスト⑤ 67～68ページ

1 ①人里 ②理科室 ③東京 ④当番 ⑤園長
⑥寺社 ⑦公

2 ①行う ②弱まる ③親しい

3 ①か・いえ・や ②こう・まじ・ま

4 ①親↔子 ②強↔弱 ③行↔来

5 ①㋐父—母 ㋑兄—姉 ㋒弟—妹
②春—夏—秋—冬

アドバイス

2 ①送り仮名を「行なう」と間違えやすいので、注意させましょう。

3 ①「家」には、ほかに「家来」の「け」の読み方もあります。

5 ②「春夏秋冬（しゅんかしゅうとう）」の四字熟語の読み方もおさえさせましょう。

33 色・黄・黒・茶 69～70ページ

1 ①十二色 ②色 ③黄土色 ④黄 ⑤黒 ⑥黒 ⑦茶 ⑧茶

2 ①水色 ②黒 ③茶 ④黄色 ⑤黒 ⑥茶 ⑦黄金 ⑧黄 ⑨茶 ⑩色 ⑪黒 ⑫色

クイズ ②（「五色のペン」のときは「しょく」。）

34 形・絵・紙・記 71～72ページ

1 ①正方形 ②形 ③絵 ④絵 ⑤紙 ⑥紙 ⑦記 ⑧記

2 ①新聞紙 ②図形 ③絵日記 ④形 ⑤紙切 ⑥記 ⑦絵本 ⑧人形 ⑨手形 ⑩手紙 ⑪絵画 ⑫記入

クイズ ①（②「がた」、③「けい」と読む。）

35 古・新・遠・近 73～74ページ

1 ①中古 ②古 ③新学 ④新 ⑤遠足 ⑥遠 ⑦近 ⑧近

2 ①遠近 ②古新聞 ③新 ④近道 ⑤遠出 ⑥古 ⑦近

3 ①新た ②遠い ③古す

クイズ ③

36 市・場・店・道 75～76ページ

1 ①市町村 ②朝市 ③場 ④場合 ⑤店 ⑥店番 ⑦道 ⑧道

2 ①市 ②入場 ③書道 ④場 ⑤店 ⑥道 ⑦夜店 ⑧市場 ⑨出場 ⑩道 ⑪店 ⑫市内

クイズ ②（①・③は「じょう」と読む。）

アドバイス

2 ⑧「市場に行く」などのときは「いちば」、「株式市場」などお金をあつかう場所を表す場合は「しじょう」と読みます。

37 売・買・聞・話 77～78ページ

1 ①売 ②売 ③買 ④買 ⑤新聞 ⑥聞 ⑦話 ⑧話

2 ①聞 ②売店 ③売買 ④話 ⑤会話 ⑥買 ⑦見聞

3 ①話す ②聞こえる ③売れる

クイズ ③（①「売買」、②「商売」が正しい。）

38 食・通・帰・教 79～80ページ

1 ①食 ②食 ③通学 ④通 ⑤帰国 ⑥帰 ⑦教 ⑧教

2 ①大食 ②帰 ③教 ④交通 ⑤教室 ⑥日帰 ⑦通

3 ①教わる ②通う ③食べる

クイズ ②

39 かくにんテスト⑥ 81～82ページ

1 ①絵 ②広場 ③店先 ④新入生 ⑤遠 ⑥道 ⑦白紙 ⑧市長

2 ①黒い ②帰る ③記す

3 ①きょうか・おし・おそ
②つうこう・とお・かよ
③ちょうしょく・く・た
④ずけい・にんぎょう・かたち

4 ①黒 ②黄色 ③茶色

5 ①売↔買 ②古↔新 ③聞↔話 ④遠↔近

アドバイス

2 ②送り仮名を「帰える」と間違えやすいので、注意させましょう。

3 ④「形」には、ほかに「形見」の「かた」の読み方もあります。

4 一年生では、「白」「赤」「青」の色を表す漢字を習っているので、確認させましょう。

5 ③「聞く」の反対の意味を表す言葉は、「話す」のほかに「言う」もあります。

40 地・海・野・原 83～84ページ

1 ①地下 ②地 ③海 ④海 ⑤野 ⑥野道 ⑦高原 ⑧原

2 ①土地 ②野生 ③原 ④海外 ⑤地 ⑥野原 ⑦海 ⑧野草 ⑨地 ⑩原 ⑪海 ⑫野外

クイズ ②（①「くさはら」は訓読み、③「そうげん」は音読み。）

41 池・谷・岩・星 85〜86ページ

1 ①水池 ②池 ③谷 ④谷川 ⑤火山岩
⑥岩 ⑦星 ⑧星

2 ①電池 ②岩石 ③火星 ④谷 ⑤古池
⑥一番星 ⑦谷間 ⑧岩場 ⑨星空 ⑩池
⑪谷 ⑫岩

クイズ ②（「山」と「石」で「岩」。）

アドバイス
1 「池」は、40で学習した「地」との、へんと、意味の違いを確認させましょう。

42 晴・雲・雪・風 87〜88ページ

1 ①晴天 ②気晴 ③星雲 ④雲間 ⑤雪原
⑥雪 ⑦風雨 ⑧風車

2 ①大雪 ②台風 ③雨雲 ④風雪 ⑤風
⑥晴 ⑦雪山 ⑧風下 ⑨晴 ⑩入道雲
⑪晴雨 ⑫雲海

クイズ ①（②「ふうしゃ」は音読み、③「かざぐるま」は訓読み。）

43 回・答・歌・鳴 89〜90ページ

1 ①回 ②遠回 ③答 ④答 ⑤歌手 ⑥歌
⑦鳴 ⑧鳴

2 ①回 ②校歌 ③鳴 ④口答 ⑤耳鳴
⑥歌声 ⑦回答

3 ①答える ②歌う ③回す

クイズ ②（「鳴く」は「動物が声を出す」の意味で、人が「涙を流す」ときには使わない。）

アドバイス
2 ⑦「回答」は「質問に答えること」です。「問題を解いて答えること」の意味の「解答」との違いに注意させましょう。
3 ③送り仮名を「回わす」と間違えやすいので、注意させましょう。

44 読・書・走・歩 91〜92ページ

1 ①読 ②読 ③図書 ④下書 ⑤走 ⑥小走
⑦歩 ⑧歩

2 ①書 ②読書 ③歩 ④走行 ⑤歩道
⑥読本 ⑦書店 ⑧力走

3 ①歩む ②走る

クイズ ③

45 首・毛・頭・顔 93〜94ページ

1 ①首 ②足首 ③毛 ④毛 ⑤先頭 ⑥頭
⑦顔 ⑧顔立

2 ①首 ②店頭 ③顔 ④毛糸 ⑤首 ⑥顔
⑦毛 ⑧頭 ⑨顔 ⑩毛虫 ⑪首 ⑫頭上

クイズ ③（①「頭（あたま）」の漢字ができる。）

46 自・汽・船・電 95〜96ページ

1 ①自 ②自 ③汽車 ④汽 ⑤船長 ⑥船
⑦電気 ⑧電力

2 ①風船 ②自分 ③夜汽車 ④電車 ⑤自
⑥自 ⑦電話 ⑧船出 ⑨船 ⑩電 ⑪汽船
⑫自

クイズ ②（「電」「雲」「雪」ができる。）

アドバイス
1・2 「汽車」は「蒸気機関車が引っぱる列車」、「電車」は「電気モーターで走る車両」であることを確認させましょう。

47 かくにんテスト⑦ 97〜98ページ

1 ①野原 ②電 ③谷間 ④手首 ⑤地鳴
⑥岩山 ⑦星 ⑧回数 ⑨正答 ⑩走

2 ①自ら ②晴れる

3 ①ふうせん・かぜ・かざしも
②こっか・うたごえ・うた
③どくしょ・とうてん・よ
④ほこう・ある・あゆ

4 ①顔－頭 ②海－毎 ③池－地 ④手－毛
⑤雲－雪 ⑥汽－気

アドバイス
2 ①送り仮名を「自ずから」「自から」と間違えやすいので、注意させましょう。
3 ③「読」には、ほかに「読本」の「とく」の読み方もあります。
4 ①「顔」と「頭」の「頁（おおがい）」の部分には、「あたま」の意味があります。

48 まとめテスト① 99〜100ページ

1 ①げっこう・ひかり
②こうない・うち

2 ①3 ②1 ③5 ④7

3 ①毛－頭－顔－首 ②朝－昼－夜

4 ①なか ②おこな ③まじ ④みずか

5 ①春夏秋冬 ②東西南北

6 ①考える ②当たる ③語る ④帰る

アドバイス

1 ①「光」には、「光る」の「ひか」の読み方もあります。

2 書き順は、①「丨冂冂冈図図図」、②「丨厂厂F F 馬馬馬馬馬」、③「ノ ⺈ ⺈ 角 角 角 角」、④「ノ亻亻仁何何何」です。

3 ①一年生では、「目」「口」「耳」「手」「足」という体の部分を表す漢字を習っているので、確認させましょう。

4 ③「(子どもに) 交じる」のときは、「ま」と読むことも確認させましょう。

5 ①「春(はる)」「夏(なつ)」「秋(あき)」「冬(ふゆ)」、②「東(ひがし)」「西(にし)」「南(みなみ)」「北(きた)」の訓読みもしっかり覚えさせましょう。

6 送り仮名を、②「当る」、③「語たる」、④「帰える」と間違えやすいので、注意させましょう。

49 まとめテスト② 101〜102ページ

1 ①そと・ほか
②のち・あと

2 ①8 ②3 ③7 ④11

3 ①会・合 ②明・空

4 ①毎週 ②計算 ③点線 ④兄弟 ⑤親友
⑥魚市場

5 ①数・教 ②読・売 ③聞・門・間
④電・雪・雲

アドバイス

1 ①「外」には、ほかに「外出」の「がい」、「外れる」の「はず」の読み方もあります。
②「後」には、ほかに「午後」の「ご」、「後半」の「こう」、「後ろ」の「うし」の読み方もあります。

2 漢字はそれぞれ、①「丨𠃌𠃌門門門門門」、②「フコ弓」、③「ノ厂斤斤沂近近」、④「一十土尹孝孝孝孝教教」の順で書きます。

3 ①「会う」は「人と顔をあわせる」、「合う」は「一致する」という意味の言葉です。
②「明ける」は「朝になる」、「空ける」は「空白を作る」という意味の言葉です。

5 漢字は同じ部分を意識させると、覚えやすく、間違えにくくなります。
①「攵(ぼくにょう・のぶん)」、②「売」、③「門(もんがまえ)」、④「⻗(あめかんむり)」が同じ部分です。ただし、③の「聞」の部首は、「もんがまえ」ではなく、「耳」になります。

50 まとめテスト③ 103〜104ページ

1 ①おう・きいろ ②さいく・こうさく

2 **イ**・**ウ**

3 ①大・犬・太 ②角・用 ③体・休

4 ①園・遠 ②時・寺 ③池・地 ④理・里

5 強い↔弱い・古い↔新しい・細い↔太い
多い↔少ない（順不同・上下の順も問わず）

アドバイス

2 正しい書き順は、**ア**「ノ九丸」、**エ**「𠃋𠃋母母母」です。

3 ②「角」と「用」は形が似ていますが、似ている部分の書き順は異なるので注意させましょう。「ノ ⺈ ⺈ 角 角 角 角」と「丿冂月月用」と書きます。

4 出題されている漢字は、同じ読み方をもつだけでなく、同じ部分ももっていることに気づかせましょう。①「袁」、②「寺」、③「也」④「里」が同じ部分です。

5 反対の意味の言葉は、文の形で覚えさせるとよいでしょう。以下は例です。
・力が強い↔力が弱い
・新しい服↔古い服
・細いロープ↔太いロープ
・人が多い↔人が少ない

さくいん

漢字は、音読みの五十音順に並べています。訓読みしかない漢字や、音読みを小学校で習わない漢字は、訓読みの五十音順になっています。

しらべたい
かん字のページは、
ここでわかるよ。